十度人生

SHIDU
RENSHENG

缔造成功的 10 堂人生财富必修课

赫 哲 / 著

金城出版社
GOLD WALL PRESS

图书在版编目（CIP）数据

十度人生／赫哲著. —北京：金城出版社，2013.7

ISBN 978-7-5155-0766-8

Ⅰ.①十… Ⅱ.①赫… Ⅲ.①人生哲学-通俗读物
Ⅳ.①B821-49

中国版本图书馆CIP数据核字（2013）第128718号

十度人生

作　　者	赫哲
责任编辑	梁一红
开　　本	880毫米×1230毫米　1/32
印　　张	9.0
字　　数	150千字
版　　次	2013年7月第 1 版　2013年7月第 1 次印刷
印　　刷	三河市华润印刷厂
书　　号	ISBN 978-7-5155-0766-8
定　　价	28.00元

出版发行	**金城出版社** 北京市朝阳区和平街11区37号楼 邮编：100013
发 行 部	（010）84254364
编 辑 部	（010）64210080
总 编 室	（010）64228516
网　　址	http://www.jccb.com.cn
电子邮箱	jinchengchuban@163.com
法律顾问	陈鹰律师事务所（010）64970501

序

列夫·托尔斯泰说：“人生的价值，并不是用时间，而是用深度去衡量。”

那么，人生中到底有几个托翁所讲的“深度”这样的“度”呢？其实人生中的“度”就像空气一样无处不在，如速度、厚度、纯度、韧度、强度等。我们的成功与失败、幸福与痛苦，都和这些“度”息息相关。但最容易被忽略的，也正是这些无比重要的“度”。

世间有长命百岁者，也有英年早逝者，更有短寿夭折者。所以，人生几“度”不能简单地以时间的长度和空间的跨度来衡量，而是要以一个人活着时处世的态度来衡量。这是评判这个人活着之所以为“人”的标准。

人生在世，你可以没有知名度，但一定要活得有透明度。如果能够在以下十个方面修炼有“度”，那么你的人生态度将会有效地助你走上美好的人生旅程。

选择要有精度。要想取得成就，我们就必须选择常人没有走过的路，承受他人无法负担的重，而在这里最重要的一关就是要忍得住孤独。就像那些选秀节目中的选手，在他们没成名或没成功之前，没有多少人会关注他们，也很少有人去支持他们。此时他们要做的就是忍受孤独，精准地选择一条最适合自己的路，然后用骄人的成绩来证明。

目标要有高度。耐得住寂寞并不是消极地逆来顺受，而是将自己置身于现实生活中，脚踏实地，展其才、施其能，一步一个脚印地干好每件事。只有耐得住寂寞的人，才会让心的山石沉进凝思的河床，思维可以不依照普通逻辑和常规进行，把目标定得更高、更远、更深邃。

心境要有纯度。生活处处充满诱惑，我们是否应该一如既往地坚持自己的原则和理想呢？答案毋庸置疑：必须保持心境至纯至净。只要我们坚守的是正确的事情，哪怕会有短暂的痛苦，也应该坚持下去。如果我们所做的是错误的事情，即使会得到短暂的快乐，也应该拒绝。

意志要有硬度。人生道路并非一帆风顺，一路上难免会有很多坎坷、泪水和痛苦。我们在经历痛苦之后，究竟是委靡不振还是更加强大？其实痛苦是人生最好的教练，在痛苦中要么倒下，要么挺住。只要我们能挺得住，想办法把痛苦和麻烦击碎，生活便进入另一重天。

内心要有强度。这是一个竞争的社会，无论在竞争中获得成功还是遭受失败，人人都要承受压力。没压力就没动力。只有当我们摆正心态，锻炼出一颗无比强大的内心，坦然面对压力而勇往直前时，才会给我们的成长和发展注入无限动力。

行动要有速度。我们做一件事的时候，常常感觉打不起精神。如果你鼓足勇气开始做，就会发现做事最大的障碍往往来自自己的内心。犹豫不决就等于什么都没有。只有打起精神，加快脚步朝着你确定的目标持之以恒、锲而不舍地做下去，才是实现目标、体现自我价值的唯一办法。

做人要有厚度。当面对他人一次又一次的冷嘲热讽、面对一次又一次的挫折打击时，我们能经受得起吗？其实人生就是战胜困难、战胜自我、不断努力前行的过程。不要被挫折吓倒，让自己思想沉淀得厚重些。最终真正赢得幸福人生的人，一定有许多次跌倒后又爬起来、最后战胜困难的经历。

做事要有力度。一个人如果没有责任心，生活就会变得没有意义。无意义的人生是一种浪费，等于白到世上走一遭。所以，我们只有勇于承担责任，加大做事的力度，竭尽全力把事情做到最好，人生才会变得更有意义。

交际要有风度。面子是自己给自己的，不是别人给的。面子是小事，信用是大事！害怕丢面子，只会让自己丢一辈子面子，害怕失败也会失败一辈子。学会不失信于人，与人交往之时拿出点儿风度来，哪怕丢面子也没关系，否则带来的结果就是打肿脸充胖子，会让自己更加痛苦，从而丢掉更大的面子，陷入一种恶性循环之中。

生活要有韧度。每次失败、每次流下的泪水和汗水总是在不断地折腾着我们。经过无数次折腾，我们就会像弹簧那样能屈能伸，像牛筋那样有韧度，进而让我们深刻体会到生活的真谛。有的人一生坎坷，折腾了一辈子都一事无成，但最起码他是一个有故事的人，有着丰富的阅历和多彩的人生。不折腾的人一生都会平淡乏味，生活酸涩腥辣。

以上十“度”不一定能穷尽人生的方方面面，但在人生的风雨旅程中，有此“十度”的人生才是精彩的人生。世间万物都有其自身规律，如同春华秋实一样不容违背。明智的人对富有顺其自然，能让欲望的潮水有涨有落，从不越位；愚昧的人对富有带有很强的贪念，总想让欲望的潮水只涨不落，从不清醒。这两种心态的人都要在生活之树上采摘果实，有度者可能多尝到一些成功的甘甜，越位者尝到更多的是那些难咽的苦涩。

作者

2013 年 6 月

目 录

寂寞是一种磨砺，耐得住寂寞并不是一种消极的等待观望，而是把自己置身于现实生活中，脚踏实地，一步一个脚印地干好每一件事，展其才、施其能，做出实实在在的业绩来。耐得住寂寞，就要承受漫长的默默无闻而又自得其乐的岁月。

没有经历寂寞人生的体验，不经过寂寞的磨砺，就不可能品味人生的真谛，进而迸发出思想的火花。只有在寂寞时，才能让心的山石沉进凝思的河床，思维可以不依照逻辑和常规进行，向更遥远、更深邃的地方伸展。

生活处处充满诱惑，如果你的定力不够强，那么这些诱惑会随时影响并阻碍你前进，甚至让你迷失前进的方向。在种种诱惑面前，你是否应该一如既往地坚持自己的原则和理想呢？

答案毋庸置疑，我们做人做事必须坚守自己的理想和原则。只要我们所坚守的是正确的事情，哪怕会有短暂的痛苦，也应该坚持下去；如果我们所做的是错误的事情，即使会得到短暂的快乐，也应该坚决拒之！

人生道路并非一帆风顺，一路上总会有些坎坷、泪水、痛苦。痛苦之后往往会有两种结果：一是委靡不振，二是更加强大。我们在经历了痛苦之后究竟是委靡不振还是更加强大，这取决于我们是否能挺得住痛苦。

痛苦是强大的源头，是奋斗的激素，强大是靠痛苦催生出来的。痛苦是人生最好的教练。在痛苦中要么倒下，要么挺住。只要能挺住，生活就进入另一重天。

现实生活中，谁也逃脱不了生活压力的束缚。一个人要想做成自己的事，必须面临竞争压力的考验。因为这是一个竞争的社会，无论在竞争中是获得成功还是遭受失败，人人都要承受压力。

欲成大事者，因目标高远，压力可能会更大。没有压力就会没有动力，但是很多人却在承受压力时选择了逃避和放弃。只有当我们摆正心态，坦然地面对压力时，才会给我们的成长和发展注入无限动力。

每个人在生活中都难免会遇到丢面子的事。从短期来看，丢面子对一个人来说不是好事；从长远来看，丢面子对一个人来说也未必是坏事。

面子是自己给自己的，不是别人给的。害怕丢面子会让自己丢一辈子面子，害怕失败会失败一辈子。害怕丢面子带来的结果往往是打肿脸充胖子，会让自己更加痛苦，从而丢掉更大的面子，让自己陷入一种恶性循环之中。

第一章
你要忍得住孤独，选择要有精度

很多时候，孤独与成功很容易联系在一起。要想取得成就，我们就必须走常人没有走过的路，承受常人无法承受的重，而在这里最重要的一关就是要忍得住孤独。

成功人士绝对是经受过孤独的，我们要想成功，首先要学会忍受孤独。在我们没成功之前，没有多少人会关注我们，很少有人支持我们。此时，我们要做的就是忍得住孤独，埋头苦干，用骄人的成绩证明自己，灼伤那些看不起我们的眼睛。

成功的人都是孤独的

有些朋友时常会感到孤独，然而对于“孤独是什么”这个问题，一千个人有一千种答案，毕竟这种感觉太过虚无缥缈。有人说孤独是一种感觉、一种情绪；也有人说孤独是个性的浓缩，是一种内心世界的写照。

其实，孤独是一种心境，整日为个人得失而奔波忙碌的人，根本无法知道人生中还有一种东西叫孤独；沉湎于浮躁和焦虑的人，永远无法体会到孤独所拥有的独特滋味。孤独的人，才能拥有真正的自我。灵感在孤独中产生，创造在孤独中实现，思想在孤独中闪烁……有了孤独，才会有一些意想不到的收获。

小时候，由于父母离异，家里都是女人，没有人可以和他说话，于是他习惯了整天看着大街上的人发呆，一个人走着自己的路。记得有人说他以后不会有多大的成就，而现在，人们都说他成功，可是这成功背后饱尝了多少孤独与冷眼呢？

年轻时，朋友和他一起去考演艺培训班，朋友成功了而他没有。此后，他用整整八年的时间为自己以后的路做准备。如今他成功了，面对记者对往事的提问，他说："别人说你不行就是不行，没有理由的。"这是一个成功者的感悟。

别人总说他的作品太夸张，甚至有人曾经骂他不懂艺术，说他只会脏话连篇，可他依旧走着自己的路。今天人们的思想在前卫化，相信会有更多的人喜欢他，因为他走的是和别人完全相反的路，他获得了别人都不敢想象的成功。

他有很大的野心，也有很奇怪的梦想。然而别人不懂，完全不能理解他的想法，并且总是冷言一句"他的电影就是搞笑"，面对这样的评价，他只是笑笑。他的前半生注定会孤独，然而他有梦，和别人都不同的梦。他生来就是做大事的，因为他的欲望强烈，不会因为别人的指手画脚而轻易放弃……

他，就是"星爷"——周星驰。

说到这里，我们不得不说起一部“星爷”的代表作《喜剧之王》，剧中尹天仇的故事无疑是对周星驰孤独一生的最真实写照。在“星爷”身上，孤独像一杯没有杂质、没有污染的水，是一种清静幽雅的美。当他沉浸于孤独中的时候，没有了喧闹的杂乱，这让他心态平和、冷静思考、处事稳重，有一种超越世俗的感觉，进而才能使他在后来创作出那么多经典之作。

孤独的最高境界莫过于在孤独中创造，正如“星爷”一样，多一分孤独的快乐，少一分无为的浪费，让生命的每一分每一秒不至于虚度。在孤独中拥有了自己的一切，你就会觉得你一点也不孤独，于是你就会明白，能够真正拥有孤独的人或许才是世界上最幸福的人。

在人海沉浮之际，我们要为自己留一段空白，留一段云淡风轻的孤独。如果有一天，有人问起，孤独是什么，我们会很认真、很用心地告诉他：其实孤独是一种幸福，是一种享受，更是一种绝美的心境！

【十度人生·精度】

在孤独中创造，多一分孤独的快乐，少一分无为的浪费，让生命的每一分每一秒不至于虚度。在孤独中拥有了自己的一切，你就会觉得你一点也不孤独，于是你就会明白，能够真正拥有孤独的人才是世界上最幸福的人。

“孤家寡人” 也挺好

有许多还在为别人打工的朋友，每天上下班途中可能需要乘车一两个小时甚至更久，如果你想利用这段时间看书、听外语、思索或仅仅闭目养神，那么就不必勉强自己去参与身边那些无聊的闲谈。

虽然在生活中我们无法游离于群体之外，可是，如果你喜欢独来独往的话，也不必过分在意别人把你当成“孤家寡人”。在多感的青春年华中，我们尤其需要充分体验孤独的乐趣，因为有某种才华的人，总会显露出孤独感。

闻名于世、陷入千百万观众和崇拜者重重包围中的意大利电影明星索菲娅·罗兰居然也会感到孤独。她说：“在孤独中，我正视自己的真实感情，正视真实的自己。我品尝新思想，修正旧错误。我在孤独中犹如置身装有不失真的镜子的房屋里。”

这位艺术家认为，形单影只常给她同自己灵魂坦率对话和真诚交往的绝好机会。孤寂是灵魂的过滤器，它使罗兰恢复了青春，也滋养了内心世界。所以她说：“在孤独时，我从不孤独。我和我的思维做伴，我和我的书本做伴。对一个名人来说，热闹有时就是捧场，就是奉承。这对从事艺术创作是有害的。因为太热闹，脑子要发热，安静不下来。”

当然，并不是所有的人都会有真正的孤独感。但凡有真正孤独感的人，思想感情多为较深沉者。因为他们有独特的见解和独特的个性，不为当时社会和同时代人所容，在任何场合下他们都有与众不同的表现，所以他们内心常有一种难以排遣的孤独，这种情况相信很多朋友都遇到过。而其中的一些人，会让自己陶醉在科学、艺术和生活创作中，他们能够感受到实实在在的平安和满足。

比如司汤达在世时，声名并不显赫，但他预言要等到 1880 年左右才会有人欣赏他；贝多芬的许多作品更具有超越时空的性质，他自己也很清楚，他的几部钢琴奏鸣曲是为未来世纪的听众而创作的。少数天才人物，包括伟大政治家的身上，真正的孤独感几乎是一种不治之症，这种孤独感伴随着一种真正的惆怅和忧郁。企图抗衡和摆脱这种孤独感，便成了人类从事文化创造的一种最顽强的定力的内驱力。如凡·高作画，既不为名，也不为利，他之所以要拼命去画，仅仅是为了排遣内心深处那种说不清楚的孤独感。

爱因斯坦也患有孤独症。在《我的世界观》一文中，他坦率地做了自我解剖："我对社会正义和社会责任的强烈感觉，同我显然的对别人和社会直接接触的淡漠，两者总是形成古怪的对照。我实在是一个'孤独的旅客'，我未曾全心全意地属于我的国家、我的家庭、我的朋友，甚至我最接近的亲人；在所有这些关系面前，我总是感觉到有一定距离并且需要保持孤独，而这种感受正与年俱增。"爱因斯坦终生对物理学、艺术和哲学的真挚的爱，全然是企图摆脱这种孤独感。

现代人都难免偶尔有孤独感。在繁华喧闹之后，在觥筹交错之后，抑或在一觉醒来之后，那时的我们或许总会有点空荡孤寂的感觉。不过，感到孤独并不是一件坏事。也许，人才在教室、课堂上培养，天才则在孤独感中自己成长。因为孤独感会使人处于一种自我发现的紧迫状态。

孤独往往能带给我们大量的独处时间，供自己自由支配。但凡成功者都有自己独特的生活方式，否则，幸运为什么总是喜欢降临到他们头上呢？

【十度人生·精度】

在多感的青春年华中尤其需要充分体验孤独的乐趣，有某种才华的人，总会显露出孤独感。如果你喜欢独来独往，也不必过分在意别人把你当成“孤家寡人”。

假如你选择的是孤独

就如同世间很多美好的东西也会有人讨厌一样，孤独的乐趣并非人人都能享受的，这种能力是受于先天，或是靠后天慢慢习得的。孤独能让一个人脆弱，也能让一个人更加坚强。它可以毁灭一个人，也可以造就一个人。有的朋友尽管天赋极高，才华横溢，却不能面对孤独、面对孤独的生活。因此，他只能在空虚中逐渐消沉，在寂寞中走向死亡。

雨果说：“孤独是一笔财富。”但凡有成就的思想家、哲学家、文学家、艺术家都毅然地选择了孤独，都在享受着各自辛酸孤独的财富。我们先来看几个例子吧。

川端康成13岁时成了孤儿，靠自己的聪慧和勤奋成为日本最伟大的文学家并获得诺贝尔文学奖；康德生前不被人理解，死后成为德国伟大的哲学家；无数的哲人都无可避免地要经受孤独的磨砺。尼采、凡·高是这样，朱耷、黄宾虹是这样，李世南和他的老师石鲁同样也是这样。

当然，最著名的孤独的科学家是爱因斯坦。90年前，爱因斯坦在普朗克60岁生日的庆祝会上发表了著名的演讲《探索的动机》：

“究竟是什么把他们引到这座庙堂里来的呢？这是一个难题，不能笼统地用一句话来回答。首先我同意叔本华所说的，把人们引向艺术和科学的最强烈的动机之一，是要逃避日常生活中令人厌恶的粗俗和使人绝望的沉闷，是要摆脱人们自己反复无常的欲望的桎梏。一个修养有素的人总是渴望逃避个人生活而进入客观知觉和思维的世界；这种愿望好比城市里的人渴望逃避喧嚣拥挤的环境，而到高山上去享受幽静的生活，在那里透过清寂而纯洁的空气，可以自由地眺望，陶醉于那似乎是为永恒而设计的宁静景色。

“除了这种消极的动机以外，还有一种积极的动机。人们总想以最适当的方式画出一幅简化的和易领悟的世界图像；于是他就试图用他的这种世界体系来代替经验的世界，并来征服它。这就是画家、诗人、思辨哲学家和自然科学家所做的，他们都按自己的方式去做。名人把世界体系及其构成作为他的感情生活的支点，以便由此找到他在个人经验的狭小范围理所不能找到的宁静和安定。”

爱因斯坦所要表达的意思非常明确：科学殿堂里有些人是来玩儿的，有些人是来争取功名的，他们对科学庙堂的建筑有很大贡献，但也随时可能离开殿堂，去做别的快乐而且功名的事情，他们的选择取决于环境。除去这两种人，科学殿堂里还有一种人，就是“那些为天使所宠爱的人”。爱因斯坦其人与其科学成就，是孤独的，而且一直孤独。

几乎爱因斯坦所有的思想都是独立思考的结果，他一个人做了那个时代的一半多的物理研究。年轻时的孤独，为他赢得了世界的名声；暮年的孤独，为他抵御世人的冷落。他曾伤感地说：“物理学家说我是数学家，而数学家说我是物理学家。在科学界，我是一个找不到同伴的人，尽管世界上每个人都认识我，我还是这么孤独。几乎没有人真正了解我。”

爱因斯坦的一个助手，即曾在加拿大多伦多大学执教的著名物理学家英费尔德曾经这样说：“要与名声相抵抗，是一件很困难的事情。也许名声这个东西，对于当事人不产生影响的例子，可以说几乎没有吧。但是对于爱因斯坦，名声对他一点儿也发生不了作用。因为爱因斯坦能够把自己与周围的世界隔离开来，孤立起来，生活在只有自己的孤独世界里。”

上面我们所说的这些科学家都不约而同地自愿选择了孤独，进而在孤独中创造，取得了非凡的成就。当然，看起来不孤独、一辈子风光的科学家好像也有，但他内心也是孤独的，只是外人看不出来罢了。如果一个人的思想不能引起大家共鸣，要么是他太荒唐，要么就是太幽深——前一种情况，他不会成为科学家；后一种情况，正好说明他依然孤独。

孤独是伤感的，正因为伤感而越显得坚韧和真诚。艺术的精品是孤独的硕果。倘若你拒绝孤独，不甘寂寞，那将会迁就流俗，在随波逐流中人云亦云，失去了个性和自我。因为曲高必然和寡，拥有孤独才能拥有成功。

【十度人生·精度】

孤独是一笔财富。艺术的精品是孤独的硕果。倘若你拒绝孤独，不甘寂寞，那将会迁就流俗，在随波逐流中人云亦云，失去了个性和自我。因为曲高必然和寡，拥有孤独才能拥有成功。

何必去争一时之长短

这是一个竞争越来越惨烈的时代。看大街上的人们一个个疾步如风、行色匆匆，他们的骨子里都有着一种跟别人竞争的意识，有的人甚至不择手段。虽说生命的全部意义就是永不停歇地你追我赶，但是不要只想着竭力去和别人争一时之长短。我们应该在乎的是，要比现在的自己强。

对于成功，真正的标准只有一个，那就是我们自己。成功的定义也只有一个，就是超越自己。正如笛卡儿说："除了征服自己，我们在这个世界上并无其他使命。"

猴子发现老虎向山上走去，心想：山上一定有鲜美的桃子，否则，老虎不会离开家园，不辞辛苦地向山上爬，我一定不能输给老虎。

猴子抄近路，飞一般地抢在老虎前面。翻过一座山后，果然有一片桃林出现在眼前。猴子怕老虎跟上来与它争吃桃子，立即爬上树把桃子全部摇落下来，藏在草丛中……

随后，猴子躲在一旁的大树后面，偷偷地观察着老虎的行动，而老虎从这里经过时仍是一步一个脚印地走着。猴子心中又暗暗嘀咕起来：前面一定有更好的桃林，要不老虎怎么会继续前行呢？

猴子又抄近路，飞一般地抢在老虎前面。果然，又有一片更大更好的桃林出现在眼前。它赶快摇落了树上的桃子，藏在草丛中……

老虎仍然一步步向前走着。在一座四周极开阔的山头上，老虎停下来。它四下张望，山下所有动物的活动情况都尽收眼底。它选准了自己要猎取的目标、角度、时机，飞速地扑了下去……

这时，躲在不远处偷看的猴子才明白，原来老虎所要寻找的并不是桃子。于是，猴子赶快顺着原路往回跑。发现藏在草丛中的一堆堆桃子已经被蚂蚁、虫子糟蹋得不成样子，有的已被别的动物搬走了，有的已被雨水腐烂了。自己的一时之争真是没有必要。

一般说来，人的一生中，时间、精力都是很有限的。那么怎样才能让有限的时间和精力造就人生巨大的成功呢？这就要求你必须要专注，不争一时之长短，要尽量拣价值最大的事情去做。这就是要求我们为人处世“有所为，有所不为”，最终才会大有作为。庄子曾给别人讲过这样一个故事：

有很多钓小鱼小虾的人，他们天天扛着钓竿，东奔西走，不管是池边、河边、沟边还是水滩，他们总是无处不在，而且天天都能有所斩获。相反，他们的国内有个人也喜欢钓鱼，但是他却哪儿也不去，只是认准了在海边钓海鱼，他的钓钩像大铁锚一样大，钓绳像水桶一样粗。他长年累月坐在海边的山上垂钓，一坐十年一无所获，别的钓鱼人都觉得这个人很怪，经常在旁边指手画脚地说他，但他始终不为所动，就这样日复一日地坚持着。

十年过去了，他终于钓到一条巨大的鱼。他找人把这条大鱼弄上岸，一块块地分割开来，让全国人都能享受这鱼肉的鲜美，好长时间吃不完。后来人们才知道，这个人是他们的王子。

这个寓言告诉我们，做人、做事不能争一时之长短，想要取得大收获必须付出长时间的努力与等待。忍得住孤独的人总能经得住各种环境的考验，总能在现实中找到展现其才华的机会，锲而不舍，孜孜以求，一步步奔向既定的目标。

此外，不争一时之长短另一层意思是，真的不和假的争，形势不利时要善于退让。现代名将蔡锷对付“窃国大盗”袁世凯的时候就是采取了这种战略。

当时，袁世凯窃取了辛亥革命的胜利果实，想复辟帝制，自己做皇帝，他还把蔡锷骗到北京看管起来。对于袁世凯的野心，蔡锷心里明白得很，但是袁世凯当时的势力很大，没办法，他就索性顺着袁世凯，还装着胸无大志的样子，天天和小凤仙泡在一起，纵情酒色。看到这些，袁世凯也真的对蔡锷放心了。就这样，蔡锷稳住了袁世凯，终于找个机会脱身回到云南，并联合其他爱国将领北上讨伐袁世凯。

试想，假若蔡锷当初一味地和袁世凯死扛，又怎么会有后来放手搏一把的机会？人在处于不利于自己的情况，面对假丑的恶势力，能不计一时长短，承认鸡有时比鹰飞得还高，这样真正的英雄方才有鹏搏九天的时刻。

有时候，不和别人竞争，也意味着你要对别人宽容，放过别人一马，也就是为自己的生命松一松发条。所以，我们不用时时刻刻与别人竞争，也不必事事竞争，要把眼光放长远，这样才能有更大的收获。不要时刻与别人计较，放过别人也就是放过自己，这样生活才能更轻松、更精彩。

【十度人生·精度】

生命的全部意义就是永不停歇地你追我赶，但是不要只想着竭力去和别人争一时之长短。我们应该在乎的是，要比现在的自己强。对于成功，真正的标准只有一个，那就是超越自己。

享受孤独， 只为惊艳绽放

说起孤独，很多朋友难免会想到什么“离群索居”“孤影自怜”以及“孑然一身”等这样的词语。的确，在世人看来，似乎只有合群才是正常的，才能免除孤单，才能得到幸福。其实，这只是浅层次的孤独，真正的孤独是一种高贵的品格、一种宁静的心境。

不是所有人都喜欢孤独，也不是所有人都能拥有孤独，更不是所有人都能读懂孤独、享受孤独。粗俗浅薄的人只会在孤独中倍感无聊，以至于无所事事。孤独有别于无聊的寂寞，寂寞者的心灵总是空虚孱弱，充满恐怖，往往会在孤独中无奈落寞，迷失方向甚至沉沦颓废。内心强大的人却会在孤独中享受，只为惊艳地绽放自我。

对于大多数人来说，童年都是一段金黄色的愉快记忆，然而张国荣却是个例外。即使隔着一段长长的岁月去回顾，童年让张国荣感到的仍是难以释怀的孤独与失落。

张国荣出生于一个大家庭，在家里的十个兄弟姐妹中排行最末。按他自己的话说，他们家的故事，就如一部粤语长片。

张国荣出生在香港一个著名的服装设计师家庭，尽管张国荣在物质上并不缺少什么，但他的童年却没有任何幸福可言。张国荣的父亲“颇中意女人”，一年到头除了节假日，很少回家。母亲一方面须帮助照料家里的生意，一方面因为自己的婚姻不如意而心情不佳，很少有闲情顾及众多子女。

家里虽有众多哥哥姐姐，但都与张国荣年龄相差很大。因为年龄的差距，不能成为他的玩伴，幼小的他深为孤独所苦。有人说张国荣的性格中有强烈的“渴望溺爱”的成分，相信多少与幼时的缺乏关爱有关。

父母婚姻的不和谐在张国荣心灵上留下了阴影。从小他已经深感婚姻不可信任，看见别人结婚反而伤心大哭。成年以后他更时时把“婚姻是一种无形的负累”一类的话挂在嘴边。“如果相爱，没有这一纸婚姻证明书，都可以过得很好。如果要分手，有这一纸婚约也改变不了什么。”这样彻底的怀疑论，很难说不是由于家庭的影响。

“回首童年，没有什么值得我去记得，没有什么值得我去留恋。”张国荣用这样的话作了总结。

很多时候，我们喜欢孤独的感觉，喜欢在孤独中独自享受。当孤独来临的时候，总是会用自己的方式去迎接——有的朋友会冲上一杯浓浓的咖啡，细细地品味自己的心境，缓缓地敲打心底的那份淡淡的思念；有的朋友则会看着月色，欣赏那诗境中的圆月，灵魂被月光洗礼；而有的朋友会放纵一把，来一场烂醉，进而让自己沉醉在孤独的回忆中……

当然，无论我们采取怎样的方式去迎接孤独，都说明我们如何生活，知道如何享受孤独。因为但凡渴望孤独能尽情享受孤独的人，大多是内心充盈，志存高远，为了自己的心性不受约束，而以独处来构建自己心灵上的“世外桃源”，保持自己灵魂的洒脱。正如在一般人眼中，雄鹰在空中遨游形只影单，是孤独的，但它所拥有的却是整个蓝天。孤独，让一个人的灵魂能达到人生的最高境界。

【十度人生·精度】

真正的孤独是一种高贵的品格、一种宁静的心境。不是所有人都喜欢孤独，也不是所有人都能拥有孤独，更不是所有人都能读懂孤独、享受孤独。内心强大的人会在孤独中享受，只为惊艳地绽放自我。

人生的冷遇也是一种幸运

不论在官场或职场，很多朋友都有过这样一种经历：在你顺风顺水的时候，有很多人会围拢在身边，逢迎讨好，朋友和应酬特别多，有时让你应接不暇，显得忙碌火热；而一旦你无权无势，甚至坐冷板凳的时候，一些原来很亲近的朋友、邻居或同学，大多会冷眼相看，那种人情冷漠、世态炎凉的感觉扑面而来，给你带来一阵阵寒意。

其实，人的事业不论大小，总有一些光环笼罩。当光环退去的时候，一切都会归于平淡，继续过着平凡的生活，孤寂和落寞在所难免。在这种人生起伏、事业落寞的时候，我们又该如何去面对呢?

仔细想想，答案并没有多么复杂。因为即使一个人位高权重，甚至是伟人名人，在他们权限和能力以外，他们也都是凡夫俗子一个，都要面对一大堆家庭琐事。在繁忙的工作之余，在休闲时刻无非是应酬、健身、娱乐这些不能再俗的事情。如何走出遭受冷淡和冷遇的阴影，才是人生的突围之路。

清末大名鼎鼎的左宗棠，虽然才气过人，书读得多，能力很强，胸怀大志，却一直遭到冷遇，一直到 40 岁，还是一个运气很差的穷苦教书先生。半辈子过去，仍一事无成。后来终于从遭受冷淡和冷遇中走了出来，成为国家的栋梁之才。他指挥大军，大败阿古柏，收复了已经被敌人占据 16 年之久的新疆。

人需要面对冷淡和冷遇，随遇而安，要忍得住，淡然处之。对生活的热情不减，尽情地享受生活。振奋起精神，忘却昔日的一切，享受生活的无比快乐，积极、乐观、向上。事业的成就的确让人心动，生活中的趣味更让人感到乐趣横生。作为一个在官场或职场拼争过的人，尽管有风光的时刻，也有灰头土脸的时候。回眸历史，沧海桑田，至于人生的功过，难以评说。

很多朋友大多为名利所累，为面子所累，这是人之常情。比如那些贪官，在台上时得意忘形，一旦落马便原形毕露，其惨状，那种凄凉的境地，不可言表。“过时的凤凰不如鸡”，“虎落平阳被犬欺”。此一时，彼一时也。还会有人大肆追捧吗?

冷遇，对人们是一种考验。你只有从冷遇中摆脱出来，才有可能完全改变自己的生活状态。说到这里，笔者想起了鲁迅先生的一句话："有谁从繁华走入困顿，便能体验到人生的真谛。"人处顺境时，所注意的不过是那些漂亮的、浮在表面的东西，人一旦受到冷遇，既不会为名利忙，也不被时势潮流所裹挟，这时反而能够沉静下来，获得一次审视社会的机会，得到平时不易得到的发现，使自己真正地成熟，获得和积蓄新的力量。

所以，请各位朋友对冷遇说一声"感谢"吧！冷遇使人更加成熟，有志气的人在白眼、冷遇、嘲讽面前不会低头走开，只会锲而不舍；聪明完美的人不会无辜冷遇别人。给别人更多的温暖，善待别人就是安慰自己。只有把冷遇当做完善自我、不断进取的契机，并尽全力去赢得成功，才是战胜冷遇的最好良药。

【十度人生·精度】

冷遇，对人们是一种考验。你只有从冷遇中摆脱出来，才有可能完全改变自己的生活状态。

孤独是一个人的狂欢

孤独是一种心理感受。有的朋友即使长期一人独处，却很充实；有的朋友即使天天泡在酒吧里，夜夜狂欢，心里面却仍有无边的寂寞。可见，一个人孤独与否，不在于他在什么地方或者拥有什么，而在于他用什么样的心态去看待这个世界。

没有"自我"的人永远是孤独的，即使一起狂欢的人再多，场面再热闹，也只能是暂时的麻醉。曲终人散后留下的空虚，比孤独本身更可怕。正如阿桑在《叶子》中所唱的那样："孤单，是一个人的狂欢；狂欢，是一群人的孤单。"让我们来看一下李世南先生的孤独吧。

著名画家李世南先生家里有一幅他早期的作品，画中一人正挥毫作画，头上蜘蛛结网，脚边站立着一只小老鼠相对而视。题款曰：吾客居长安马军寨村舍小屋，每于夜深人静读书作画之际，常见门隙中溜进小鼠对吾大胆窥视，久之且敢盘旋于吾足下，甚觉可哀，人尚知孤，兽岂例外乎。

这幅名为《孤独》的作品，生动地表露了这位喜欢独处的著名画家多愁善感的性情和当时困厄中孤独心境的写照。也正是这种孤独，使李世南在马军寨农舍两年半的独居中，思想和艺术的境界不断深化，泼墨人物臻于成熟，形成了个人鲜明的艺术风格。孤独造就了中国画坛一位水墨画重量级的大家。

像李世南先生这样，精神世界越丰富、才智越超群的人越会感受到孤独，越能承受孤独的煎熬。孤独让他远离尘嚣和喧闹，不受飞短流长所羁绊，不为名利权贵而踯躅，精神如白云行空，无拘无束、自由自在，灵魂在自我营造的天地中自由驰骋，净化升华。

孤独最害怕喧嚣，也最能战胜喧嚣的浮躁。且不说佛家的坐禅悟道、明心见性，道家的炼丹修道、炼气化神，无不以孤静独寂而成。历史上，多少脍炙千古的绝句、乐章和如梦如幻的画作，都是在孤独寂寞中成就的。

"枯藤老树昏鸦，小桥流水人家。古道西风瘦马，夕阳西下，断肠人在天涯。"那种孤独和凄凉不是在任何氛围下都能写得出来的。倘若没有孤独淡泊之心，屈原哪能长叹息而掩涕曰"芳与泽其杂糅兮，唯昭质其犹未亏"的悲凉和壮烈，李白岂会产生"安能摧眉折腰事权贵，使我不得开心颜”的气魄和豪情；像李清照的“梧桐更兼细雨，到黄昏点点滴滴”，柳永的“多情自古伤别离，更那堪冷落清秋节”，更多是孤独的体验。

孤独至极能让人大彻大悟。正如贝多芬所说：“当我最孤独的时候，也就是我最不孤独的时候。”因为此时，他才更能领略到音乐的美妙。贝多芬的音乐，绝不是推杯换盏前的序曲，更不是繁华热闹交际场中的产物。

茫茫人海中，要找到一个能和你心有灵犀的人谈何容易？一个人，当你得意时，身边前呼后拥，不乏捧场者；当你失落时，才会发现，在这世界上竟然找不到一个可以倾诉的人。我辈芸芸众生，虽没有啥轰轰烈烈的宏伟大业，但能学会面对孤独，拥有孤独也是一种福气。得闲时面对窗前明月，一杯清茶，一卷好书，听一曲清幽古乐，任情骛神游；或独自漫步山水林野间，托付心灵于自然，静静地体味着安逸、悠闲、宁静和轻松。生活能多些平静，少点浮躁和媚俗，让人生多些安宁，不亦乐乎？

【十度人生·精度】

孤独，是一个人的狂欢；狂欢，是一群人的孤单。没有“自我”的人永远是孤独的，即使一起狂欢的人再多，场面再热闹，也只能是暂时的麻醉。曲终人散后留下的空虚，比孤独本身更可怕。

内向也是一种力量

很多情况下，一提起性格内向者有些朋友就会皱眉头，因为他们沉默、孤寂，甚至有时候给人一种拒人千里之外的感觉。笔者身边就有一些这样的朋友，每每聚餐时，他们少言寡语，做“完美”的倾听者，直到“曲终人散”时才发现原来他们也在其中。而许多性格内向的人，也常常为此而苦恼，认为自己缺乏适应环境的能力，唯恐自己会被环境所淘汰。

诚然，在某些情况下，如应聘工作、拓展业务、开展公共关系工作等，需要一些性格外向的人。但这并非指每一个人都必须如此才可以表现才能，才可以对群体对社会有益。可以这样讲，在群体中为了实现优势互补，往往还尤其需要性格内向的人。《庄子》中有这么一则故事：

从前一位名叫纪子的斗鸡师，对调教斗鸡很有心得，是个斗鸡名人。有一次，周宣王派人送来一只鸡，希望这位名人好好调教。

十天过去了，宣王已无法再等待，就问纪子：“已经可以用了吗?”纪子恭敬地答道：“还不可以，因为它过度虚张声势，只会逞强。”又过了十天，宣王又来询问，纪子道：“还不行，它对其他鸡的声音和影子会突然摆起架势。”又过了十天，宣王再来催促，纪子道：“还是不行，它一接近其他的鸡，就精神抖擞，使劲地瞪眼。”

之后又过了十天，宣王又来催促，纪子回答道：“现在可以了，即使听到其他鸡的叫声，它也不会产生任何反应，从远处看，简直就像一只木头做的鸡，完全集德于一身，其他的鸡只要看一眼就会逃走，没有一只鸡胆敢面对它。”

现在，人们多用“呆若木鸡”比喻头脑不灵光或因恐惧、惊讶而发愣的人，多视其为贬义。但我们若从这则寓意深刻的故事看来，其实不然。按纪子驯鸡的意图看，他正是要使这只鸡达到“呆若木鸡”的“无我无敌”之最高境界。

再来看一位美国总统在竞选时刻意由外向到内向的调整，你就会更进一步地认识到，在不同环境、条件下的不同性格，都有其优势，我们很难评断什么是优或劣，或什么有用或无用。

在1960年美国总统的选举中，尼克松和肯尼迪是两位竞争激烈的对手，尼克松以现任副总统之职，在开始时占有强大的优势，但选举的结果却是肯尼迪获得胜利。据说尼克松的败北是由于他在四次辩论会上的方法使用错误，肯尼迪的辩论重点完全针对所有的美国人和美国的未来，给听众一种鲜明的内省印象；而尼克松的辩论则是攻击性的，只能给人留下不安定的阴影。这两种印象的不同，分出了这次总统大选的胜负。

1968年，尼克松再次出马竞选美国总统。他吸取了上次失败的教训，为了彻底改变形象，所采取的对策之一就是内向战略。

这次选举对尼克松来说，形势远比上次艰难。首先，他必须在总统选举之前，打败洛克菲勒等强劲的对手，赢得共和党的提名。所以，尼克松在迈阿密的共和党大会中，尽量保持沉默稳重，表示对自己很有信心，意在给其他党员留下“尼克松强”的印象。他说话时，除了强调“法和秩序”以及“尽力达到最完美境地”外，绝口不提其他具体的策略，希望能借此完全的“内向战略”，给人信赖感，彻底改变他“败犬尼克松”的形象。他的战略成功了，不仅获得了共和党的提名，且在总统大选中，大败民主党候选人，一雪1960年的耻辱。

显然，尼克松总统并不是一位甘于沉默的人，但在特定的条件下，为了公众的需要，他调整了自己的策略，由外向转型为内向，追求近似木鸡的效果，最后实现了自己的目标。可以这样说，世界上有一部分事情是需要外向性格的人去争取、去突破和完成的；而有一部分事情也需要性格较内向的人来做，他们往往会做得更加深入而恒久。

事实上，内向是一种可喜的内省性格。内向之人往往有一种优美的气质，有一种更深层次的思考与认知能力。而且，它也可说是一个人的情感比较收敛，是形成高雅风度的一种内在的力量，可以减少人与人之间尖锐的对立，使真情实感得以有机会出现。内向，是对自己内在生命的一种省察和对外界人与事物的一种敏锐的感应。内向者时常具有“旁观者清”的洞察力。所以，是时候纠正一下我们对内向的偏见了。

【十度人生·精度】

内向，是对自己内在生命的一种省察和对外界人与事物的一种敏锐的感应。内向之人往往有一种优美的气质，有一种更深层次的思考与认知能力，时常具有“旁观者清”的洞察力。

走出平凡之前先走入孤独

我们在襁褓中时，离开母亲的怀抱，见谁都要啼哭；孩提时，母亲不在身边，往往都会感到无援、恐惧；再大些，上学、工作，成家立业，白天和众人一起学习、谋生，晚上和家人相聚，按理说该不会孤独的。可现实往往并不都会遂人愿，遭受各种命运的摆布，谁又不曾孤独过？婴儿的孤独是无寄的孤独，年轻人的孤独是寻觅伴侣无果的孤独，中年人的孤独是理想无着的孤独，老年人的孤独该是守望的孤独吧！

孤独是人生的常态，我们在遭遇逆境时的孤独往往带来心理精神上的孤独，不过这种孤独不见得是坏事，它往往促使人的思考更加缜密，思想更加成熟，往往于混沌中开悟，于绝境中重生。让我们来看看历史上那些文人骚客的“孤独求生记”吧。

有哪一种孤独能像屈原那样“举世皆浊我独清，众人皆醉我独醒”？诗祖屈原以投江结束了自己的孤独，而在我们的心头则延续着这千年的孤独。诗祖所结束的孤独不再是一个人的孤独，而是开启了千百年来诗者们孤独的盛宴。

有哪一种孤独能像李白那样“大道如青天，我独不得出”？诗仙豪迈飘逸诗句源于始终有一种无所归依的漂泊感和孤独感，天子身边的人是无论如何也不会写出月、影、人三者举杯相约的诗句。诗者的灵魂超脱出孤独，犹如在一个孤独的梦里，与自己的孤独为伴。

有哪一种孤独能像苏轼那样“我欲乘风归去，又恐琼楼玉宇，高处不胜寒”？一代文豪苏轼练达人生，俯仰古今变迁，感慨宇宙转合，厌倦宦海浮沉，在皓月当空、孤高旷远的意境氛围中，享受一份豁达的孤独。这种孤独是生命强者的孤独，是一种洒脱的孤独，如月般清寒高俊，孤独已被稀释成一缕月光，幽独幽美。

有哪一种孤独能像李清照那样“寻寻觅觅，冷冷清清，凄凄惨惨戚戚。乍暖还寒时候，最难将息”？才女李清照一生经历了太多苦难和坎坷，国破、家亡、财散、再嫁、离婚，还没有子嗣。她的语言，具有“清水出芙蓉”般的天然纯净之美，自成一种风格。南渡后的作品具有孤独的质感，感情细腻，耐人咀嚼，凄美的孤独怎一个愁字了得！

有哪一种孤独能像鲁迅的《孤独者》主人公魏连殳那样：“呵，人要使死后没有一个人为他哭，是不容易的事呵？”“一个都不宽恕”的“硬骨头”鲁迅，手持“匕首”和“投枪”，一个人孤独地与论敌论战。

有哪一种孤独能像蒋勋的《孤独六讲》那样，以独特的语言和视角，让我们心灵与孤独进行一场对话？这场与心灵的孤独对话，不去论述如何消除孤独，而是在探讨如何创造孤独、完美孤独、享受孤独。

纵观历史，洞悉人心，孤独让我们感叹，正是孤独让我们感知到了自己的存在，从而获得了一次次重生的机会。

独望缺月，独燃一盏心灯，凝望苍凉无垠的夜色，忘了痛苦，忘了心伤，静静地品读这份空旷寥廓和寂静清远的孤独。走入孤独，漫步于自我的心灵独径，在追忆和反思里淡品人生的孤独，在夜的最深处，触摸孤独的灵魂，让贫瘠变得富有，让孤独释放出美丽，这又是怎样的一种福气呢？

【十度人生·精度】

人遭遇事境的孤独往往带来心理精神上的孤独，这种孤独不见得是坏事，它往往促使人的思考更加缜密，思想更加成熟，往往于混沌中开悟，于绝境中重生。

第二章 你要耐得住寂寞，目标要有高度

寂寞是一种磨砺，耐得住寂寞并不是一种消极的等待观望，而是把自己置身于现实生活中，脚踏实地，一步一个脚印地干好每一件事，展其才、施其能，做出实实在在的业绩来。耐得住寂寞，就要承受漫长的默默无闻而又自得其乐的岁月。

没有经历寂寞人生的体验，不经过寂寞的磨砺，就不可能品味人生的真谛，进而迸发出思想的火花。只有在寂寞时，才能让心的山石沉进凝思的河床，思维可以不依照逻辑和常规进行，向更遥远、更深邃的地方伸展。

人生是从寂寞开始的

日常生活中，相信很多朋友都有过等公交车的经历。那种翘首企盼的等待的确让人接近崩溃，这个过程是无趣而寂寞的。然而，

在整个人生中，这种无趣和寂寞却时常伴随左右。其实，人生就是从寂寞开始的，安静的准备和耐心的等候都是寂寞的，都是一种磨砺。很多时候我们没有了解寂寞的真谛，以致抛弃它，同时把成功也抛弃了。很多时候我们耐不住寂寞，以致成为诱惑的俘虏，导致不断地失败！

我们可以用《青玉案》里的词句来形容人生事业的三个阶段：

第一阶段，在迷茫中明确目标——“昨夜西风凋碧树，独上高楼，望尽天涯路”；

第二阶段，在孤独中执著追求——“衣带渐宽终不悔，为伊消得人憔悴”；

第三阶段，在求索中实现目标——“众里寻她千百度，蓦然回首，那人却在灯火阑珊处”。

可以看出，但凡成功者，在目标实现前的两个阶段都是一个孤独而执著的行者。耐得住寂寞、经得起磨砺是一种心境、一种智慧、一种精神内涵，蓄积着惊人的力量。也许与寂寞为伴是痛苦的，但寂寞不是一首悲歌，而是一条滚滚向前的大河，在迂回曲折中孕育出的快乐才是人生真正的快乐。

很多年前，有一个养蚌人，他想培育一颗世界上最大最美的珍珠。于是他一大早来到沙滩上准备挑选沙粒。他耐心地询问一颗颗沙粒，问它们愿不愿变成一颗美丽的珍珠，但那些沙粒都摇头说不。直到黄昏他快要绝望的时候，终于有一颗沙粒答应了他。

旁边的沙粒都嘲笑那颗沙粒，说它不是傻瓜就是弱智，去蚌壳里住，深藏海底很多年，远离亲人朋友不说，还见不到阳光雨露，享受不到明月清风，甚至还缺少空气，只能与黑暗、潮湿、寒冷、孤寂为伍，实在是太不值得了。

可是那颗“傻傻”的沙粒还是无怨无悔地随养蚌人去了。

几年过去了，那颗沙粒成长为一颗晶莹剔透、价值连城的珍珠，它整日周游列国，在让人们欣赏自己的美丽的同时，也赢得了人们的尊重和赞美。而曾经嘲笑它的那些伙伴们，却依然是一堆沙粒，有的已风化成土。

正如这位养蚌人一样，坚韧与执著地生活，当走过黑暗与苦难的长长隧道之后，你或许会惊讶地发现，平凡如沙粒的你，不知不觉中已成为一颗璀璨耀眼的珍珠。

台湾著名作家刘墉曾经说过，“年轻人要过一段‘潜水艇’似的生活，先短暂隐形，找寻目标，耐住寂寞，积蓄能量，日后方能毫无所惧，成功地‘浮出水面’”。一个胸无大志的人，是耐不住寂寞的。他们常常会被外面的花花世界所干扰，最后在朝三暮四的动摇与徘徊之中浪费了自己的大好时光。如果你有开创事业的远大志向，能够在浮躁的环境之中真正静下心来，踏踏实实走好每一步，耐得住寂寞，那么你一定能获得惊人的成就，也会对生活中的寂寞和快乐有更多的感悟。

人生是一个自我修行与修炼的过程，当你发现了自己生命与工作的意义，找到了自己的方向，就应该耐得住寂寞，执著追求，永不放弃希望与努力，终将把你历经的一切书写成华丽的乐章。

【十度人生·高度】

一个胸无大志的人，是耐不住寂寞的。他们常常会被外面的花花世界所干扰，最后在朝三暮四的动摇与徘徊之中浪费了自己的大好时光。如果你能够在浮躁的环境之中真正静下心来，耐得住寂寞，踏踏实实走好每一步，那么你一定能获得惊人的成就。

寂寞也能开出“花”来

虽然我们说只有耐得住寂寞，人生才能更加美好，但并不是说经历了寂寞就一定都能获得成功，希望朋友们不要产生误解，进而做出一些无聊的蠢事来，比如独步街头、徘徊巷尾、无所事事等。寂寞不是踯躅街头的惆怅，也不是徘徊巷尾的颓废，更不是借酒消愁的沉沦；寂寞不是百无聊赖、无所事事的闲适、散淡与停滞，更不是真正的孤独或寂灭，而是一种不凑热闹，不赶时髦，不追风潮的生活境况和生存方式……

寂寞无法带你成功，不过，所有的成功必然都历经寂寞奋争的过程。耐得住寂寞是毅力与自制的体现，是一种很难达到的人生境界。少了物质的羁绊，少了心灵的枷锁，做事情就会更加投入和纯粹。

“两弹一星”的功勋们，就是深居大漠，甘于寂寞，才做出惊人业绩的。数学家陈景润就是数年寡居陋室，才有了“哥得巴赫猜想”的成就。努力地走出浮华，沉潜下来，得失不计，性静情逸，朝看晨露早霞，暮观流云夜月。没有心累神疲，没有追随的劳碌，世事于我如浮云。享受如此寂寞，该是何等的境界。

只有忘记了世间一切庸俗，才能品味寂寞的真谛；只有在寂寞的时候回首，才能看见那歪斜却实在的脚印；只有在寂寞的时候细细品味，才能冷静地思索壮丽的人生。

当年，初中毕业的韩龙吉，在当时的县供电所就业。这么多年来，他购买500多本专业书籍，并记录了290余万字的读书笔记，足足能装下三大麻袋。

韩龙吉给自己定了“三不”铁规，即写不完当天的工作总结不放过，每天不读书不放过，当天的疑难问题不解决不放过。每天晚上，他都雷打不动，至少学习三个小时。为解决一个疑难问题，他一天能打二三十个电话，向省里有关专家请教。有时甚至起早贪黑，乘火车去省电科院请教专家解难题，来回 800 多里路程，当日赶回，第二天早上接着上班。

他还把自己学习钻研的技术运用到工作实际中，不断创新监测技术，及时发现 9 台大型变压器内部有早期潜伏性故障症状，多次发现重大设备缺陷。由于及时排除隐患，为企业挽回直接经济损失 600 多万元。2009 年，韩龙吉主持开发了“降低变压器油取样的操作误差率”技术成果，解决了油务专业无法密封取样的难题，为企业带来显著效益，并在 2010 年获得山东省科技创新奖。

一个初中毕业生为何能屡屡攻克难关并取得发明专利，每每有人问他：“你天天钻在屋子里没白没夜地鼓捣，你不觉得寂寞和无聊吗？”韩龙吉总是回答说：“寂寞？什么叫寂寞？我还真不知道，我觉得钻研这些东西挺有意思。如果真有寂寞的话，那寂寞恐怕也能开花吧！”

就拿一名一线的操作工人来说，所有人都希望自己出人头地，所有人都希望自己技高一筹，赢得公司、上司和同事的认可。问题是鲜花与掌声的背后，有没有更刻苦努力的准备，我们有没有耐得住寂寞的毅力，我们有没有踏实肯干的决心。

耐得住寂寞，是一个人思想灵魂的修养体现，是一种难能可贵的风范。寂寞是人生中难以摆脱的事情，它如同生活中的喜怒哀乐一样，时刻伴随着我们。正确对待寂寞，耐得住寂寞，其实很简单，就看你的认识和追求动机是什么。

耐得住寂寞，方能守身如玉，志向高远；耐得住寂寞，方能回归自我、做最深沉、最到位的反省，将力量凝聚到一点，无坚不摧。不必渴求别人侧目，不必期望他人惊羡。与其临渊羡鱼，不如退而结网，冷静地整理一下思路，认清自我。

耐得住寂寞，需要自觉抵制来自各方面的诱惑，始终以阳光的心态抵制各种困扰。在“物竞天择，适者生存”的世上，只有耐得住寂寞，多一点理智反省，少一些牢骚怨气，才能不断提高自我，完善自我。

没有经历寂寞人生的体验，就不可能品味人生的真谛，进而迸发出思想的火花。只有在寂寞时，才能让心的山石沉进凝思的河床，思维可以不依照逻辑和常规进行，向更遥远、更深邃的地方伸展。

【十度人生 · 高度】

耐得住寂寞，需要“八风吹不动，独坐紫金台”的冷静与执著，在平淡中坚守是一种高尚的信念、一种强烈的追求、一种坚忍的坚守力和意志力。

生活是一场寂寞的战斗

生命就是一场寂寞的战斗，因为从生到死都是你一个人的事情。在你功成名就的时候，家中高朋满座，各路英雄前来祝贺，结交的人络绎不绝，但你会因为没有知心朋友而在热闹的晚宴上感到寂寞；在你失败或者一事无成的时候，你常常一个人面对这一切，感慨人生的孤苦和磨难，寂寞与悲情化作眼中的泪水，此时的你无疑也是寂寞的。

寂寞是生命的常客，磨砺是生命的旅伴。它们常常会不经意地登门拜访，逃避是没有用的。越是逃避，它就来得越频繁，越有气势。NBA 华人球星林书豪的成功可能会对我们有一些启发。

我们知道 NBA 赛场一般都是黑人球员的天下，即使我们出了一个姚明，但姚明的成功一般都归结于他的身高，别人很难复制。按常例，哈佛大学出不了什么好球员，黄种人更不可能出优秀的控卫，黄种人控卫在 NBA 球队中能打上球就不错了。

可是，就是这样的习惯思维和偏见，使得林书豪在 2010 年的 NBA 选秀中无人问津，但他并没有对自己失去信心，经过努力在勇士队得到一年的非保障合同，可根本没有受到球队的重视，很少获得上场的机会。赛季结束后他就被勇士队裁掉。再次的挫折，同样也没有让林书豪心灰意冷。

在 NBA 停摆期间，他也没有想过来中国 CBA 打球，他钟爱篮球，他相信自己有能力在 NBA 立足，他每天刻苦训练。新的赛季他试训火箭队，结果又被火箭队放弃，好不容易在尼克斯队找到了打短工的机会，可他仍然是球队中可有可无的“看饮水机”球员。他没有丝毫抱怨，执著地坚持，更刻苦地训练，耐心地等待机会。

原本球队正准备裁掉他，可正好赶上队中两位超级球星因伤缺阵，教练不得已才把他派上场。他抓住这个难得的机会，一发不可收拾，演绎了比好莱坞大片还神奇的惊世之举，带领球队连胜七场，成了球队当之无愧的领袖。他上了《时代周刊》和《体育画报》等美国顶级媒体的封面，美职篮联盟不得不为他而破例邀请他参加全明星新秀赛。全世界的人都在关注他，他成了 NBA 新时代的宠儿。

成功后的林书豪低调而谦虚。林书豪的成功源于对篮球热爱，更来源于他人格品质和对自己的信心，不管遇到什么挫折，不管别人对他有多么偏见，多么轻视他、小瞧他，他都没有对自己丧失信心，始终坚信“我能行”。

虽然我们不可能演绎林书豪式的传奇，但我们每个人都是独特的，都是与众不同的。我们身上有无穷的潜力等待自己来开发。不要与别人去攀比，更不要在意别人的评价，追求自己的梦想，不轻言放弃，愈挫愈勇，相信自己，抓住机会，一切皆有可能。

成长从来都是痛苦的。寂寞是成长必须承受的“痛”。成功之前，只有你一个人踯躅前行，没有鲜花，没有掌声，没有赞美，没有人会把目光多留在你身上一刻，你需要一天天在冷清中默默前行，驶向成功的彼岸。寂寞是一种储蓄，以积少成多的投入换取更丰盛的财富，积存在生命的仓库。

寂寞是一面生活的镜子，能帮助你看到那个在尘世的影响下每天都在变化的自己，只有时时留意镜中的自己在一天后、一个月后、一年后有什么不同，才能及时纠正不良的变化趋势，才能把握住自己的生活轨迹，掌握自己的心境，将忧伤、失意、痛苦、彷徨等负面情绪堵在门外，让快乐和自在常驻心中。

【十度人生·高度】

生命就是一场寂寞的战斗。在生活的疲惫之中忍耐冷落，在寂寞之中等待人海里的遇见。寂寞是生命的常客，磨砺是生命的旅伴，它们常常会不经意地登门拜访，逃避是没有用的。越是逃避，它就来得越频繁，越有气势。

你不曾见过的十年孤寂与磨砺

我们不妨把寂寞比作是自我在精神世界中的一次游历。在这次游历中，我们得以有闲工夫去整理自己的心灵花园。这座花园由于长久疏于照料，早已变得荒芜和杂乱，一切都失去了之前的井然秩序。是好好整理一下的时候了。不然，这里将成为腐烂和污秽之物的发酵地，变得一片昏天暗地。

我们要恢复以前的良好心态，就不能不管它，因为心态会被这无序的状态搅得一团糟。我们要清除抑郁、苦闷、懦弱等杂草，将它们连根拔起，防止各种真菌和一切污秽之物的生成。在花园里撒满快乐的种子，还要留出一块空地给未来，种上我们现在还没想好要种的奇特植物。

尼采的一生都是在孤独和寂寞中度过的。他在孤寂中不断思索、不断追问，“像一缕青烟把寒冷的天空寻求”，最终他成为一个超越时代的哲学家。尼采身上散发出一种浓郁的孤独气息，他那冷峻、深邃的目光像要灼穿人类的灵魂，而他用寂寞中的沉思所写出的那一行行充满浪漫色彩和无限想象力的优美文字，则在人类文明中回响不绝。

尼采偏爱寂寞，他曾在诗中写道：“我喜欢像林中之鸟、海底之鱼，沉醉于美好的瞬间，在迷人的错觉中幽居沉思，终于从远方找回家园，把我自己引向——我自己。”在这种寂寞中，尼采不断地深化自己对世界的思考、对自我的认识。

尼采并非没有朋友，而是不希望自己的生活经常被别人打扰。他说："在我思如泉涌的时刻，有人要来这儿，这是一件多么可怕的事情。要是我不能更好地维护自己的孤独，我就会离开我熟悉的生活环境，离开熟悉的人。我发誓，我根本没有多余的时间可以浪费。"尼采经常用长长的漫步来面对孤寂所造成的那种深深的忧郁。当他需要一个人与病痛进行抗争时，他就用写作来淡化它们。尼采已经爱上了这种寂寞、思索、写作的日子。他曾给朋友写信说："归来吧，回到孤独中来，我们俩都知道怎样在孤独中生活，也只有我们俩知道。"

正是在这种寂寞的生活中不懈地思索，尼采才会对生命、对生活有了完全不同于常人的认识。他曾来到热那亚，太阳刚一升起，尼采"就到了一块靠近海浪的幽静的岩石上，撑一把伞，躺在岩石上，像蜥蜴一样一动不动。眼前除了大海和纯净的天空，似乎什么也没有"。他一个人待在那儿，直到黄昏时分，之后便有了《朝霞》这篇文章。

我们虽不能像尼采一样忍受如此寂寞的生活，但可以从此得到许多启示。只有在寂寞中，我们才能静下心来，才能去真正思考那些生命中最重大、最紧迫的问题。

所谓"台上十分钟，台下十年功"，不要只看到别人抛头露面的风光，也要明白，在台下，有你不曾看见过的十年孤寂、隐忍、修炼、磨炼以及坚持。我们来看一下陈坤的故事。

陈坤，出身名校，英语八级，聪明能干，学习能力强。当时被招入公司的时候，他毕业尚不足一年，已经在两家公司工作过。在新公司干了不到三个月，陈坤又提出了辞职。他说，他觉得在以前待过的公司里，他的素质、能力都不差，在一些水平比自己低的人手下干活，心有不甘，所以他要不断地寻找新的机会。这次来，以为能很快升任主管，但几个月下来，他的上司们都很稳定，离职的可能性很小，所以，不如及早离开，领觅新路。

离开后，陈坤的行踪飘忽不断，足迹几乎遍及了城市的大部分角落。他时常抱怨世事不公，上司有眼不识英才，但更多的是对新公司新职位的渴望。

三年后，陈坤又去了一家新公司。在新职位上，他干得很投入，进步速度很快。他每日伏案翻译资料到深夜，白天不停地调整测试程序。不久，实验室所有设备都有序地开动了。而后，他又对所有的作业文件进行了梳理，重新进行了修改和增订。他的勤奋和用功，也引起了同事们的注意，都对他称赞有加。

但是，好景还是没能持续太久。第七个月的时候，他突然提出辞职。他说，这七个月他干得很开心，也是参加工作这么多年来，做得最有成就感的一段时间。虽然他觉得部门气氛很好，大家也很有股赶超的劲头，但公司整体的氛围太懒散，做事拖拖拉拉、互相推诿的现象太严重，而老总的观念太陈旧，这个企业很难发展起来，还不如尽早离开的好。

同事们劝他：“你说的这些现象确实都存在。正是有这些问题，才需要我们来改变。实际上，公司的经营层早就意识到了这一点。这也是他们大量引进新团队的原因。虽然现在我们入职的时间不是很长，但已经对公司的陈旧观念和工作习惯造成了冲击。至少，品质部门就变得跟以前不一样了。相信随着更多人的加入，改变的速度和进程一定会加快。但无论如何，改变是一个渐进的过程，不能一蹴而就。我们要耐得住改变过程中的这份艰难与寂寞。”他却回答说：“你们耐得住，我耐不住。我的青春年华没有几年了。”

至今，七年过去了，陈坤刚刚从一家公司的主管岗位跳槽到另一家公司的同等职位上。然而，十年前，他想做主管，早了；但十年后，他还做主管，慢了。跟他同时期入职的同事，甚至那些条件跟比他差很多的人，好多都已经在这个行业中崭露头角，完全晋升到另外一个层次去了，而他却还在为十年前最初的梦打拼，真是可惜了。

很多人之所以碌碌无为，是因为缺少才华，没有机会，而陈坤则恰好相反，因为其在能力与学历上的先天条件，所面临的问题是机会太多。结果，机会变成了他的灾难。一个个很好的机会，要么没能把握住，要么没能坚持住。更可惜的是，当一个个机会没有被好好善用之后，又变成了一个个机会泡沫，而他就这样沦为了机会孤儿——反而失去了成长机会。

趁着青春好年华，好好历练，好好成长，当然是无可厚非的。但是，我们也得明白另外一件事情：光有机会是不够的，还要懂得舍弃。某些看似更好的机会、更大的权力、更多的利益，其实并不像看上去那么美好，甚至有很多陷阱。

【十度人生·高度】

所谓“台上十分钟，台下十年功”，不要只看到别人抛头露面的风光，也要明白，在台下，有你不曾看见过的十年孤寂、隐忍、修炼、磨炼以及坚持。

学会欣赏沿途的风景

“人生就像一场旅行，不必在乎目的地，在乎的是沿途的风景，以及看风景的心情。”这是某品牌的经典广告词，很好很经典。的确，生命是一段寂寞的旅程，你必须一路长途跋涉，一路风尘仆仆，一路欣赏沿途美景，一路遭遇风吹雨打，一路阳光灿烂，一路披星戴月，一路不断地面对岔路口独自做出抉择，然后继续前行。

生命就像一列孤独的列车，沿着生命的轨迹，在广袤的原野上疾驰，沿途一幅幅美丽的风景在我们的眼前展现。我们穿越各种地形，经历各种气候，时而奋勇向上，时而一路呼啸，沿着下行的轨道沉入深谷，时而在峭壁边上突然转身。

1981 年，张大奎出生在河南焦作的一个农民家庭。一次高烧，乡下有限的治疗条件导致了严重的后遗症。父母把他抱到北京来求医，却得到了一个令人心碎的回答：“核黄疸后遗症”，俗称小脑瘫痪。这种病在医学上没有好的治疗方案，唯一的方法是自己锻炼，恢复部分身体机能，达到自理。

一开始，张大奎的爸妈在两棵大树间绑上了两根竹竿。从烈日炎炎到漫天飘雪，年幼的张大奎双臂架着竹竿挪来挪去，有时候哭着还继续“走”。几年后，双臂磨出老茧了，他终于可以用双臂“走”了。

但一个年轻人的天地，不可能永远在两棵树之间。突然有一天，竹竿被换成了粗绳子，“竹竿是硬的，可以完全依靠，但绳子就不一样了”。他很不适应，经常是走到一半就双膝跪倒，“膝盖不知道磕破了多少次”。到了 9 岁，张大奎创造了第一个奇迹——他能拄着拐杖走路了。

从小学开始，张大奎上课时不敢多喝水，怕上厕所的时候麻烦别人；在别的孩子出去玩耍的时候，他只能孤独地坐在座位上。“我不聪明，身体也不方便，很少出去活动或玩耍，这也让我有了更多的空闲时间，那我就多花些时间学习。”

张大奎顶着极大的压力参加了高考。“当时头上的汗不断地落在试卷上，大部分试卷都被汗水浸透了。一场考试下来，两条带进去的干毛巾都像刚从水里捞出来一样。我写字也没办法快起来，字体会因为手臂颤抖很潦草。汗渍墨渍混在一起，卷面很不清楚。”

他考入河南理工大学计算机学院，并在那里读完了研究生。“河南理工大学是改变我一生命运的地方。他们能够接受一个残疾人入学。考博时，河南理工大学还把辅导员办公室让给了我，因为我很难去抢占座位。”

2011 年，张大奎决定考博。那一年冬天，他坐在轮椅上的身影，震惊了整个笔试考场。博士生面试那天，樊孝忠教授第一次见到张大奎。他在楼道里滑倒了，等大家发现的时候，他已经在努力地爬起来。“很自强，看起来似乎已经是习惯了。自己能做的，即使朋友能帮，他也要自己尽力去做。”

最后，三个学生达到了录取标准，但樊孝忠只有两个名额。“考虑到张大奎的身体情况，我担心其他老师会不要，所以我就把另一个学生推荐给了其他老师，把他留在我身边。”

“自己一个人待久了会很烦闷，我可以骑车出去。骑车是给自己一个思考时间，自己必须孤独地去面对那段路程。”张大奎指了指三轮车，又抬手用小毛巾擦了擦汗。

他很喜欢乔布斯在斯坦福大学演讲的一句话：“你无法预先把未来的点点滴滴串联起来；只有在经历过后，你才明白那些点点滴滴是如何串在一起的。所以你得相信，眼前经历的种种，都会串联成你的未来。”

生命注定是一段寂寞的旅程。自出生开始，我们就脱离母体成为一个独立的生命个体，我们的身体在家人的悉心照料下不断发育、成长，我们的心智也在家人的关怀教育下一点点成熟和完善。虽然我们能与人交流、与人产生感情，但这种交流都是有限的，我们不能让人完全理解自己的所思所想。

人生得一知己足矣，但这知己都是极为难得的，更不用说完全交流彼此的想法了。每个人的生命就如一棵独自立在那里生长的树一样。它们虽然彼此相隔不远，甚至成群结伴，组成蔚为壮观的广阔森林，但每一棵树都是独立的，它们得靠自己拼命汲取养分，靠自己独自承受风雨，它们的荣枯、粗细都得靠自己来把握、争取。

【十度人生·高度】

生命是一段寂寞的旅程，你必须一路长途跋涉，一路风尘仆仆，一路欣赏沿途美景，一路遭遇风吹雨打，一路阳光灿烂，一路披星戴月，一路不断地面对岔路口独自做出抉择，然后继续前行。

有梦想的人生不会寂寞

前一段时间，某卫视的《××梦想秀》节目火暴一时，这场由明星帮助平民一起追逐梦想、实现梦想的大型公益活动，在全国掀起一场“圆梦”热潮！生活中有一些小人物，他们在平凡的人生中始终怀揣着不平凡的梦想，他们对某一个明星、某一首歌、某一门艺术始终怀着百分之百的真诚热爱和美妙憧憬。他们也许曾经有过小小灰心、淡淡沮丧，甚至遭遇疾风骤雨、崎岖坎坷，但正是那份不变的热爱和憧憬激励着他们相信生活终有一天可以变得更美好……

是的，人人都会有梦想，但梦想究竟是什么呢？梦想是最奇妙的东西，它比彩虹更绚丽，比大海更深沉，比天空更广阔。它拥有梦幻般的华美、纯洁和甜蜜，它是每个人心中最崇高的净土。不管你的梦想是什么，有了梦想，你就拥有了前进的动力，就充满了热情和希望，就会努力追寻她，让自己的人生过得更有意义。

19 世纪初，美国一座偏远的小镇里住着一位远近闻名的富商，富商有个 19 岁的儿子叫伯杰。

一天晚餐后，伯杰欣赏着深秋美妙的月色。突然，他看见窗外的街灯下站着一个和他年龄相仿的青年。那青年身着一件破旧的外套，清瘦的身材显得很羸弱。

他走下楼去，问那青年为何长时间地站在这里。

青年满怀忧郁地对伯杰说：“我有一个梦想，就是自己能拥有一座宁静的公寓，晚饭后能站在窗前欣赏美妙的月色。可是这些对我来说简直太遥远了。”

伯杰说：“那么请你告诉我，离你最近的梦想是什么？”

“我现在的梦想，就是能够躺在一张宽大的床上舒服地睡上一觉。”

伯杰拍了拍他的肩膀说：“朋友，今天晚上我可以让你梦想成真。”

于是，伯杰领着他走进了自家的公寓，然后把他带到自己的房间，指着那张豪华的软床说：“这是我的卧室，睡在这儿，保证像天堂一样舒适。”

第二天清晨，伯杰早早就起床了。他轻轻地推开自己卧室的门，却发现床上的一切都整整齐齐，分明没有人睡过。伯杰疑惑地走到花园里，发现那个青年人正躺在花园的一条长椅上甜甜地睡着。

伯杰叫醒了他，不解地问：“你为什么睡在这里？”

青年笑了笑，说：“你给我这些已经足够了，谢谢……”说完，青年头也不回地走了。

30 年后的一天，伯杰突然收到一封精美的请柬，一位自称是他“30 年前的朋友”邀请他参加一个湖边度假村的落成庆典。

在这里，伯杰不仅领略了眼前典雅的建筑，也见到了众多社会名流。接着，他看到了即兴发言的庄园主。“今天，我首先感谢的就是在我成功的路上第一个帮助我的人。他就是我 30 年前的朋友——伯杰……”说着，他在众人的掌声中，径直走到伯杰面前，并紧紧地拥抱他。

此时，伯杰才恍然大悟。眼前这位名声显赫的大亨特纳，原来就是 30 年前那位贫困的青年。

酒会上，特纳对伯杰说：“当你把我带进寝室的时候，我真不敢相信梦想就在眼前。那一瞬间，我突然明白，那张床不属于我，这样得来的梦想是短暂的。我应该远离它，我要把自己的梦想交给自己，去寻找真正属于我的那张床！现在我终于找到了。”

有了梦想的人生不寂寞，无论什么情况下，只要心中拥有梦想，便不会迷失方向。独处的时候，心便会穿越时空的海洋，翱翔在辽阔的天空，行走在蓝天白云间。途经的每一个地方，遇到的每一个生命，你都会珍惜，都会热爱。

拥有了梦想，就拥有了成功的一半。梦想是前进的动力。山因为有了梦想，而拥有了生机，拥有了森林和飞鸟；水因为有了梦想，而拥有了活力，拥有了鱼儿和波浪；人因为有了梦想，而拥有了幸福，拥有了亲人和朋友。

通往成功的路上充满艰辛，是梦想在我们摔倒时叫我们赶快爬起，是梦想在我们遇到风雨时告诉我们勇往直前，是梦想在我们失败时告诉我们永不言弃。梦想是黑暗中的火把，是黑夜中的星光，给我们光明，给我们希望。

【十度人生·高度】

有了梦想的人生不寂寞。无论在什么情况下，只要心中拥有梦想，便不会迷失方向。一个人，若没有了梦想，就没有了为之奋斗的目标，没有了前进的动力。

不要为“不起眼”懊恼

经常听到一些刚毕业的年轻人抱怨自己在公司里不起眼，没有机遇，这样下去不知何时才能成功。人们对成功的理解尚且见仁见智，正如冰心她老人家说的那样：“成功之花，人们只惊羡它现时的明艳，然而，当初它的芽儿，却沾满了奋斗的泪泉，洒满了牺牲的血雨。”

其实，很多人都是从“不起眼”做起的，他们的成功是从寂寞中缓缓孕育的。在生活的过程中学会淡然，在淡然中却慢慢地累积成功的资本。这看上去有些矛盾，而世界不正是这矛盾的统一体吗？

今年35岁的程斐然是一家图书出版公司最年轻的总策划。在接手这个岗位之前，他做了整整8年的图书市场营销，说白了，就是跟各大书店、网站联系的推销员。“虽然我当时所处的岗位非常不起眼，它是一线的、基层的，但是我从没有懈怠过。我一直是勤勤恳恳地在做着那份不起眼的工作。”

正是当年一个“不起眼”的岗位，程斐然做得风生水起、无可替代，为后来的晋升打下了坚实的基础。

与程斐然类似，职场上有很多人，他们或许师出名门，或许学历耀眼，或许工作经验丰富，却只在一个普通得不能再普通的岗位上，日复一日、年复一年地做事。

现在很多年轻人都有这种浮躁，没有机遇会抱怨老天不眷顾，给他机会却发现凭自己的能力根本做不好。在抱怨的时候，在埋首叹息的日子里，时间轻轻巧巧地溜走了。机遇只会留给有准备之人，抓住了就是抓住了，抓不住，人生中没有那么多次机会可以重来。我们再来看一个例子。

今年33岁的张志翔是杭州一家保健产品厂家的地区经理，而在三年前，他还只是公司一个打杂的。

“三年前，如果您在公司看到我，我可能正在满头大汗地给大家复印材料呢。我这个人，本来不是学习与保健相关的专业的，对此可以说一窍不通，我的学历也只是大专。刚来公司的时候，我就是一个普通的办公室文员，其实就是一个打杂的。打字、复印、送信，甚至领导买烟这样的事儿，都是我的活儿。慢慢地，我这个文员就成了单位的膏药。”什么是膏药呢？就是哪里有漏洞、缺人了，张志翔会立马顶上。“所以，我基本把公司里那些别人最不愿意干的工作都干了个遍。什么销售打杂、人力资源打杂、对外接待打杂等，我全都干过。工资还是那么多，可是工作多了好多，这在一般人看来，我够倒霉的吧？”

其实，张志翔成功的秘诀就在这里。每个岗位都有它特殊的价值，打杂久了，张志翔成了公司里最熟悉业务、能力最全面的人。“比如说对外业务，我们的客户没有与我关系不好的。很多客户都说，兄弟，你对全套业务这么熟悉，来我这里干吧。可是，我没有跳槽，因为我对自己的公司太熟悉了，也不愿意跳槽，结果，我的位置不断提升。”直到有一天，分公司原来的经理跳槽走了，上面考虑来考虑去，没有人能比张志翔对各方面业务再熟悉的了，这样，他顺理成章地成为分公司的经理。他说，如今回过头来，最要感激的就是当初那一个文员的岗位。

“不管你身处的岗位多么不起眼，千万别以为那些琐碎的事都白干了，不会的。我小的时候，考试不会了，就打开书本抄，以为老师看不到，等我当领导了，往台上一站才明白，下面谁干什么，看得一清二楚呢。所以你干的工作，领导都看在眼里呢。”张志翔还跟记者分享了一个与平凡有关的故事——

“听说，深圳有个老太太，就卖缝衣针，这么小的生意，她一直坚持，结果现在是大批发商，全国经销商到她那里去批货，她现在是富翁了，一个卖缝衣针卖出来的富翁。”张志翔说，岗位不分高低，只要认真做，把平凡的工作做到极致，头顶都会有一片蓝天。

美国实业家洛克菲勒说：“成功的秘诀之一就在于将平凡的事做得不同凡响。”事实上，很多的事例告诉我们，无论你处于怎样不起眼的岗位，无论你做的工作如何细碎普通，只要认真、用心去做，不起眼的岗位也会取得不一般的成绩。

【十度人生·高度】

成功的秘诀之一就在于将平凡的事做得不同凡响。无论你做的工作如何细碎普通，只要认真、用心去做，不起眼的岗位也会取得不一般的成绩。

攀比使人生的天平倾斜

在朋友聚会中，“在哪里发财”“一月能赚多少钱”“房子有多大”成了朋友拉家常的主要内容，类似的聚会相信很多朋友都参加过，只是每个人心态不同罢了。这些原本很普通的问话，对于一些在意攀比的人来说可能是被点到“痛处”了，甚至由此引发了他们的仇富情绪。

攀比者的表现不外乎以下几种：做事情三心二意、朝三暮四、浅尝辄止；或是东一榔头西一棒槌，既要鱼也要熊掌；或是这山望着那山高，静不下心来，耐不住寂寞，稍不如意就放弃，从来不肯为一件事倾尽全力。我们似乎已经习惯了在比较的差距中感受人生的意义，体会幸福与悲伤。但是，攀比的结果却使人生的天平发生倾斜。

小陈和小丽刚刚结婚，两个人如胶似漆，好得不得了。然而，最近一段时间，小丽却表现得郁郁寡欢。每当小陈下班去小丽单位接她时，她不再像以前那样高高兴兴地坐上车，搂着小陈的脖子问他想不想她。现在，小陈发现，下班后小丽总是要等其他同事差不多都走了才不紧不慢地出来。

小陈为此忍不住数落了小丽几句，没想到小丽委屈地说："你以后不要把奥拓车开到公司门口来了，那边有个巷子，你就停那儿，我保证一下班就过来！"小丽还说，最近在公司里自己老公开什么车成了办公室的热门话题。"王姐平时在办公室不显山不露水，这段时间可找到感觉了，打嘴仗谁都打不过她。没办法，她老公开的是宝马，车牌号又带 4 个 8，在公司门口一停，就让人羡慕得不得了！像帕萨特、本田也风光得很，还有波罗车又乖又洋气，普桑也还勉强得过去，就怕你这样开小奥拓的，让我在同事面前一点面子都没有。"

小丽羡慕别人的车子有多么豪华，就在老公面前抱怨，这样又有什么好处呢？人不可能每样都比别人强，所谓"人外有人，天外有天"，羡慕别人在一定程度上等于贬低自己，为什么不默默赶上？再怎么羡慕，自己的奥拓也变不成别人的宝马呀！

人们生活在社会群体中，相互交往与联系是必不可少的。由于人们有着不同的智商、情商、资源、家庭背景，处于不同的成长环境，从而形成了高低不同的地位、等级、门第等，这些差别的存在使得攀比之心自然而然地产生了。我们再来看一个故事。

汤恩年幼时随父母移民美国，家里贫穷、拥挤，上小学时他结识了一个朋友。朋友是医生子弟，非常富有，住着在汤恩看来就像天堂里的明亮干净的别墅，而那个朋友也总是穿着得体整洁、彬彬有礼，结识这样的朋友汤恩心里非常自豪，也感觉好像是得到了主流社会的认可，小心翼翼地生怕失去。

作为朋友，汤恩被邀请去朋友家吃饭，宽大的餐桌、雪白的桌布、牛排西餐、闪亮的刀叉让他惊叹。礼尚往来，他自然也要请朋友到自己家里吃饭。他为此非常忧愁，甚至恐慌，因为自己家里常年只吃一种菜，是一种肉汤炖的各种各样的菜的混合，叫“迈内斯梅恩”，黑黑的，一点儿也不好看。汤恩甚至逼自己的母亲去学习做西餐，要求母亲准备精美的餐具，多次要求都被妈妈坚决拒绝。他的妈妈说：“我不能因为请客就换掉餐具，我们的钱只能花在必要的地方，如果他因为这些就不和你做朋友，那么他就不是你的朋友！”

请客那天，汤恩觉得自己最宝贵的友谊就要失去了，心里最值得肯定的承认就要没有了，甚至想象着朋友告诉同学自己家里是那么寒酸、那么可笑，进而所有人都嘲笑自己的情景。当他的妈妈拉着朋友的胳膊说“长得太瘦了，‘迈内斯梅恩’正适合你，要多吃点”时，汤恩觉得简直无地自容。但是他的朋友在试着吃了一碗“迈内斯梅恩”后，居然又要了一碗，说真好吃。

经过这次，两人的友谊当然继续，汤恩获得了更多自信，原来自己的忧虑那么多余，母亲的自然坦荡也让他知道，自己拥有的并不是值得羞愧的。

从故事中可以看到，母亲的态度、主见和做法显然对孩子的影响非常重要。家庭经济不宽裕，没必要为了面子浪费，用真实的家庭背景、绝不做作的方式待客，在孩子担心会因为寒酸、悲惨而被嘲笑的情况下，坚决地展现家庭本来面目和自己的处世方式，这既是自然的，也是自信的。她用行动告诉孩子，自己的家庭，没什么不好意思，更没有可羞愧的。

盲目攀比的人总是轻易地修改自己的目标，对任何事都难以有恒久之心。当你看到别人事业有成时，如果能从中看到努力的方向，然后脚踏实地好好工作，也许下一个事业有成的人就是你了。

【十度人生·高度】

立志成就伟业的人应拒绝攀比，拒绝急于求成。让攀比的心多一些淡定，给燥热的心多一点清凉，使急于求成的心多一些冷静，自己也就有了成就大事的决心和旷日持久的恒心。

一辈子只为一件事疯狂

如今的许多朋友，可以说是身怀十八般技艺，同时挖几口井，头顶三四个职务或者身兼五六个角色。如果可以，恨不得将自己大卸八块，分别扔进不同的领域去占个地盘，等而下之的也要卖给不同的老板。杂乱无章，心无定所，轰轰烈烈一场乱忙，最后往往所获有限甚至导致身心崩溃。

其实，人们只有参透一切苦厄，把身外之物看淡，豁达潇洒，了无牵挂，无忧而有乐，才能战胜人生的弱点。一生咬定一个目标不放松，一生只挖一口井，一生只做一件事，甘于寂寞，才有可能达到光辉的顶点。

法国画家雷杜德一生就是画花，尤其是玫瑰。任凭法国大革命政权更迭，人头落地，血流成河，他只管画他的玫瑰，整整 20 年，以一种“将强烈的审美加入严格的学术和科学中的独特绘画风格”记录了 170 种玫瑰的姿容，进而完成了《玫瑰图谱》。他本人被称作“花卉画中的拉斐尔”“玫瑰大师”“玫瑰绘画之父”，这本图谱被誉为“最优雅的学术，最美丽的研究”“玫瑰圣经”。在此后的180年里，以各种文字出版了200多种版本，平均每年都有新的版本芬芳降临人世……雷杜德，他只做了一件事——画玫瑰，但他的玫瑰成了巅峰，无人逾越。

一生只做一件事，做好一件事，多么了不起，多么值得。如此专一，如此宁静，如此恒久，如此完满。在那些单一、狭小的领域达到难以企及的高度的，还有写了《理智与情感》《傲慢与偏见》，总是关心女孩子如何出嫁的简·奥斯汀。

有人嘲笑她所写的都是小地方的小事情，都是茶杯里的风波。但是，在她那些绝不广阔的世界里所发生的感情事件、择偶标准、生活趣味，那些鲜活的主人公们，是多么有趣、迷人，其中展现的情感世界和尘俗人间，时而搏击时而妥协，更是何等丰富和跌宕起伏。最后的大团圆又是多么善解人意、抚慰人心。奥斯汀一生写了六部长篇，写的全是男婚女嫁。她就这样一路写下来，丝毫无意于“突破”或者“转型”。但她的作品被当作“婚恋圣经”，成为毫无争议的经典，流传至今。

正如梭罗说过的那样：“一个人的生活其实所需甚少，而按照所需向这个世界索取，不仅对我们置身的大自然有好处，而且对于我们的心灵有最大的好处。一切的症结都出于人类自身的愚蠢和贪婪上。人的一切最美好的创造无不来自简单和淳朴。”我们再来看一个例子。

从20多岁入数学之门直到93岁去世，大脑像一架机器一样，一直为数学运算了70多年，在数学的王国里构建了瑰丽的大厦。正如他自己所说，自己一生只会做一件事，就是数学。天下美妙的事情不多，数学就是这样美妙的事情之一。他，就是数学大师陈省身。

陈省身对于数学具有天然的痴情。读中学时他对于理化充满恐惧，每考数学则“必是王牌”的他似乎正是为数学而准备的。当然，这基于一个少年的天性，同样也基于一个数学天才的选择。

当美国退还了庚子赔款的余额，用此款捐助的学子争相到美国读书时，陈省身却坚持认为读数学必须去德国。在汉堡开设嘉当·凯勒定理讨论班时，一开始几乎所有的人都来了，但因艰涩难懂，最后只剩下他一个人。在那里他懂得了嘉当的魅力。甚至1937年爆发的抗日战争都没有影响陈省身的数学研究。直到老年，陈省身依然痴迷于数学的王国，始终如一，孜孜一求，从无旁顾。

他说，一个人一生中的时间是一个常数，应该集中精力做好一件事。中国人浪费时间的事太多。我已经老了，本来数学是年轻人的事业，但我还想在前沿做数学，多做一点。直到他离开至纯至美的数学，手头的论文仍然是四道数学难题。

陈省身早在1943年，32岁的他因完成了高斯－博内公式的简单内蕴证明这一被誉为数学史上划时代的论文，后来被国际数学界尊为“微分几何之父”，可谓一鸣惊人。可是，名对他来说却仅仅是好玩的事情。

2004年11月2日，国际小行星联合会小行星中心向世界公布，将中国国家天文台发现的1998CS2号小行星命名为“陈省身星”，以表彰他对全人类的卓越贡献。面对中央电视台的采访，老人只是说“得了荣誉，这个热闹热闹，看见几个有名的人也有意思，好玩”，并进一步解释说“好玩就是，不怎么要紧”。

老人甚至认为，“数学没有诺贝尔奖是一件幸事”，因为“这是一片安静的天地，没有大奖，也是一个平等的世界”。

一个人，只有坚持自己的风格，做自己擅长做的事，才会真正有所成就，否则可能一辈子都在选择当中不断地徘徊，永远生活在迷茫当中。“一辈子只做一件事”，是我们在一生中应该坚信的道理。

在这样的时代和氛围里，格外怀念一种纯粹：自知，自制，心无旁骛，一生只挖一口井，直到清泉涌出，源源不断。

【十度人生·高度】

一个人，只有坚持自己的风格，做自己擅长做的事，才会真正有所成就，否则可能一辈子都在选择当中不断地徘徊，永远生活在迷茫当中。为一件事疯狂，总有一天，可以从中找到答案。

第三章

你要经得起诱惑，心境要有纯度

生活处处充满诱惑，如果你的定力不够强，那么这些诱惑会随时影响并阻碍你前进，甚至让你迷失前进的方向。在种种诱惑面前，你是否应该一如既往地坚持自己的原则和理想呢？

答案毋庸置疑，我们做人做事必须坚守自己的理想和原则。只要我们所坚守的是正确的事情，哪怕会有短暂的痛苦，也应该坚持下去；如果我们所做的是错误的事情，即使会得到短暂的快乐，也应该坚决拒之！

道德的背后藏着诱惑

回头想想，从小所受的教育告诉我们，人与人之间应该以诚相待；朋友间要互相帮助，甚至两肋插刀；夫妻间要同甘共苦，要不离不弃；兄弟姐妹间要团结友爱；家人之间要和睦相处。但是现实生活中我们也能看到，人与人之间的尔虞吾诈；朋友间互相欺骗，甚至两面三刀；夫妻之间互相埋怨，互相伤害；兄弟姐妹间明争暗斗；家人之间反目成仇。

如果一个人一旦犯了道德方面的错误，那么他很可能就会因此而丧失所有的道德观念、家庭观念甚至伦理观念。而丧失这些的人，我们不知道该如何去评判他们，说他们意志力薄弱、一时经不起诱惑或是自私贪婪，似乎都是，似乎又都不是。

曾经有一位哲人做过这样一个试验：

他问两个男人，如果有人出 100 元买你们的爱妻，你们是否愿意？两人都摇头。他又问道：如果出 100 万呢？其中一个点点头。他继续问道：如果 100 亿呢？结果另一个人也点了头。

100 元的价格上两个男人都是坚守道德的，100 万时一个男人放弃了坚守，100 亿时另一个也下了水。是不是 100 亿的男人比 100 万的男人更有道德些，我们不敢肯定，但有一点可以肯定，前者比后者经得起诱惑，他的抗诱惑的临界点更高。因此，他在更多时候能坚守道德的规范。

同样，在一个访谈节目里，也出现过类似的问题。

主持人问，如果给你 10 万让你转让女友，你会如何选择，问题一提出，全场哗然，很多在场的男人都很坚决地选了女友，并争先表明自己是多么重情重义之人，并将以金钱买爱情的人批得体无完肤。可当主持人把 10 万加到 50 万、100 万的时候，现场逐渐变得安静，选择女友的人越来越少，而选择金钱的理由则越来越多。直至主持人把数额加至 1000 万的时候，全场默然，只有一个男人执著地选择了女友。

但当主持人访问这个男人的女友时，女人则说：如果真有这种情况发生，我不认为对我不离不弃的男友很让人感动，反倒觉得另外那个愿意出1000万抢回我的男人更感人。

就这个话题展开了热烈的讨论。有的朋友说：如果我或者家人没出现什么特别需要钱的情况，那我选择爱情。反之，如果只有钱才能救家人或救自己于绝境，那么我极有可能选择1000万。也许大多数人都会做出同样的选择。

生活中，道德告诉我们，不能这样做，也不可以那样做。而在道德的背面，其实藏着的是诱惑，不可抗拒的诱惑，让你情不自禁地要去做。做人很多时候就需要选择，或者道德，抑或诱惑。当你接受了诱惑，道德标准就会横冲而来，让你压抑，反之亦然。这些压抑的感受让人心存愧疚、无望、憔悴、后悔……

当然，伦理道德是不容置疑的。既然我们生活在社会里，就必须遵守道德规范。人之所以能够掌控世界，就是因为人知道什么是可以做的，什么是不可以做的。虽然我们为此付出了沉痛的代价，但这就是游戏规则。人是属于社会的，因此他具备了其特有的社会属性。人不可能完全脱离社会、完全脱离社会关系而独立的生活。

在当今的这个五光十色、流光溢彩的社会中，权力、金钱、美色等，如同一把把利剑高悬于我们的头上，如影随形地伴随着我们走完人生的路程，甚至说从你进入这个社会起，就开始有把利剑悬在你头顶上方。面对这些诱惑，我们不可能纯洁到视任何诱惑而不动心。也许只有《西游记》里的唐三藏能做得到，可这毕竟只是神话中的传说。至少我们可以做的是，提高自己抗拒诱惑的临界点。

【十度人生 · 纯度】

道德的背面，藏着的是诱惑，不可抗拒的诱惑，让你情不自禁地要去做。做人很多时候就需要选择，或者道德，抑或诱惑。当你接受了诱惑，道德标准就会横冲而来，让你压抑，反之亦然。

拒绝诱惑，方能循性保真

说起诱惑，我们首要面对的是物质上的诱惑，诸如金钱、房子、车子、豪华享受等，接着才是精神上的诱惑，诸如权势、名利、威望等，通过追求浮名、大肆表现自我来满足内心的欲望沟壑。

作为红尘中人，我们一生面临诱惑，整个人生亦是与诱惑较量的过程。若面对诸如酒色、功利、名望等诱惑而丧失理智，为其臣服，为其马首是瞻，则必将陷入诱惑的陷阱中而不能自拔。那些"落马"的高官、腐败的干部、堕落的女子、疯狂的商人，无不是被诱惑所伤的典型。若能面对诱惑而保持自我、坚守纯真的自性，则不会为其所动，如廉洁的官员、得道的高僧、日行一善的功德主，都是拒绝诱惑的楷模。

据《清代帝秘史》记述，乾隆皇帝下江南时，来到江苏镇江的金山寺，看到山脚下大江东去，百舸争流，不禁兴致大发，便随口问一个老和尚："你在这里住了几十年，可知每天来往多少船只？"老和尚回答说："我只看到两艘船，一艘为名，一艘为利。"

这个老和尚应该是道行匪浅的高僧吧，一语道破了那些过往船只的目的：为诱惑而来，为诱惑而往，不过是为名利而奔波劳碌而已。

还有这样一则故事。一个即将离开人世的人，不知道死后是去天堂好还是入地狱好。因此，他买了一些贵重的礼物去看望阎王，顺便问一问哪里好。阎王带着他到天堂和地狱转了一圈，由他自己决定。

在地狱门口，他看到一群穿着比基尼泳衣的美女在海滩上嬉戏，很是迷人。然而在天堂中看到的却是带一股神圣不可侵犯之气的仙女，虽然漂亮，可是让人感觉无法接近。最后这个人决定到地狱去。

过了一段日子，阎王在地狱里碰到那个人，见他正在受苦刑，痛苦万状，惨不忍睹。阎王问："感觉如何？"那人答："太苦了！我先前看到的地狱可不是这样的。"阎王说："你先前看到的是地狱门前面的一个广告画面。"

诱人的画面背面是地狱，不管那画面有多么迷人，我们还是小心为好。面对诱惑，要保持一个正常人心态，胸怀坦荡，光明磊落。

诱惑随处可见，诱惑无处不在。它之所以存在，是因为人的一生中会不断地被欲念刺激，时时要与难填的欲望沟壑作斗争。胜出，则不为诱惑所动；反之则会被诱惑所折磨，乃至将死之际，亦难逃其桎梏。人生的路上处处是美景，可处处充满诱惑，如同"温柔的陷阱"，如影随形地伴随在我们身边，让我们看得眼花缭乱、晕头转向。

拒绝诱惑，我们才能在颠倒流转的婆娑世界里固守一份本真；拒绝诱惑，我们才能在竞争激烈、人心叵测的社会里，找到一片属于自己的洁净之地；拒绝诱惑，我们才能处事不惊、宠辱皆忘，以一颗平常心从容应对纷繁芜杂的红尘世事……

【十度人生·纯度】

人生的路上处处是美景，可处处充满诱惑，如同“温柔的陷阱”，如影随形地伴随在我们身边，让我们看得眼花缭乱、晕头转向。唯有拒绝诱惑，不为其所困，方能“循性保真”，保持一份清净心。

携带越少，才会越超脱

某酒类品牌的广告语为“智慧人生，品味舍得”，先不说这酒好喝与否，单说这广告语就足以令人深思良久。的确，人生的许多烦恼都源于得与失的矛盾。得与失是相互联系、密不可分的，甚至在一定程度上，我们可以将其视为同一件事情。

我们不妨认真想一想，在生活中有什么事情纯粹是利，有什么东西全然是弊，显然没有。所以，凡是心胸开阔的人都知道，天下之事有得必有失，有失必有得，患得患失是做人的大忌。

古代神话中的后羿，练就了一身百步穿杨的好本领，几乎从来没有失手过。人们争相传颂他高超的技艺，对他十分敬佩。

夏王听说了这位神射手，就把后羿召入宫中，要求后羿单独给自己表演一番，好尽情领略一下他那炉火纯青的射技。后羿被带到后花园的一处开阔地带，夏王命人拿出了一个兽皮箭靶，用手指着对后羿说：“今天请你来，是想让你展示一下精湛的技艺。为了不使这次表演沉闷乏味，我来给你定个奖罚规矩：如果你射中的话，我奖给你黄金万两；如果射不中，就削减你五百户的封地。”

后羿听了夏王的话，一言不发，面色变得紧张起来。然后，他取出一支箭搭在弓上瞄准。一想到这支箭发出之后可能发生的结果，一向镇定的后羿呼吸变得急促起来，手也微微颤抖，瞄了多次都没有射出去。最后，后羿下定决心，松开了弦，箭射在离靶心几寸远的地方。后羿再次开弓搭箭，注意力却再也无法集中，箭射得更加离谱。

夏王在失望的同时心中顿生疑惑，便问手下说：“这个神射手平时不是百发百中吗？今天怎么会大失水准呢？”

手下解释说：“后羿平时射箭，本着一颗平常心，水平自然发挥得正常，可是今天他射出的成绩直接关系到自己的切身利益，这让他怎能静下心来施展技术呢？”

在我们身边，往往有这样一些朋友，做什么事情都要反复考虑，做完之后又放心不下，并且极其重视个人的得失，心绪不得安宁，生活中也就无法体会到轻松和愉快。我们不妨从战国时期的孟子身上学到一些技巧。

战国时代，孟子名气很大，府上经常宾客盈门，其中大多是慕名而来求学问道的。这一天，接连来了两位神秘人物，一位是齐国的使者，一位是薛国的使者。齐国的使者给孟子带来黄金 100 两，说是齐王所赠的一点见面礼，孟子见其没有下文，坚决拒绝齐王的馈赠，使者只好走了。薛国的使者给孟子带来了 50 两金子，说是薛王的一点心意，感谢孟先生在薛国发生兵难的时候帮了大忙。孟子听罢吩咐手下人把金子收下了。

左右的人看到孟子截然不同的做法后都十分不解，就问孟子：“齐王送你那么多金子，你不肯收；薛国才送了齐国的一半，你却接受了。这是为什么呢?”

孟子回答说:“在薛国的时候,我为他们出谋设防,平息了一场战争,算是个有功之人,受到物质奖励是理所当然的;而齐王无缘无故给我那么多黄金,是有心收买我,君子是不可以用金钱收买的,我怎么能收受他们的贿赂呢?”左右的人听了,都十分佩服孟子的高明见解和高尚操守。

得和失是相辅相成的,任何事情都会有正反两个方面,也就是说凡事都在得和失之间同时存在。在你认为得到的同时,其实在另外一方面可能会有一些东西已经失去了,而在失去的同时也可能会有一些你意想不到的收获。

在人生的旅途中,一个人如果总是把自己所遇到的每件东西都背上,就会感觉到很累,只有携带越少才会越超脱。一个人越是清心寡欲,精神就越自由。

【十度人生·纯度】

患得患失是做人的大忌,是人生的精神枷锁,是附着在人身上的阴影,是浮躁的表现。凡是心胸开阔的人都知道,天下之事有得必有失,有失必有得。

何必要为小事斤斤计较

在现实生活中,我们经常看到或听到他人的争吵,有时甚至拳脚相向,最后两败俱伤。通常情况下,如果两个人强壮程度相差太多的话,那弱的一方绝对不会先动手,而主动解决矛盾的也多是那些弱者。

其实，这也是与人交往的误区，不要以为他人软弱就可以欺辱，万事都不是绝对的。如果真的是到了不得不吵的地步，这时候，也应当理智一点。只要就事论事，那事后还有希望得到解决。如果过于偏激、急躁，那么彼此就无法和好了。

1898 年冬天，幽默大师威尔·罗吉士继承了一个牧场。

有一天，他养的一头牛，为了偷吃玉米冲破附近一户农家的篱笆，最后被农夫杀死。依当地牧场的共同约定，农夫应该通知罗吉士并说明原因，但是农夫没这样做。

罗吉士知道这件事后，非常生气，于是带着佣人一起去找农夫论理。

此时，正值寒流来袭，他们走到一半，人与马车全都挂满了冰霜，两人几乎要冻僵了。

好不容易抵达木屋，农夫却不在家，农夫的妻子热情地邀请他们进屋等待。罗吉士进屋取暖时，看见妇人十分消瘦憔悴，而且桌椅后还躲着五个瘦得像猴子似的孩子。

不久，农夫回来了，妻子告诉他："他们可是顶着狂风严寒来的。"

罗吉士本想开口与农夫论理，忽然又打住了，只是伸出了手。

农夫完全不知道罗吉士的来意，便开心地与他握手、拥抱，并热情邀请他们共进晚餐。

这时，农夫满脸歉意地说："不好意思，委屈你们吃这些豆子，原本有牛肉可以吃的。但是忽然刮起了风，还没准备好。"

孩子们听见有牛肉可吃，高兴得眼睛都发亮了。

吃饭时，佣人一直等着罗吉士开口谈正事，以便处理杀牛的事，但是，罗吉士看起来似乎忘记了，只见他与这家人开心地有说有笑。

饭后，天气仍然相当差，农夫一定要两个人住下，等转天再回去，于是罗吉士与佣人在那里住了一晚上。

第二天早上，他们吃了一顿丰富的早餐后，就告辞回去了。

在寒流中走了这么一趟，罗吉士对此行的目的却闭口不提。在回家的路上，佣人忍不住问他："我以为，你准备去为那头牛讨个公道呢！"

罗吉士微笑着说："是啊，我本来是抱着这个念头的，但是，后来我又盘算了一下，决定不再追究了。你知道吗？我并没有白白失去一头牛啊！因为我得到了一点人情味。毕竟，牛在任何时候都可以获得，然而人情味却并不是很容易得到的！"

故事中的罗吉士，尽管失去了一头牛，却换得农夫一家人的笑容和幸福以及难得遇见的人情味。这段经历，更让他懂得生命中哪些才是无价的。人与物之间是无从比较的，真正的无价必定表现于无形，就像大师的雕刻作品，它的价值不在价格与实体上，而是创作者对作品付出的情感与附在作品身上的生命感悟。

生活中，大多数人都在追求物质上的满足，表现在言行上便是为了小事斤斤计较。然而当物质需要得到满足之后，我们的心是否真的充实了？所以不管怎么说，只要能避免的尽量不让它发生，能大事化小的尽量不让它扩大。

【十度人生·纯度】

人在社会中生活，总会接触到各种各样的人、各种各样的事，可能还会遭遇一些不公正的待遇，可能还会与他人发生误会。一些无关紧要的小事，放过去无伤大雅，那就没有必要去纠正它。

拿得起， 更要放得下

看看身边，有人家人离世，痛不欲生；有人爱情渐行渐远，茶饭不思；有人遇人不淑，愤世不公；有人遭遇不测，怨天尤人……不是当事人，我们无法体会当事者撕心裂肺的痛；不是亲历者，我们无法对欲绝的悲痛感同身受。我们有时只会用苍白的语言劝慰当事者看开些、想开些。我们常说凡事要拿得起、放得下。

生活在这世界，最难做到的无疑就是放下。大多时候自己喜爱的固然放不下，自己不喜爱的也放不下。因此，爱憎之念常常霸占心房，这样哪能快乐自主呢？

情能否放得下？人世间最说不清、道不明的字就是情。凡是陷入感情纠葛，往往会丧失理智。若能放下，可谓是理智地放下。

财能否放得下？李白有首诗云："天生我材必有用，千金散尽还复来。"如能放下，那可称得上潇洒地放下。

名能否放得下？高智商的人，一般都喜欢争强好胜，对其看得较重，甚至爱名如命，最终累得死去活来。若能放下，可称得上超脱地放下。

忧愁能否放得下？现实生活中令人忧愁的事实在是太多了。有首诗说："才下眉头，却上心头。"若能把忧愁放得下，可称得上幸福地放下，因为没有忧愁的确是一种幸福啊！

生活有时会逼迫你，不得不交出权力，不得不放走机遇，甚至不得不抛弃爱情。你不可能什么都得到，所以，在生活中应该学会放弃。

歌德说："一个人不能永远做一个英雄，但一个人能够永远做一个人。"这里"做一个英雄"，指的是"拿得起"时的状态；而"做一个人"，指的是"放得下"时的状态。我们来看一个故事。

一人拿着两只花瓶来拜见三祖寺的法师。法师对他说："放下！"那人把左手的花瓶放下了。法师又说："放下！"那人又把右手的花瓶放下了。法师还是对他说："放下！"那人说："法师，能放下的我都已经放下了，我现在两手空空，没什么可以再放下了，您到底让我放下什么？"

法师说："我让你放下的，一样也没有放下；我没有让你放下的，你却全放下了。花瓶是否放下并不重要，我要你放下的是心中的杂念。你的心已经被这些东西填满了，只有放下这些，你才能从生活的桎梏中解脱出来，才能懂得真正的生活。"

其实，"放下"这两个字说起来容易，做起来却很难，就像上文故事中的那人一样，很难把握。关于这一点，心理学家给我们提供了七条要诀，值得我们借鉴：

1. 不要太苛求自己

每个人都有自己的抱负和理想。有些人把自己的目标定得过高，根本实现不了，于是终日郁郁不欢，这实际上是自寻烦恼；有些人对自己所做的事情要求十全十美，往往由于小小的瑕疵而自责，结果受害的还是自己。因此，为了避免挫折感，我们应该把目标和要求定在自己的能力范围之内，懂得欣赏自己取得的成绩。这样一来，拿得起、放得下也就不是什么难事了。

2. 不要处处与人相争

有些人拿得起却放不下，主要是因为心理不平衡。他们喜欢处处与人相争，总使自己处于紧张状态。其实，人与人之间应该和谐相处，只要你不仇视他人，他人也自然不会与你为敌。

3. 对别人期望不要太高

妻子盼望丈夫飞黄腾达，父亲希望儿女成龙成凤。我们总是要求他人给自己方便，然而，当对方不能满足自己的期望时，我们便会大失所望。其实，每个人都有自己的生活，都有自己的长处和短处，何必非要别人迎合自己所制定的标准呢？

4. 适当地逃避

在现实生活中，受到挫折，面临抉择时，我们不妨暂时“逃跑”，去做自己喜欢的事情。等到心境平和之后，再重新面对自己的难题，思考解决的办法。

5. 学会让步

处理工作和生活中的一些问题，我们应该尽量“大事讲原则，小事讲风格”。我们有时候不要过分坚持自己的主张，适当地做一些让步和改变，那么事情往往会出现意想不到的结果。

6. 快乐忘忧

在人生的旅途上，千万不要让那些悲哀、恐惧、烦恼的事情困惑我们，不要让那些不愉快的事情笼罩在心头。不管事情如何，我们都要泰然处之，培养平和坦然的心态。

7. 直面失败

不论机遇多么不好，你失败的原因都可以在你身上找到。假如出现万一情况，你的某一次失败完全是由于偶然因素造成的，那证明你根本就没有失败，你不妨放下手来，微微一笑，反正已经尽力，你虽败犹荣。

一个人在处事时，拿得起是一种勇气，放得下是一种肚量。对于人生道路上的鲜花、掌声，有处事经验的人大都能等闲视之，屡经风雨的人更有自知之明。但对于坎坷与泥泞，能以平常之心视之，就非常不容易。大的挫折与大的灾难，能不为之所动，能坦然承受，这则是一种胸襟和肚量。

【十度人生·纯度】

在这个世界上，为什么有的人活得轻松，而有的人为什么活得沉重？前者是拿得起，放得下；而后者是拿得起、却放不下，所以沉重。

选择的另一面是放弃

生活中很多事情都是选择的结果，而每个选择必然都有个反面，即放弃。

拿报纸出版来说，从头版新闻到影视评论，每一个版面的组成都是编辑选择的结果。选择刊登这条消息，就等于放弃了另一些内容。这样做只是为了在被广告日益挤压的狭小空间里，争取把最有价值的东西摆在读者面前。

再如，每个大学生毕业后，肯定都会考虑是去工作还是出国，或者去考研，或者去西部做志愿者。选择其中一个，你就得放弃另外的几条路。甚至可以这样说，只有当你能够放弃其他选择，你才能安心地选择剩下的一种。

当年，法国人从越南撤走以后，一个农夫和一个商人在街上寻找财物。他们发现了一大堆烧焦的羊毛，两个人就各分了一半背在自己身上。

归途中，他们又发现了一些布匹。农夫将身上沉重的羊毛扔掉，选了一些自己扛得动的较好的布匹。商人却将农夫丢下的羊毛和剩余的布匹统统捡起来背在自己身上，重负使他气喘吁吁，步履维艰。

走了不远，他们又发现了一些银质的餐具。农夫将布匹扔掉，捡了一些较好的银器背上，而商人却因为沉重的羊毛和布匹压得他无法弯腰而难以捡到农夫拾剩下的银餐具。

天降大雨，商人的羊毛和布匹被雨水淋湿了。他饥寒交迫地走着，最后摔倒在泥泞中；农夫却一身轻松地迎接着凉爽的雨回家了，他变卖了银餐具，生活颇为富足。

是啊，生活中有太多的机会、太多的诱惑，也有太多的欲望，可我们毕竟分身乏术，脚踩两只船都会晃悠，更何况三四只呢？许多时候，得到也是失去，而失去也是得到，舍得舍得，就像那个农夫一样，有舍才有得啊！

生活是复杂的，它不仅仅是一种存在，还是一个不断变化、发展的过程。生活的艺术就在于知道何时应该紧紧抓住机会，何时又该放手。我们来看一个自然界的例子。

有一种鱼叫马嘉鱼，银肤燕尾大眼睛，长得很漂亮，平时生活在深海中，春夏之交溯流产卵，随着海潮漂游到浅海地区。渔民捕捉马嘉鱼的方法挺简单：用一个孔目粗疏的竹帘，下端系上铁块，放入水里，用两只小艇拖着，拦截鱼群。马嘉鱼的个性很强，不爱转弯，即使闯入罗网之中也不会停止。所以一只只前赴后继地陷入竹帘孔中，帘孔随之紧缩。竹帘缩得越紧，马嘉鱼就更加拼命地往前冲，结果就会被牢牢卡死，最终被渔民所捕获。

我们又何尝不是如此呢？我们往往容易在具体的问题上钻牛角尖，为点滴小利斤斤计较，不愿意放弃自己的财富、情感、权力、利益等，但是，什么东西能够永久地被占有呢？我们总喜欢给自己加上负荷，轻易不肯放下，自诩为“执著”，我们执著于名与利，执著于一份痛苦的爱，执著于幻想的美梦，执著于空想的追求。可是很多时候，这些理想与追求反而成为我们的一种负担。

人生苦短，韶华易逝。选准目标就要锲而不舍，以求“金石可镂”，但如果目标不合适，或客观条件不允许，与其蹉跎岁月、徒劳无功，还不如干脆放下，让自己“见异思迁”一回。当你放下那些华而不实的目标，选择伸手可及的目标时，或许能柳暗花明，让你触摸到实实在在的幸福。

【十度人生·纯度】

生活中有太多的机会、太多的诱惑，我们也有太多的欲望，可我们毕竟分身乏术，放弃意味着我们不得不和想要的东西永远错过，放弃意味着永远的丧失和缺憾，甚至有时候需要我们重整旗鼓，从头来过。

做人不要刻意追求完满

中国古典小说、戏曲里都有一种十分有趣的现象：开头，主人公悲欢离合，历尽坎坷；结尾，大都是大团圆、大完满。然而，在现实生活中，又有谁见过十全十美的人和事？看看身边的朋友们，有多少人每天都在苦苦追求十全十美：有了好的工作，又要有好的生活；有了好的生活，又要有好的身体；有了好的身体，又要有好的爱情……

人生在世不可能处处圆满，不足和欠缺总是伴随在我们身边。因此，我们最大的痛苦就源自追求完美。由于刻意追求完美，我们不能容忍缺陷的存在，结果一点小小的缺陷往往就可能遮住我们审美的眼睛，使我们的目光滞留在缺陷上，从而忽略了周围的美好之处，以致错过了许多美好的东西。我们来看一个故事。

一家商场新购进了一批高档杯子，样式新颖，色调匀称。然而奇怪的是，一个月过去了，顾客购买的却很少。看到这么漂亮的杯子，许多顾客先是一阵惊喜，但当拿到手仔细看过之后，又都摇摇头，放下杯子走开了。

商场经理百思不得其解，就去求教于一位心理学家。心理学家拿起杯子，细细看过之后说："这批杯子，杯身设计新颖、做工精细，但它们的盖子却有一处缺陷，顾客们想买下杯子，却又总觉得吃亏。如果把盖子去掉，它们又将成为一批完美的杯子。"于是商场马上派人把这批杯子上的盖子全部取走，而杯子仍放在柜台上原价出售。10 天内，这批杯子被抢购一空。

世上没有十全十美的东西，所以我们在认识自我、看待别人的时候，不要过于求全责备，不必一定要追求光彩夺目、无可挑剔。如果是无伤大雅的缺憾，那就不必耿耿于怀。在美国，《独立宣言》是非常珍贵的历史文件，是美国的无价之宝，但就是这样一份神圣、庄严的文件，其中竟也有两处"缺憾"。

当初这份文件成稿以后，人们发现其中遗漏了两个字母，可是没有人认为应该重新抄写一遍，而只是在行间打上了脱字符号，把这两个字母加了上去。《独立宣言》文字简约，篇幅不大，重新抄写并不难做到，但在上面签字的不拘小节、务实而又浪漫的美国精英们，并不认为“缺憾”有辱于这份赋予国家自由的文件的圣洁，他们签下自己的大名后，就迅速投身于为文件内容的奋斗中去了。

世界上完美无缺的文件很多，但有几件可以同《独立宣言》一样成为国宝呢？同样，做人也是如此，人生在世不可能处处圆满，洪应明说：“帆只扬五分，航船便能安稳；水只注五分，器具便能稳定。”

追求完美的人总是以争取高水准为乐，他们要求的是卓越表现，并且完全用成就来衡量自己的价值，结果他们极度害怕失败。世上没有永远的胜者，一时的风光，赌不来一世的顺畅。在生命的每个阶段，胜他人一筹的诱惑总在眼前，于是追求完美的人往往将生活变成了一场永无休止的劳役。

过分追求完美的人，总是不想让人看到他们有任何瑕疵。他们常常过分控制敌意和愤怒，给人的感觉是过分宽容，看似开朗热情，其实活得很累。

【十度人生·纯度】

过分追求完美的人，总是不想让人看到他们有任何瑕疵。他们常常过分控制敌意和愤怒，给人的感觉是过分宽容，看似开朗热情，其实活得很累。

见好就收，留下回旋空间

很多朋友也许是股民，作为“中国式股民”必须懂得一条

"铁律"：见好就收。要始终明白，在这个市场里，卖在最高价、买在最低价的，毕竟只有极少数的人。这样的好事，只能作为美好的愿望，切忌太当回事儿。无论卖后是涨还是跌，都不要后悔。

股市中"见好就收"的道理，同样适用于我们的日常生活。任何人在做事之前都要做好成功和失败的两手准备，只想到成功，不考虑失败，那是一种唯心主义的态度。因此，我们不要苛求完美，要尽量给自己留下回旋的余地，凡事不可过于偏激，以免使自己尴尬，意气用事吃亏的最终只能是自己。

有人说："福不享尽，话不说满，事不做绝。"福享尽了则福无久享；话说满了自己也就没有回旋的余地；事情做绝了就等于把自己往死胡同里逼。

正如一个人肚子很饿，面对一桌摆满珍馔佳肴的"满汉全席"，倘若他细嚼慢咽，认真品尝，吃个七八分饱，可能会回味无穷，留下美好的感受；如果他狼吞虎咽，吃得太饱太撑，不但享受不到美味，还可能会吃伤肠胃。本来是令人垂涎的美食，由于没有把握好度，给自己的肠胃留点空间，使自己承受不下消化不了，结果适得其反。

吃东西是这样，为人做事又何尝不是这样？古语云："狡兔死，走狗烹；飞鸟尽，良弓藏。"这句话虽然不是为人处世的定理，却是人人都应该遵守的原则。在我国古代有许多人不明白其中道理，从而招致杀身之祸，如韩信、年羹尧，他们都有旷世之才，帮助别人得到天下，可谓是立下汗马功劳，功勋卓著，但不谙明哲保身的处世方法而最终被杀。

韩信在领兵打仗方面的确是技高一筹。当初刘邦拜他为大将军，韩信最终帮助刘邦逼得项羽自刎垓下，但是刘邦对他很不放心，怕他恃功谋反。

韩信手下有个叫蒯通的谋士，他早已察觉刘邦对韩信有猜忌，就劝韩信趁早离开刘邦，自立门户，否则后果不堪设想，可是韩信却无动于衷。刘邦登上皇位之后，将韩信从先前的齐王改封为淮阴侯，韩信心里很不痛快，于是就装病，没有随刘邦出兵。吕后就借此机会，向韩信下手，捏造了韩信通敌，下令立即将韩信处死。

一代名将就这样冤屈而死。如果韩信当时能听蒯通的话，就不会招此祸患了。或者能够及早的像张良等人那样懂得明哲保身、功成身退，也不至于死得不明不白。我们再来看范蠡和文种的故事。

越王勾践有两个谋士，一个是范蠡，一个是文种。二人为越王出谋划策，要勾践忍辱负重，在被俘期间卧薪尝胆。最终在二人的帮助下，勾践励精图治，打败了夫差。

此时，范蠡规劝文种和他一起退隐，但是文种不以为然。勾践再三劝说范蠡，但是他执意要走。过了一天，勾践召见范蠡，但回来的人说范蠡已经走了。后来也才有了陶朱公的故事。

事实上，勾践本人也担心臣子功高盖主，自己失去威信。这时正好身边的一个奸佞进献谗言说文种自恃功高对大王心存不满。这一天，文种病了，勾践亲自跑来“探病”，说：“你有七法，而现在只用了三法就灭了吴国，剩下的四法，你准备怎么用呢?”说完递给文种一把宝剑。文种取过宝剑一看，上刻“属镂”二字，文种知道自己难免一死了，因为这把宝剑是夫差赐给伍子胥自杀的剑。文种哀叹：“大功大德不得好报，我到底被奸佞给构陷了，唉，我好后悔不听范蠡之言。”

韩信、文种都是功成名就之人，但是不懂得功成名就之后引身而退的道理，不知道避难趋安当退则退，这一点上，就不如张良和范蠡了。

任何事情都有内在的规律，也就是它的限度。如果做事的时候，没有把握好或超过了这个规律和限度，那么也就不可能把这件做好。外在的条件不好，我们可以用内在的条件弥补它；外在的环境有不是，我们可以用内在的精神、道德来填充它。人生多变化，好花不长开，好景不常在，“见好就收，给自己留下回旋的空间”是做人的一种智慧。

【十度人生·纯度】

谁能保证一朵鲜花常开不败？谁能保证生活总是顺风顺水不会身陷逆境？所以，不妨对自己宽容一点，对生活释怀一点，人生路上，见好就收。

可以有野心， 但不能太贪心

有些朋友，总是喜欢追求某种常人难以企及的名声或财富，并且为此不懈奋斗。这种人通常被认为是有野心的人。研究创造行为的心理学家，将野心看作一种最有创造性的兴奋剂，他们相信野心在本质上就是充满活力的品质，野心有时候甚至可以转化为拼搏的一种动力。

的确，健康的野心乃是促人上进的伟大力量，如果这种野心是健康的而非是只追求名声的病态心理，就能使一个人变得更为完美。如果把野心隐藏起来，从而堕落成某种对他人有害的、病态的、邪恶的贪心，那就很糟糕了。

朱慈目居士是一个对净土法门非常有修为的信徒。有一天，他去拜访佛光禅师。见面后他问道："大师，我虔诚拜佛已经有二十年了，但是我感觉最近在持佛号的时候，好像与往常不太一样。"

佛光禅师问道："有什么不一样呢?"

朱慈目居士回答道："过去我在持佛号的时候，感觉心中一直有佛性，就算嘴里不念，心中仍然能感觉到佛声绵绵不断，就是不持佛号，那种声音仍像源泉一样，会自动在心里流淌。"

佛光禅师说："这非常好呀！说明你念佛已念到净念相继，与佛相应，找到自我的真心了。"

朱慈目道："但现在不行了，感觉不到那种声音了，所以我现在很苦恼，觉得自己的真心不见了。"

佛光禅师疑惑地问道："真心怎么会不见了呢?"

朱慈目苦恼地说道："我与佛相应的心没有了，心中佛声绵绵不断的净念消失得无影无踪，想找也找不回来了。禅师，我非常痛苦，请您告诉我，我该到哪里去找回我的真心呢?"

佛光禅师笑着说道："你应该知道，真心就在你的身上。"

朱慈目说道："可我为什么感觉不到了呢?"

佛光禅师说道："因为你欲念不绝，和贪爱之心打交道，所以真心就离开你了。"

信徒朱慈目听后，似有所悟。

佛光禅师继续说："正如永嘉大师所说'君子不见，绝学无为闲道人，不除妄想不求真，无明实性即佛性，幻化空身即法身，法身觉了无一物，本源自性天真佛'。"

人为什么会迷惑呢？是因为虚妄贪爱覆盖了真心，迷失了自我。迷惘痛苦并不可怕，只要丢掉心中的欲念和虚妄，就可以重新找回自我。可怕的是丢失了自我，却不知道悔过，这样就会一直在错误里打转，永远迷失真我。

野心与贪心只有一步之遥。有野心，没有贪心，是强者，能驭人；一旦野心转化为贪心，就可能成为人人不齿的小人，到头来只会成为金钱或权力的奴隶，只能受制于人了。贪心的人往往不择手段，为了达到自己的目的，甚至不惜牺牲个人的人格和名誉。这样的人即使拥有万贯家财，也不能属于强者之列。正所谓："来得正，黄金美玉不嫌轻；来得不正，一瓢一饮也算重。"

贪欲能令人无恶不作。贪欲注定罪恶，松不开手亦得不到解脱。贪欲实是罪恶的本源。贪欲自害亦害人，驱使人为填满欲壑而营谋算计、用尽机关，为贪钱财名利而劳心费神、伤身斫命。

【十度人生·纯度】

野心与贪心只有一步之遥。有野心，没有贪心，是强者，能驭人；一旦野心转化为贪心，就可能成为人人不齿的小人，到头来只会成为金钱或权力的奴隶，只能受制于人了。

懂得收敛， 才不会遭人暗算

也许很多朋友都有这样一种感受：随着我们年龄的增长和社会的变化，自身的很多优势已渐行渐远，社会能赐予自己恣意挥洒的空间越来越小，欲望的翅膀再也不能如年轻时那样恣意飞翔了，慢慢地，就学会了收敛。

收敛是面对现实社会的一种感悟。当儿时那些幼稚幻化的欲望梦境，一旦被年龄和阅历所点破，我们就摒弃了轻佻浮华和肤浅媚俗，从心底里感觉到欲望收敛后人生的美好。

当你志得意满时，切不可趾高气扬，目空一切，不可一世，这样你才能避免被别人当靶子打！所以，无论你有怎样出众的才智，但一定要谨记，不要把自己看得太高，不要把自己看得太重，不要把自己看成是救世济民的圣人君子似的。还是收敛起你的锋芒，夹起你的尾巴低调做人吧。

郑庄公准备讨伐许国。战前，他先在国都组织比赛，挑选先行官。众将一听露脸立功的机会来了，都跃跃欲试，准备一显身手。

第一个项目是击剑格斗，众将都使出浑身解数，只见短剑飞舞，盾牌晃动，斗来冲去。经过轮番比试，选出了六个人参加下一轮比赛。

第二个项目是比箭，取胜的六名将领各射三箭，以射中靶心者为胜。有的人射中靶边，有的人射中靶心。第五位上来射箭的人是公孙子都，他武艺高强，年轻气盛，向来不把别人放在眼里。只见他搭弓上箭，三箭连中靶心。他昂着头，瞟了最后那位一眼，退下去了。

最后那位射手是个老者，胡子有点花白，他叫颍考叔，曾劝庄公与母亲和解，庄公很看重他。颍考叔上前，不慌不忙，“嗖嗖嗖”三箭射去，也连中靶心，与公孙子都射了个平手。

只剩下公孙子都和颍考叙两个人了。庄公派人拉出一辆战车来，说：“你们二人站在百步开外，同时来抢这部战车，谁抢到手，谁就是先行官。”公孙子都轻蔑地看了一眼他的对手，哪知跑了一半时，公孙子都脚下一滑，跌了跟头。等他爬起来时，颍考叔已抢车在手。公孙子都哪里肯服气，提起长戟就来夺车。颍考叔一看，拉起车飞步跑去。庄公忙派人阻止，宣布颍考叔为先行官，公孙子都怀恨在心。

颍考叔果然不负庄公之望，在进攻许国都城时，手举大旗先从云梯上冲上许都城头。眼见颍考叔大功告成，公孙子都嫉妒得心里发疼，竟抽出箭来，一箭把颍考叔射了个“透心凉”，从城头上栽下来。另一位大将瑕叔盈以为颍考叔被许兵射中阵亡了，忙拿起战旗，指挥士卒攻城。

你一露锋芒，可能永远得不到重用，你锋芒太露却又易招人陷害，虽容易取得暂时成功，却为自己掘好了坟墓。

其实，人生最难控制的就是欲望。欲望是有两面性的：一方面，欲望可以产生催人奋进的动力，让人紧紧围绕目标，勇于创新，奋发向上；另一方面，欲望可以放大自己的欲求，摧毁人的心智，让人跌入沉沦的陷阱。

收敛自己，并不是无欲无求，淡化实现梦想的激情和追求，而是把自己的目标放在一种理智而又良性的范畴内，为自己的心理减负，以一种平和健康的昂扬心态，让欲望不再成为自己的内心羁绊。

真正有智慧的人，懂得在什么时候收敛自己的欲望，懂得取舍，懂得怎样让自己在眼花缭乱的纷繁世界里，保持一份清醒，守住内心深处最本质的善良和淳朴。

【十度人生·纯度】

当你志得意满时，切不可趾高气扬，目空一切，不可一世，这样你才能避免被别人当靶子打！真正有智慧的人，懂得在什么时候收敛自己的欲望，懂得取舍，懂得怎样让自己在眼花缭乱的纷繁世界里，保持一份清醒，守住内心深处最本质的善良和淳朴。

第四章
你要挺得住痛苦， 意志要有硬度

人生道路并非一帆风顺，一路上总会有些坎坷、泪水、痛苦。痛苦之后往往会有两种结果：一是委靡不振，二是更加强大。我们在经历了痛苦之后究竟是委靡不振还是更加强大，这取决于我们是否能挺得住痛苦。

痛苦是强大的源头，是奋斗的激素，强大是靠痛苦催生出来的。痛苦是人生最好的教练。在痛苦中要么倒下，要么挺住。只要能挺住，生活就进入另一重天。

苦难是一把双刃剑

自从有了人类，人们的生活就始终伴随着痛苦，比如有的朋友曾经身患重病，有的朋友生活比较困迫，当然还有那些不期而遇的自然灾害以及战争等。这么看来，苦难似乎与人的一生如影相随。苦难究竟能带给我们什么？当然最直观的就是伤害了。那么，除此之外呢？其实，苦难是一把双刃剑，它既可磨炼人的顽强意志，也能够动摇人的追求和信念，然而亘古不变的只有一句话："历尽苦难，登上成功的顶峰，才是真正的英雄。"

苦难是成功者进步的阶梯，是上帝赐给我们的一笔宝贵财富。正确地面对苦难，将苦难升华到一定的高度，便拥有了辉煌灿烂的人生。苦难是每个人都必须经历的，重要的是我们用什么态度来承受苦难。

梁晓声的小说《表弟》讲述了一个从大西南偏僻的乡村走入北京某大学的青年学生肖冰的故事。男主人公肖冰，这个来自大西南三省交界处的小山村的大学生，是一个既自尊又自卑，既渴望现代文明和摆脱贫困又一直沉溺于狭隘和贫困的意识阴影下不能自拔，希冀温馨的爱情却因恋人与他之间贫富落差太大而深感不安甚至嫉恨的矛盾复合体，一个始终背着沉重的精神包袱、最后被这种精神包袱扼杀的悲剧性人物。

苦难是一把双刃剑。贫穷对于主人公肖冰来说是那么具体：一波三折的求学路——"妈，老师，我将来要不出息成条龙，我不活着见你们。我自己弄死我自己"的誓言；靠自己瘦弱的肩膀来赚取的学费；冬天没有驱寒的棉衣；没有钱买书……耻辱、自卑、压力，使他的内心极度敏感。他嫉恨身边一切有优越感的人，甚至不惜伤害全身心保护他、爱他的女朋友索瑶。在内心的挣扎中，他产生过好几次自杀的念头。肖冰在家乡的时候，无论生活多么苦、多么无助，却从未产生不想活的念头。可是在他成了大都市大学生后，反而常常不想活下去了。对现实的无奈使他一步步走向绝望。

肖冰的故事让笔者想到了台湾的赖东进。

赖东进出生于一个贫困家庭，父亲全盲又是个乞丐，母亲和大弟重度智障，家里又有 12 个小孩。身为长子的他负起相当大的责任。他在坟墓地里、猪圈中睡了 17 年，忍受了 17 年的讥讽、耻笑与鄙视，凭着一股不服输的意志，于 1999 年获选为台湾地区十大杰出青年。如今，他已向世人证明，乞丐也有出人头地的一天！2000 年，赖东进的自传体小说《乞丐囝仔》发表。

同样是出生在贫困的家庭，肖冰和赖东进却有着不一样的境遇。面对苦难，肖冰的内心极度不平衡，在无奈中最终走向绝望，走向死亡；而苦难对赖东进来说却是奋斗的催化剂。

赖东进曾这样说："我对生活充满了感恩的心情。我感谢我的父母，他们虽然瞎，但给了我生命，至今我还跪着给他们喂饭；我还感谢苦难，是苦难磨炼了我，给了我这样一份与众不同的人生；我也感谢我的丈母娘，是她用扁担打我，让我知道要想得到爱情，我必须奋斗必须有出息……我希望所有的人，在自己的人生道路上，一步一个脚印，踏踏实实地做人做事，好好孝顺自己的父母，不管他们多穷，也不管自己生活多困难，一定要坚持下去，要有恒心，努力去拼搏。相信阿进能做到的，你们也能做到，因为天无绝人之路。"

苦难是一把双刃剑。社会的浮躁容易让人迷失方向，面对苦难我们应该直面它，不能有丝毫的回避和抱怨，不能在自怨自艾中消磨自己的意志。正如赖东进所说："天无绝人之路。"

生活中你将不断地面临更多的挫折，但是它们无法阻挡你走向辉煌。只要你自己不退缩、不泄气，在哪里跌倒就在哪里爬起来，每次挫折都会把你推向更高的起点，成功就是这样由一次次的失败构筑起来的。

一个人面对失败、面对苦难要有勤奋刻苦的进取精神、俯视人生的远见卓识。一旦具备了这些要素，你的人生必将是辉煌灿烂的。

【十度人生·硬度】

苦难是我们每个人都必须经历的，重要的是你用什么态度来承受苦难。苦难是一把双刃剑，它既可磨炼人的顽强意志，也能够动摇人的追求和信念，然而亘古不变的只有一句话："历尽苦难，登上成功的顶峰，才是真正的英雄。"

感谢那些折磨你的人

也许有些朋友看到这个标题后会感到奇怪：这都是什么年代了，哪还会有人折磨你？"折磨"这个词语似乎已经随着历史一起被深埋了。其实不然，我们所说的折磨不是局限在肉体上，更多的是在精神层面。回想一下自己走过的路，总有几个"绊脚石"出现在我们的记忆里，他们或羞辱过你，或打压过你，或暗算过你，他们给你造成的痛苦绝对不亚于当年的地主折磨佃户。

如果你已是一个成功者，只要仔细回想一下，你就会发现，真正促使你进步、成功的，不仅是你自己的能力，也不仅是朋友和亲人的鼓励，更多的时候，是你的对手激发了你的潜能，促使你不断进步。只要在折磨中看到积极的一面，一个人才会在折磨中走向成功。用发自内心的微笑和别人打招呼，你会得到相同的回报。

一个人往往是先被折磨，在折磨中积蓄了力量，然后才会创造人生的辉煌，下面这个故事印证了这一点。

艾柯卡曾是美国福特汽车公司的总经理，后来又成了克莱斯勒汽车公司的总经理。他的座右铭是："不怕遭遇折磨，往往是折磨让你奋力向前。"

1946 年，同每一个刚刚走向社会的人一样，年轻的艾柯卡在福特汽车公司只是一名普通的员工，后来他凭借自己的能力当上了福特公司的总经理。但是几年之后，他由于大老板亨利·福特的嫉妒被开除了。当了 8 年的总经理、在福特公司工作已 32 年、事业一帆风顺的艾柯卡，突然间失业了。昨天他还是英雄，无数人对他顶礼膜拜，今天却好像成了传染病患者，人人都远远避开他。原来的同事、一向要好的朋友也都抛弃了他。他的妻子气得心脏病发作，女儿埋怨他无能。这是他生活中遭遇的最大的打击。这种打击对艾柯卡来说无异于从珠穆朗玛峰峰顶坠落，几乎置他于死地。他愤怒、彷徨、苦闷，甚至想到自杀。但他最终没有向命运屈服，相反，他决心一定要"活出样儿来，给那些人看看自己的能力和价值"。艾柯卡是这么说的，也是这么做的。他勇敢地接受了一个新的挑战：应聘到濒临破产的克莱斯勒汽车公司出任总经理。

上任后的艾柯卡大刀阔斧地对企业进行了整顿、改革，并以超群的智慧从政府那里获得了巨额贷款，使这个即将破产的企业重振雄风。1983 年 8 月 15 日，艾柯卡把面额高达 8 亿多美元的支票交到了银行代表手里。至此，克莱斯勒汽车公司还清了所有债务。而恰恰是 5 年前的这一天，亨利·福特开除了他。

假如亨利·福特不开除他，假如同事和朋友不抛弃他，假如妻子、女儿不埋怨他……假如当初艾柯卡在遭遇无理解雇后不能重新站起来，而是一味沉浸在悲痛和绝望之中，在巨大的打击面前一蹶不振，也许历史上就不会出现辉煌的克莱斯勒汽车公司。很显然，一个人在饱受折磨的背后隐藏着未来的成功，折磨也是人生需要的，它和成功一样有价值。

感谢折磨你的人，可以说是一个人成熟的标志。如果有一天你能对曾经折磨过自己的人说声“谢谢”，那是一种超越、一种洒脱，更是一种认知的升华！此刻，笔者突然想起康熙皇帝在他六十大寿宴会上敬的三盅酒：一敬天，二敬地，三敬曾经与他为敌的人。

感谢那些折磨我们的人，这不是阿Q式的精神胜利法，而是一种成熟；这也不是一种自虐，恰恰相反，这是成功最好的催化剂。感谢折磨你的人，关键不在于受到什么折磨，而是被折磨之后得到什么。接受折磨并不难，但接受折磨之后如何善加利用，那才是真正的困难。

【十度人生·硬度】

感谢折磨你的人，正是由于他们的存在，才使得你的生活充满了机遇和挑战，充满了转折和收获，当你能够用这样成熟的心态来面对生活中的起起伏伏，那么你就不再是一个面对苦难掩面而泣的人，而将成长为一个无法战胜的勇士。

坦然面对不公平

在眼下这个时代，但凡心智健全的人都明白，世界上从来就没有真正公平的理想国，只有幻想真正公平的乌托邦。社会从来就是不公平的。不能因为月缺，我们就说月球不是圆的；不能因为日食，我们就说太阳不是永恒的。任何一天都有好与坏，没有哪一天、哪一种环境是百分之百的好。

我们之所以常常会抱怨生活不公平，是因为我们对自己的处境总是抱着一种悲观、厌恶的看法，而不是一种乐观、积极的看法。

怀才不遇的阿明总是牢骚满腹。一天，他对一位老者说："老天真不公平！"

老者听了，笑了笑，说："什么是公平？你写给我看看。"阿明有点犹豫地在手心写下"公平"两个字。

老者仍然笑容可掬："你看，一个用四画写完，一个用五画写完，这'公平'的笔画本身都不公平了，怎么说公平是公平的呢？"

也许是因为社会上没有绝对的公平，才有了不同的人生高度，从而激发我们登高的欲望。两个苹果，两个客人，一人分一个，这是很公平的，可是肯定有一个人会觉得不公平，可能因为他手里的那个没另一个人的大，可能因为他觉得自己的那个没另一个甜。

我们渴望公平，但现实世界里的不公平，有时反而值得我们宽容地致谢，因为它可以激发我们做得更好。不公平会成全庸人，但也会成就一个吃了亏但不甘平庸的人。看清了"公平"的面目，会让我们更轻松地面对生活。

自从到单位工作以来，小梅就一直非常努力地工作，然而不知道为什么上司总是不给她好脸色看。有一次，她和另外两个同事一起完成一个项目，可是到了每周例会时，上司只表扬了那两个同事而唯独漏了她。虽然她并不指望得到什么，但心里还是感到不痛快。

到了年终，虽然她的业务成绩一直名列前茅，但是照例评不上先进工作者，最后她终于忍不住去质问老板是如何评选先进工作者。老板说："这要看综合实力，不是只看业务成绩。"对于老板不痛不痒的回答，小梅无话可说。但她实在想不明白，为什么上司对待员工会如此的不公平。

其实，小梅遇到的就是职场里很常见的不公平的现象。上司不喜欢小梅，或许是因为她的性格，或许是因为她的能力有"功高盖主"之势，或许只是因为看她不顺眼……

有人凡事都追求公平，但好像公平总是跟人开玩笑，甚至是捉弄人，越是问越是追就越感觉得不到公平。其实，世界上是没有绝对公平的事，这个世界本来就不是根据公平的原则而创造的。譬如，虎吃狼，狼吃獾，獾吃鼠，鼠又吃……只要看看大自然就可以明白，这些威胁对弱者永远是不公平的，强者生存，弱者灭亡，优胜劣汰，没有公平可言。

每个人都要学会接受不公平，这不是宿命的悲观，而是对生命最热情饱满的呼唤。人们每天都过着不公平的生活，快乐或不快乐，其实与公平无关。一味地追求绝对的公平，只会导致心理严重失衡，使自己变得愤怒不安。

【十度人生·硬度】

我们渴望公平，但现实世界里的不公平，有时反而值得我们宽容地致谢，因为它可以激发我们做得更好。不公平会成全庸人，但也会成就一个吃了亏但不甘平庸的人。看清了"公平"的面目，会让我们更轻松地面对生活。

痛苦是一笔精神财富

也许很多朋友都看过僵尸类的影片或玩过有关僵尸类的游戏。这些剧情中，那些成为僵尸的人没有感觉、不知痛苦，只是一具行尸走肉。现实生活中，那些真正“心死”、无所期冀的人，就如同僵尸一样，是体会不到痛苦的。没有痛苦，或许正是人生最大的悲哀。

痛苦，作为一种感情体验和反应，是人类特有的精神感知，它伴随着幸福的追求而生，又为幸福的获得铺垫着通衢。经历挫折的人，才会有成功后的喜悦；经过情场失意的人，愈觉爱情之可贵。

某校请来一位老人为学生做演讲。老人名叫杰米，他衣着很朴素，脸上始终带着一种耐人寻味的微笑。杰米告诉大家：“三十年前，我是一个破产的电动机厂经理，太太领着儿子在法院通知我上法庭听候破产判决的那天与我离婚了……”

杰米讲了一个他个人情感失败的故事：“但是我并没有被这种失败的打击击倒，我破产之后没了房子，没了汽车，没了女人和孩子，没有了维持我正常生存的一切，为此我非常痛苦。因为昨天银行还向我微笑，今天却从我手上冷冰冰地拿走了房子；昨天还向我微笑的员工，今天就都拿了破产保证金走了；昨天还是我的汽车，今天就上了拍卖会。”

杰米尽管还保持着微笑，但口语间已流露出极度伤感和无奈，眼睛里滚动着泪珠。“昨天还和我同床共枕的女人，今天就带着儿子、女儿睡进了别人的怀里，今天我就要独自一人重新去找一个能睡觉的地方!”

杰米起初不肯低就，最后还是睡在地铁车站入口旁，从此在悉尼市又多了一位只能坐着“睡”在地铁入口处的男人。

杰米用手绢擦了一下泪水：“面对这些现实，我选择了一条路，捡破烂生存！每天背一大袋的可乐瓶去卖，并且每天都要总结我一天的成功之处，分析我这天的失败之处，久而久之就养成了一种很好的工作模式，而且一直保持到了今天!”

这个杰米是何许人呢?

他是澳洲的工业巨子，JAAT 集团公司的一号人物。令人惊奇的是，他起步所用的资金就是由他捡破烂换回的，而且是从 2700 澳元发展起来的，今天已是约有 58 亿资产的富翁。

“回顾我的成功，若没有那一次的破产打击，我是绝不会意识到一些决定我成功的因素，例如怎样面对打击和痛苦？怎样用痛苦与失败激励我明确奋斗的目标？怎样看待每一分钱？怎样很好、很有效地利用好每一分钱，我需要弥补什么，等等!”杰米讲了一句他的名言：“痛苦与失败是我的财富，尽管我不希望拥有这笔财富，但我要永远利用这笔曾属于我的财富，为我去开发更多的经济资源!”

杰米是一个聪明的人，他是将痛苦转换成为动力，珍惜自己灵魂深处的激励因素，将不幸牢牢记在心中随时随地警示自己去干好工作。

痛苦可以分解，可以变通，可以战胜，但这一切的前提，是我们必须具备战胜痛苦的信心、勇气和毅力。“摧伤虽多意越厉，直与天地争春回”。把痛苦看作是一种精神财富，痛苦带给我们的必将是成功和快乐。

痛苦是一种财富，常言道“宝剑锋从磨砺出，梅花香自苦寒来”。的确，人的一生绝不是一条平坦的大路，它有痛苦，也有磨难，欢乐不是人生最好的奖赏，痛苦也不是人生最大的失落，只看你怎么对待：强者面对失败不会放弃，而是把它化作前进的动力，再次努力，直至成功；弱者面对失败只有心甘，会被痛苦和困难击垮，所以永远不会成功。其实失败是被自己打败，被自己的痛苦和困难的恐惧打败，因为害怕痛苦，所以失去希望，不敢再去挑战。我们需要痛苦的磨炼，倘若没有痛苦的残阳如血，哪会迎来朝霞的一片光辉？作为生活的挑战者，我们应该珍惜今天的痛苦，视它为一种财富，存储在你精神的银行，好好利用，你就会是精神富翁！

【十度人生·硬度】

痛苦是一笔精神财富，人的成熟离不开自身这样或那样的痛苦经历。痛苦的经历，催化人的心智成熟；挫折，培育着人的性格的成熟；坎坷，锤炼着人格的成熟。

最强的对手是你自己

伦敦奥运会上刘翔的意外受伤让人扼腕叹息，但他依旧单腿蹦到终点，虽然他没有战胜对手，却引来全世界观众的喝彩和掌声，因为他超越了自己。从他踏上起点的那一刻起，他最强大的敌人已经不是罗伯斯或者梅里特，而是他自己了。正如哲人罗兰所说：“最强的对手，不一定是别人，而可能是我们自己；在征服世界之前，先得战胜自己。”对于这句话，被人们称为“黑珍珠”的世界球王贝利同样深有体会。

贝利自幼酷爱足球运动，很早就显示出超人的足球天赋。有一次，贝利参加了一场足球赛，中场休息时，贝利向朋友要了一支烟吸起来，恰巧被父亲看到。但是，父亲并没有发火，而是平静地说："孩子，你有几分踢球天资，也许将来会有出息。可惜，你现在抽烟了，抽烟会使你在比赛时发挥不出应有的水平。作为父亲，我有责任教育你向好的方向努力，也有责任制止你的不良行为。但是，所有的决定还是取决于你自己。我只想问问你，你是愿意抽烟还是愿意做一个有出息的运动员，你自己选择吧！"说着，父亲从口袋里掏出一沓钞票，递给贝利，并说道："如果你不愿意做一个有出息的运动员，执意要抽烟的话，这点钱就作为你抽烟的钱吧！"父亲说完便走出去。

小贝利望着父亲远去的背影，仔细回味着父亲的话。最后，他把钞票还给父亲，并坚决地说："爸爸，我再也不抽烟了，我一定要做一个有出息的运动员。"

从此以后，贝利不但与烟无缘，还刻苦训练，球艺飞速提高，成为世界球王。

生活中的许多人存在着身体缺陷，有些人因此而自暴自弃，最终被社会淘汰，但有些人并没有如此，恰恰相反，他们把缺陷变成自身的特点，从而克服困难，独辟蹊径，在征服世界之前，成功地战胜了自己，为以后的成功做了充足的准备。罗斯福就是其中最具代表性的一位。

罗斯福是一个有缺陷的人，从小就脆弱胆小。如果在课堂上背诵文章，他立即会双腿发抖，嘴唇颤动，回答含含糊糊，然后颓然地坐下来，而且由于牙齿的暴露使他没有一副好面孔。

没有一个人能比罗斯福更了解自己，他清楚自己身体上的种种缺陷。但是，他从来不欺骗自己，还用行动来证明自己完全可以克服先天的障碍。通过演讲，他学会了如何利用一种假声，掩饰他的暴牙以及站姿。虽然他的演讲并不具有任何过人之处，但他不会因为自己的声音和姿态而退缩；他也不像其他人那样具有惊人的口才，然而在当时，他却是最有说服力的演说家之一。

由于罗斯福没有在缺陷面前退缩和消沉，而是充分、全面地认识自己，在意识到自己缺陷的同时，能正确地评价自己，不因缺憾而气馁，甚至将它加以利用，变为资本，变为扶梯而登上名誉巅峰。在晚年，已经很少有人知道他曾有过严重的缺陷了。

其实，人与人之间本来只有很小的差异，但就是这些很小的差异却往往造成彼此之间遥远的距离，这也就决定了一个人的一生是成功、幸福还是平庸、不幸。而这些很小的差异就是我们如何面对自己，如何战胜自己，如何为自己的成功承担责任。

战胜自己要志存高远，坚定信念。只有确定正确的立身处世准则，自觉树立正确的世界观、人生观、价值观和远大的奋斗目标，努力争当一个有所作为、有所建树、有益于社会的人，宏伟的目标才会催生远大的斗志，执著的追求才能征服艰难困苦，任何朝三暮四、浅尝辄止、得过且过、随波逐流的态度，都将使人沦为平庸。

战胜自己要敢于言败，愈挫愈勇。在生活中失败的次数比胜利多，所以，失败是更为普遍的现象。正确地看待失败，把失败当做重振旗鼓的新起点、磨炼意志的试金石、增添力量的加油站，从失败中奋起，重新孕育新的生机和希望。

战胜自己要振奋精神，严于自律。要自觉磨炼自己，始终以饱满的热情、高昂的斗志和严谨的作风投入到工作和学习中去。要力戒懒惰拖沓的陋习，从点滴做起，以勤补拙，以勤修身，以敢为人先，当标兵、创一流的业绩，以坚韧不拔百折不挠的顽强斗志，高标准高质量高效率地做好每项工作。

战胜自己要开拓进取，自强不息。业精于勤而荒于嬉，行成于思而毁于随。战胜自己必须突破自我，超越自我。人云亦云，亦步亦趋，永远只能步人后尘，不能引领潮流。任何一劳永逸、一蹴而就的想法都是不切实际的幻想。只有不畏艰险、孜孜不倦、奋勇攀登的人，才能体会到“会当凌绝顶、一览众山小”的美妙和愉悦。

【十度人生·硬度】

一个人的命运是由自我意识决定的。我们最强大的敌人并不是来自于外部，而是我们自己。成功最大的障碍也是自己。因此，我们生活中最重要的任务往往是要战胜自己。

痛苦之后方能品味快乐

追求快乐的生活是世间每一位朋友最真实的意愿。可在平实无华的现实生活中，人们常常找不到快乐在哪里。

也许现实生活中太多的琐碎为人们制造了各种烦恼，这些烦恼夺去了人们享有快乐的权利。有的朋友会认为人生就是无尽的苦海，诚然，世界上有很多人的确是挣扎在痛苦中，但这并不意味着他们就不能找到自己生活的快乐。还有许多朋友，觉得自己的生活平平淡淡，每一天都差不多，算不上痛苦，也找不出快乐的理由。

其实，快乐是人心理上的一种主观感受，当然也是相对的。没有承受过痛苦的人，当然也体会不到快乐的感觉。所谓的快乐，其实就是人走出痛苦后的一种豁达。没有经历过挫折的人，体会不到成功的喜悦；没有经历过挫折的人生，不是完美的人生。我们来听一下孙德良的切身感受吧。

“痛快，痛快，就是先痛苦后快乐。”网盛生意宝董事长孙德良在一次专访中表示，过去我们很多浙江企业家在金融危机到来时，一谈到转型与升级带来的感受，大都会用“痛快”二字来形容。人们对此的理解往往是“痛并快乐着”，但事实往往却是“先痛苦后快乐”，两者很少有并存的时候。

这是孙德良在生意宝公司上市三年完成战略转型与升级后，向记者谈及的体会。“过去三年是生意宝痛苦的转型期，而接下来将迎来一个快乐的收获期。”孙德良认为。

作为我国专业电子商务的鼻祖与领头羊，网盛生意宝还是A股市场上第一个纯互联网概念的公司。从上市以来，就备受市场与媒体关注。而随着公司的上市，作为公司董事长的孙德良更是倍感压力重大。

孙德良非常清楚，生意宝虽然是A股第一支纯互联网股票，但是以往过于单一的B2B战略，市场相对想象空间有限，仅凭中国化工网尚无法支撑上市公司未来的长远发展。孙德良称，生意宝在转型时期，遇到的最大痛苦还是来自战略要捅破“天花板”，唯一的出路只有往上走，捅破天花板。

因此，在上市后不到半年时间，孙德良便开始重新布局，推出了基于“小门户+联盟”创新商业模式的新一代电子商务平台“生意宝”。于是，孙德良提出了通过“生意宝”平台来实现自己的计划——通过自建行业网站和小门户，来逐步形成“B2B集群”。

除此之外，孙德良还想到了更为快捷的发展模式，那就是利用手头掌握的数亿资金来开展并购。2007 年 6 月 5 日，他收购了中国服装网 51% 的股权，做成上市以来实施兼并收购的第一单。随后，他又参股了机械专家网；2008 年，他又快速出手拿下了阅海科技旗下的 4 家纺织网站，并通过合作方式不断扩大平台体系。

同时，为了更加低成本地进行推广“生意宝”，孙德良甚至几经周折终于把股票简称从“网盛科技”改成“生意宝”，几乎“不花一分钱”就让资本市场的上亿投资者知道了“生意宝”。回顾网盛 12 年来的发展史，就是一次次不断遭遇危机，又一次次依靠智慧与实力不断化解为机会的演变史。孙德良并坚信“生意宝”将在接下的日子里真正崛起，并在未来三年内实现“小强公司”向“中强”的跨越。

人的一生中，每个人都曾沐浴幸福和快乐，也会历练坎坷和挫折。幸福快乐时，我们总是感觉时间的短暂；而痛苦难过时，我们却抱怨度日如年。幸福和痛苦本来就是双胞胎，痛苦往往是伴随幸福并存。会享受幸福，也要学会享受痛苦，享受幸福会增加你的成就感，享受痛苦则会提高你的自信心和忍耐力。身陷痛苦的囹圄，你的内心颤抖了吗？地处绝望的深渊时，你坚持了吗？这就要看你有没有坚定信念和意志力。

人生中，快乐带给我们愉悦，痛苦则能带给我们财富。在人的一生中，真正的快乐，我们很难想起，但痛苦却往往难以忘记。既然痛苦不可避免，我们又无法抗拒，为什么不学会面带微笑迎接痛苦的来临呢？

快乐是走出痛苦后的豁达，这句话并非随口可以说出来的。如果没有切身的体会是很难理解其真正的含义。

【十度人生·硬度】

快乐是人心理上的一种主观感受。没有承受过痛苦的人，当然也找不到快乐的感觉。所谓的快乐，其实就是人走出痛苦后的一种豁达。

在不断磨炼中自我完善

“吃得苦中苦，方为人上人”，这简单的十个字或许是很多朋友的座右铭，它让我们坚信苦尽才会甘来。的确，艰苦的生活对人是一种磨炼，是对意志品质的考验，也是我们培养自己远大理想和浩然正气的途径。“故天降大任于斯人也，必先苦其心志，劳其筋骨，饿其体肤……”只要能忍受住这种生活的艰苦，就不怕前进道路中的任何障碍了。

看看历史上的英雄人物，能成大事者，无不是苦尽甘来的英雄，齐桓公流浪十几年才能成就霸业；刘邦创业初期也是屡战屡败；韩信则衣食无着，四处流荡……其中，最具代表性的当属朱元璋。

朱元璋 17 岁那年，天降灾祸，除了他与哥哥，家人都在瘟疫中死了。成为孤儿的朱元璋只好到附近寺院里去做行童。行童就是做粗活的童仆，干活吃饭没有工钱。朱元璋非常能干，有志气。他每天要打扫佛堂、打钟、击鼓、上香、点烛，伺候长老高彬一家，从早到晚忙个不停。比他早来的师兄们欺负他年纪小，经常支使他干那些本不是他该干的活。

瘟疫之后是灾荒。朱元璋所在的寺庙主要靠出租土地收取地租和接受善男信女布施为生。如今年成不好，佃户交不上地租，施主的布施也少得可怜。主持和方丈无法维持寺中二十号僧人的吃喝，只好动员大家自谋生路，要求和尚们有家的先回家，无家的云游四方化缘，等灾年过后再回寺庙里来。逢此荒年，大家都不愿回家里去，哭哭啼啼地要求留下来。刚入皇觉寺仅 50 天的朱元璋不堪忍受僧人们的欺压，主动要求带上木鱼和瓦钵云游四方去化缘。

离开寺院后，朱元璋一直往西南方向走。他走遍了安徽、河南的名川大邑，一路上翻山越岭，风餐露宿，历尽艰辛。遇到村少人稀的地方，要不到饭就得饿上一天两天，或挖点野菜充饥。他白天走乡串村，晚上找个破庙栖身。山栖野宿，受尽风霜之苦。称帝后，朱元璋在御制《皇陵碑》时，回忆起这段经历，对群臣讲道："早起看谁家烟囱冒烟，就赶紧去讨口饭吃，天黑了踉踉跄跄地找个古寺暂栖身。""身如蓬逐风而不止，心滚滚乎沸汤。"

几年的流浪生涯，朱元璋受尽冷落和嘲笑，饱尝了人间的辛酸苦辣。

在这样艰难的生活面前，有的人会产生苟且偷生的思想，有一天过一天，可朱元璋不但没有偷生的想法，反而要做人上人。

可见，只有通过磨炼，我们才能放弃以前所拥有的陈旧的东西，才能培养和提高适应新环境的能力。相对于为人处世来说，只有经过磨炼的人，才有可能在实际操作中得心应手，待人接物时避免偏激和走极端。

当然，这里所说的磨炼，并不是鼓励人们在某个地方待一段时间之后就马上跳槽，而是要求人们在磨炼中更好地完善自己、突破自己固有的学习和工作模式，从而改进自己在工作中的态度以及处理问题的方法。我们从索尼公司的招聘制度上可以了解这一点。

“如果你想进入本公司，就拿出你的忠诚来”，这是每一个到索尼公司应聘的人经常听到的一句话。索尼公司采用的是终身雇佣制和年功序列工资制，也就是在公司辈分越高、越有功绩的人，工资越高。一旦进入公司就要把自己的一生交给公司，任何人都会以此为荣，对公司忠心耿耿。

索尼公司认为，一个不能忠于公司的人，即使他再有能力也不会被录用。机会只有一次，要么成为公司的终身员工，要么彻底地被排除在这个组织之外。他们对“忠诚”是这样诠释的：在这里衣食无忧，但你必须积极进取，努力发挥自己的聪明才智，积累自己的工作经验，只有这样你才有可能得到一份“奶酪”。

磨炼是一种不可多得、无法取代的经历，只有经过磨炼的人才能担当重任。人生的磨炼就是一个长久而艰巨的学习过程，需要每个人都能正视每次挫折和失败，从中找到失败的原因，进而思考下一步该怎么走。

磨炼，可以使一个人成长和成熟起来。《中庸》上说：“学习更多的知识；认真考证所学的新知识；用心去思考它；清醒地辨别是非；在实际工作或为人处世中应用它。”这就是一个磨炼的过程，只有不断地从日常的学习、工作中获取新知识和经验，才能不断地完善自己，才会有足够的信心和资本去应对前面的挑战。

人的一生不可能一帆风顺，总会遇到各种困难。我们必须经受社会和环境的考验，寻找自己的生存方式。如果人们不能承受一时的挫折，或者不能重整旗鼓的话，他的一生就会在悔恨和痛苦中度过。

【十度人生·硬度】

人生的磨炼就是一个长久而艰巨的学习过程，需要每个人都能正视挫折和失败，从中找到失败的原因，进而思考下一步该怎么走。

面带微笑， 将痛苦埋藏

很多朋友总说自己活得很累，过得不快乐。其实，人只要生活在这个世界上，就会有很多烦恼，这是人之常情。痛苦还是快乐，取决于你的内心。人要么成为战胜痛苦的强者，要么便是向痛苦屈服的弱者。再重的担子，既然一定要挑，那么笑着也是挑，哭着也是挑。再不顺的生活，微笑着撑过去了，就是胜利。

在《2012 感动中国十大人物》颁奖晚会后，两个人的故事给观众带来了巨大震撼。一个是恪守孝道的平凡女孩——孟佩杰，另一个是用灵魂演奏生命音符的男孩——刘伟。

孟佩杰 5 岁那年，爸爸遭遇车祸身亡，妈妈将孟佩杰送给别人领养后不久也因病去世。在新的家庭，孟佩杰还是没能过上幸福的生活，养母刘芳英在三年后瘫痪在床，养父不堪生活压力。一走了之。绝望中，刘芳英企图自杀，但她放在枕头下的 40 多粒止痛片被孟佩杰发现。“妈，你别死，妈妈不死就是我的天，你活着就是我的心劲儿，有妈就有家。”

从此，母女二人相依为命，家中唯一的经济来源是刘芳英微薄的病退工资。当别人家的孩子享受宠爱时，8 岁的孟佩杰已独自上街买菜，放学回家给养母做饭。个头没有灶台高，她就站在小板凳上炒菜，摔了无数次却从未喊过疼。

在同学们的印象中，孟佩杰总是来去匆匆。她每天早上六点起床，替养母穿衣、刷牙洗脸、换尿布、喂早饭，然后一路小跑去上学。中午回家，给养母生火做饭、敷药按摩、换洗床单……有时来不及吃饭，拿个冷馍就去学校了。晚上又是一堆家务活，等服侍养母睡觉后，她才能坐下来做功课，那时已经九点了。

2009 年，孟佩杰考上了山西师范大学临汾学院。权衡之下，她决定带着养母去上大学，在学校附近租了间房子。大一那年暑假，孟佩杰顶着炎炎烈日上街发广告传单，拿到工资后的第一件事就是买养母最爱吃的红烧肉。

“我只不过做了每个女儿都会做的事。”不少好心人提出过帮助，都被孟佩杰婉拒了，她坚持自己照顾养母。孟佩杰的毕业愿望是当一名小学老师，安安稳稳地与养母简单快乐地生活。

孟佩杰获得推选委员会给予的颁奖词是：“在贫困中，她任劳任怨，乐观开朗，用青春的朝气驱赶种种不幸；在艰难里，她无怨无悔，坚守清贫，让传统的孝道充满每个细节。虽然艰辛填满四千多个日子，可她的笑容依然灿烂如花。”

有很多烦恼和痛苦是很容易解决的。有些事只要你肯换个角度、换种心态，你就会有另外一番光景。所以，当我们遇到苦难挫折时，不妨把暂时的困难当作黎明前的黑暗。我们再来看一下刘伟的经历。

当一名职业足球运动员是刘伟的青春梦想，但 10 岁那年的一次触电事故，不仅让他失去了双臂，更剥夺了他在绿茵场奔跑的资格。

耽搁了两年学业，妈妈想让刘伟留级，他死活不干。在家教的帮助下，刘伟利用暑假将两年的课程追了回来，开学考试，他拿到班级前三名。重回人生轨道的刘伟，一直对体育念念不忘，足球不行，那就改学游泳。12 岁那年，他进入北京残疾人游泳队，两年后在全国残疾人游泳锦标赛上夺得两金一银。

“在 2008 年的残奥会上拿一枚金牌。”刘伟跟母亲许诺。谁知厄运又来纠缠，过度的体能消耗导致他免疫力下降，患上了过敏性紫癜。医生警告说，他必须停止训练，否则危及生命。无奈之下，刘伟与游泳说再见，走进了后来带给他成功的音乐世界。

练琴的艰辛超乎了常人的想象。由于大脚趾比琴键宽，按下去会有连音，并且脚趾无法像手指那样张开弹琴，刘伟硬是琢磨出一套“双脚弹钢琴”的方法。每天七八个小时，练得腰酸背疼，双脚抽筋，脚趾磨出了血泡。三年后，刘伟的钢琴水平达到了专业七级。

“我的人生中只有两条路，要么赶紧死，要么精彩地活着。”在《中国达人秀》的舞台上，刘伟演奏了一首《梦中的婚礼》，全场静寂，只闻优美的旋律。曲终，全场掌声雷动，他是当之无愧的生活强者。去年，刘伟又登上了维也纳金色大厅。“还有什么励志故事能赶上刘伟的钢琴声？”

刘伟获得推选委员会给予的颁奖词是：“当命运的绳索无情地缚住双臂，当别人的目光叹息生命的悲哀，他依然固执地为梦想插上翅膀，用双脚在琴键上写下：相信自己。那变幻的旋律，正是他努力飞翔的轨迹。

孟佩杰和刘伟的生活之苦使常人难以想象，但他们并没有向命运低头，而是努力面对现实，挺直了脊梁，不等不靠，不断提高。当白岩松问孟佩杰生活苦吗？孟佩杰面带微笑说：“不苦，因为妈妈爱我。”她一直微笑。

人只要生活在这个世界上，就会有很多烦恼。但是，痛苦和快乐取决于你的内心。再重的担子，笑着也是挑，哭着也是挑。再不顺的生活，微笑着撑过去了就是胜利。多笑一笑，你的人生会更美好，所以一定让自己微笑如花。只有具备了淡然如花的人生态度，任何困难和不幸才能被锤炼成通向平安的阶梯。苦难是财富还是屈辱？当你战胜了苦难时，它就是你的财富；可当苦难战胜了你时，它就是你的屈辱。

生活快乐与否，完全决定于个人对人、事、物的看法如何。你的态度决定了你一生的高度。你认为自己贫穷，并且无可救药，那么你的一生将会在穷困潦倒中度过；你认为贫穷是可以改变的，你将会积极、主动地面对贫困。心态决定我们的生活质量，有什么样的心态，就有什么样的人生。

只要以积极的心态去观察、去思考，我们就会发现，事实远没有想象中的那样糟糕。换个角度去观察，世界会更美！

【十度人生·硬度】

你要从现在开始，微笑着面对生活，不要抱怨生活给了你太多的磨难，不要抱怨生活中有太多的曲折，不要抱怨生活中存在的不公。当你参悟世间的繁华与喧嚣，阅尽世事，你会幡然明白：人生不会太圆满，再苦也要笑一笑！

挺住就意味着一切

体操比赛中有一个女子项目叫做平衡木，相信很多朋友都看过那些运动员在一根横木上做出一连串的舞蹈与翻腾动作。当然，这项运动的技巧除了超强的平衡能力外，还需要一种心无旁骛的心态。同样，我们走在人生路上，不论遇到什么事情，不论经历多大的坎坷，都不要往两边看，也不要回头看，而是坚守自己的信念脚踏实地地往前走，再苦再难也要坚持下去。挺住就意味着一切。

许多成功者与失败者的区别，往往不是谁有更聪明的头脑，而是成功者多坚持了一刻——有时是一年，有时是一天，有时仅仅是一遍鸡鸣。

有一天，俄罗斯的著名作家克雷洛夫正在大街上行走，一个年轻的农民拦住他，向他兜售苹果："先生，请你买些苹果吧，但我要告诉你，这苹果有点酸，因为我是第一次学种果树。"年轻的农民很笨拙地说着。

克雷洛夫对这个憨厚、诚实的农民产生了好感，于是买了几个果子，然后说："小伙子，别灰心，只要努力，以后种的果子就会慢慢地甜起来了，因为我种的第一个果子也是酸的。"

农民听了之后很高兴，问："你也种过果树?"

克雷洛夫笑着解释说："我的第一个果子是我写的一个剧本，可是这个剧本直到现在也没有一个剧院愿意上演。"

与克雷洛夫的写作命运相似，海明威最初寄出的几十个短篇小说全都被退回来，莫泊桑直到30岁才发表第一篇作品。其实，我们所种的第一个果子常常是酸的，但只要坚持下去，就会收获甘甜的果实。我们再来看看那些生活在我们身边的平凡人的经历。

故事一：

电梯工李玲，每天在电梯里上上下下，穿得很土，不化妆，一个马尾，一个水杯。她手里的英文书，从开始她是高中课本，然后慢慢变到大学课本，四六级，考研，托福。谁都没有在意过她在学什么，她在看什么，她是什么背景，她住哪里，工资多少，她有什么梦想，她学这些想要干什么，她除了学这个还在学什么。只是楼里的居民有时候会把家里看过的杂志送给她，他们大概是觉得，只要是有字儿的东西，对一个电梯工来讲，就能用来打发时间吧。

后来，她消失了很久。

居民再见到她时，她穿着职业套装，匆匆忙忙地跑进一个写字楼里。

故事二：

农村姑娘王翠，从小到大没出过县城，来北京在朋友家做保姆。家务之余，她苦读英文学普通话，上夜校，读自考。后来她的雇主说，这姑娘当了对外汉语老师，专门给没有很多钱但又需要中文辅导的外国学生做老师，她不挑活儿，大小钱都赚，自己又节省，后来买了一辆 QQ 汽车，这样能更快地穿梭在城市中，给更多的学生上课。令人惊奇的是，姑娘还开了个早点摊儿，每天卖豆浆、鸡蛋和烧饼。

这就是生活在我们身边的普通人。他们没有学历、没有背景，甚至连选错一个大学专业的机会都没有，连什么叫“对口专业”都不知道。他们想要的，也许只是你我唾手可得的东西。他们拼命努力赚得的钱，也许我们开口就能从父母手里得到；他们来到这个城市之初，卑微得所有人都看不见。但是不要紧，他们看得见他们自己。

什么是奋斗？奋斗不是让你上刀山下火海、闻鸡起舞、头悬梁锥刺股。奋斗就是每天踏踏实实地过日子，做好手里的每件小事，不拖拉不抱怨不推卸不偷懒。每一天一点一滴地努力，才能汇集起巨大能量，带着你的坚持，引领你去你想去的地方。

其实，成功与失败的差距往往仅一步之遥。很多时候，我们不肯坚持到最后那一步，是因为前面大部分的困难已使自己疲惫不堪，这时候一个微小的障碍就让我们难以支撑，导致前功尽弃。其实，只要我们咬紧牙关坚持一下，胜利就出现在眼前了。

【十度人生·硬度】

只要生活还没有放弃你，你就不应该放弃自己。在人生艰难的境地中，如果看不到希望，不妨告诉自己：很快就可以胜利了，再坚持一下。这样不断坚持下去，你就一定能收获成功。

第五章

你要顶得住压力，内心要有强度

现实生活中，谁也逃脱不了生活压力的束缚。一个人要想做成自己的事，必须面临竞争压力的考验。因为这是一个竞争的社会，无论在竞争中是获得成功还是遭受失败，人人都要承受压力。

欲成大事者，因目标高远，压力可能会更大。没有压力就会没有动力，但是很多人却在承受压力时选择了逃避和放弃。只有当我们摆正心态，坦然地面对压力时，才会给我们的成长和发展注入无限动力。

感受压力，从而认知自己

许多事情在顺利的情况下做可能会一事无成，而在遭受挫折、经受悲痛的浸染后，却能做得更完美、更理想。压力能使人产生奇异的力量。人们最出色的工作，往往是在处于逆境的情况下完成的。

其实，认识压力的过程，也就是认识自己的过程。只有认识了自己，才能使自己不被压力压倒。认识了真实的自己，客观地定义自己，所设立的目标也就越与自己的匹配。你想拥有别人无法拥有的东西，就要下定决心做好自己，这样才能活出真实的自我，减少不必要的心理负担。我们来看一下中国网球“一姐”李娜的经历吧。

在中网的一场比赛中，李娜全场比赛有 23 个非受迫性失误。表面看来，李娜输在失误过多。而实际上，她输球完全是压力过大所致。

李娜说过，自己非常想打好中网比赛，但想法过多，压力也就随之而来。“这不光是我自己给自己的压力、我的团队给我的压力，还有来自外界的压力。”

法网夺冠后，李娜在众人的追捧下，大有取代姚明和刘翔，成为中国体育第一名片之势。但与此同时，巨大影响所带来的巨大压力，却远远超出了李娜的想象。

在国家网球中心场外，一大早就聚满了前来购票的观众，他们的目标只有一个：李娜的首秀。而在比赛现场，中外的明星大腕也来了不少，目的都是为娜姐加油。在微博上，更有近三百万粉丝为李娜呐喊助威。这一切，全都是压力。

于是，以前那个气势逼人、自信满满的李娜不见了，我们看到的是一个想赢怕输、不屑与对手打持久战的中国“一姐”。

更令人担忧的是，在密集签下数个赞助商后，外界的干扰很大程度上影响了李娜的训练效果。此次中网前的两次训练，李娜都未能完成两个小时的训练课，有一次甚至练了不到半个小时，就因为与姜山闹别扭而摔拍走人。压力过大，才会对最亲密的人爆发，这是谁都明白的道理。

姚明、刘翔都曾经历过巨大的伤病，承受过巨大的压力，但他们最终挺过来了。而李娜要想成为中国体育的“第一名片”，需要学习的第一课，就是如何顶住压力。

也许，李娜当时最急需的不是一名高水平教练，而是一名高水平心理辅导师。

压力，为人创造了提高承受能力的机会，使人尽快成熟起来。木以绳直，金以淬刚。世上成大事的人无不是经过艰苦磨炼的。艰难的环境一般会使人沉沦下去，但是在试图成大事人的眼里，困难终会被克服，这就是所谓“艰难困苦，玉成于琢”，即经过艰辛的雕琢，玉可成器。压力，能使成大事者在思想心理上受到多方撞击，从中感悟人生的真谛，自觉把握人生的方向。

生活中有许多我们始料不及的事情，正是“与渡黄河冰塞川，将登太行雪漫山”。要不怎会有“行路难，行路难，多歧路，今安在”的感叹？但是，如果你能够承受压力，能够跌倒了再爬起来，那你还会涌出“长风破浪会有时，直挂云帆济沧海”的凌云壮志、冲天豪情。有棱角的人，不知道现实的山是石头堆成的，总是会拼命去搏击；不知道幻想的云彩是雨做的，以致怎么也无法阻止它任意落雨。

让我们用坚强的意志、恢宏的气度、宽广的胸襟去承受磨难和挫折，去承受生活中的一切压力，忍受大风大浪，忍受磨难和挫折。一个人要想做成自己的事，必须承受住压力的考验，还要把压力当成推进人生向前的动力。思想上的压力，甚至肉体上的痛苦都可能成为奋斗的兴奋剂。

【十度人生·强度】

认识压力的过程，也就是认识自己的过程。只有认识了自己，才能使自己不被压力压倒。认识了真实的自己，客观地定义自己，所设立的目标也就越与自己的能力匹配，这样才能活出真实的自我，减少不必要的心理负担。

列出压力，寻找解决之道

当你把自己所承受的压力全部列出之后，你就能从整体上把握一切与自己有关的现存问题，从而对自己面对的压力有所了解。做到这一点，你就迈出了解决压力的第一步。

将给你造成压力的所有事件列成一张清单，尽可能做到坦诚、全面，因为这张清单是为你自己而列的，除非你愿意，否则别人是不会看到的。同时，还要确保清单上的每一项都是目前尚未解决的困难，已经不再困扰你的问题则不必列出。

请一一注明你所列出的压力问题是否与你的生活直接相关。凡是涉及单位同事、工作任务、公司规定、职责范围以及工作稳定性的问题都与工作直接相关，例如由于职责范围发生变化或是公司人手减少，你不得不掌握新的工作程序或加大工作量；你和上司在工作内容方面意见相左，相处得很不愉快，等等。而其他问题，例如家庭生活或个人生活中无处不在的棘手问题，则可能给你的工作表现造成间接的影响。比如你怀疑你的配偶有出轨的行为，因此心烦意乱，无法专心工作；或是因为你的孩子在学校表现不好，你不得不花费大量的时间、精力来对付这个问题。

将给你造成压力的问题全部列出之后，请分别对每一项进行思考，并记录该项压力的强度。某件事仅仅是令你略感不快吗？某件事关系重大、占用了你的全部精力，可能影响你的整个人生吗？请将压力从小到大分为7个级别，1为“轻微”，7为“极大”。

评估各项压力强度时不必担心带有主观色彩，因为列清单这项任务原本就是与你的个人体验分不开的。不过，如果你难以确定某项压力的强度，不妨参考以下建议，也就是我们称为“人类需求ABC”的方法。下列是我们所有人都有的需求：

A代表成就。我们都需要感到自己正在做的事情是有意义的，并且最终能够实现某种有价值的目标。

B代表归属感。我们都需要与他人密切互动，在互动过程中我们与他人之间的关系将影响到我们对自己的定义。

C代表舒适。我们都需要一定的安全感，这样我们才能放松紧张的情绪，保持安定、平和的心态。

D代表可靠性。我们都需要相对稳定、有一定规律可循的生活。

E代表自信。我们都需要对自己有适度的信心。

F代表经济状况。我们都需要较为充足的财富，才能过上令人满意的生活。

要确定某一问题所造成的压力究竟有多大，你可以问问自己，上述人类基本需求中有几项因为这件事而无法得到满足。

或许，你已经从前几个步骤中找到了一种合适的视角。万一你仍然感到有困难，不妨尝试从以下五种视角出发，往往能找出实用的解决之道。请注意，可供选用的视角远远不止这五种，你很可能会发现一种前所未有的独特视角。为了得出有益的结论，你也可以根据自己的需要从多种角度观察目前的情况，而不必局限于某一特定视角。

1. 平常心

或许你一直以为只有自己一个人遭遇了眼前这种充满压力的局面。在承受困难的同时，孤独的滋味无异于雪上加霜，更加令人难以忍受。所以在这种情况下，你就更容易一味地自怜自怨，仰天长叹："为什么偏偏是我?"相反，怀着一颗平常心去看待问题，你就会认识到古往今来有许多人都遇到过同样的困境。不难看出，平常心能够让压力问题变得不那么难以忍受。这样一来，你就有机会对局面进行思考，并采取必要的措施。

2. 现实立场

现在，你已经设想过眼前的高压局面会怎样出现好转，又会怎样发生恶化。换句话说，实际情况应该介于这两个极端之间。这番思考会促使你从现实出发，认识到眼前的高压局面在你的人生中既不是最低点也不是最高点，从而受到鼓舞。你小时候被背信弃义的朋友背叛之后哭着去找妈妈，此时她是不是会这样安慰你："我知道你很伤心，但你还有好多值得相信的朋友呢!"这就是一种现实立场。站在现实立场的人会告诉自己，眼下的高压问题并不算最坏的问题。这样一来，他们就能接受原本无法忍受的情况，也就有机会加以解决。

3. 积极态度

从这个角度看待高压问题能帮助你找到改善局面的方式，从而进一步减小令人无法忍受的压力。你应当积极构思改善局面的途径，而不是盲目乐观、守株待兔。当你为解决困境而奋斗的时候，采取这种视角会使你的情绪大为振奋。

4. 长远眼光

还有一种方式也可以让眼前的局面变得不那么难以忍受。你可以根据在前几个步骤中所积累的认识，从一个特定的高度看待困难，这样一来你就会发现：最困难的关头终会过去，希望并非遥遥无期。即使目前的形势十分严峻，只要你能预计情况何时会出现好转，你就能承受眼前的痛苦，而不至于因此方寸大乱。倘若你由于不得不在规定的期限前完成一项极其艰巨的任务而倍感压力，那么不妨想想限期结束之后局面就会恢复平静。这样一想，或许你就能承受相应的痛苦，并做出获得成功所必需的努力。

5. 尽人事，知天命

尽管这种看法似乎与换位思考模式背道而驰，但却相当有用。试想，假如你一方面绞尽脑汁克服困难，一方面又承认自己无力解决某些问题，会是怎样一种情况？你固然可以尽一切努力去克服困难，但最终的结果恐怕仍然难以预料。打个比方，虽然医生会先用各种必要的手段对病人进行治疗，但他们仍然必须告诉病人的家属，他们所爱的人究竟能不能活下来尚有待时间的检验。采取“尽人事，知天命”的态度，你就不容易被高压问题压垮，因为你知道自己已经尽力，其他的事情就不是你所能控制得了的。

【十度人生·强度】

当你把自己所承受的压力全部列出之后，你就能从整体上把握一切与自己有关的现存问题，从而对自己面对的压力有所了解。做到这一点，你就迈出了解决压力的第一步。

减轻压力，放慢生活节奏

曾经有个年轻人总埋怨生活的压力太大，生活的担子太重。他试图放下担子，可是他依然觉得很累，压得他透不过气来。他听人说，山脚下有位哲人。于是他便去请教哲人。

哲人听完了他的描述，给了他一个空篓子，说："背起这个篓子，朝山顶去。你每走一步，必须捡起一块石头放进篓子里。等你到了山顶的时候，你自然就找到了解救你自己的方法。"

于是，年轻人开始了他寻找答案的旅程。他背着一个空篓子，每走一步都捡起一块石头放进去。

刚上路时，他体力充沛，一路上蹦蹦跳跳，把自己认为最好的、最美的石头都扔进篓子里。每扔进一个，便觉得自己拥有了一件世上最美丽的东西，很充实，很快乐。于是，他在欢笑嬉戏中走完了旅程的三分之一。

可是，空篓子里的石头多了起来，也渐渐沉重。年轻人开始感到担子在他的肩上压深了，而且越来越深。但他很执著，鼓励着自己：离山顶不远了，已经不远了！

第二个三分之一的旅程确实让年轻人吃尽了苦头。他已经无暇顾及那些美丽、惹人怜爱的石头了。为了不让沉重的篓子变得更重，他毅然放弃了很多，只是挑选了些非常轻的放进篓子。他深知，这样的放弃是必要的。然而，无论他挑多轻的石头放入篓子，篓子的重量也丝毫不会减少，它只会加重，再加重。

年轻人背着篓子踏上了最后三分之一的路程。此时，离山顶真的已经不远了。他挪着脚步，不管是美丽的、喜欢的、需要的，抑或是轻巧的石头，他实在是无力去挑选它们了。

眼看着离目标越来越近，年轻人双手向后托起篓子，来了个最后冲刺。但是他碰到了哲人的手。他在哲人的帮助下，才走完了全程，结束了这一场奋斗史！

是的，我们把这次的旅程分成了三段。这就好比我们人生中的三个阶段：青年时期、中年时期和老年时期。在青年时期，我们挑选了我们认为是最美好、最纯真的石头，就像我们天真烂漫的童年一样，没有压力，没有负担，只是单纯地认为它美丽便捡起它；在中年，我们挑选了自己认为是最实在、最需要的石头，正如成年人一样，有自己的责任，有自己的负担，时刻要为一家上下打点一切，时刻都要保持着理性的头脑；在老年，我们挑选了自己认为是可以轻易得到，却又往往被人忽视的石头，或许老人们历经沧桑之后已经懂得，原来他们最重要的事物是眼前不被人重视的石头。

我们当中的很多人都过着快节奏、高压力的生活，工作强度高，家庭责任重，无疑会让我们感到压力极大，并且无法控制自己的生活。我们每个人的生活中都少不了压力，但如果没有得到控制，它会严重影响我们的身心健康。幸运的是，我们可以控制自己的生活，放慢生活节奏，并抑制压力的产生。

应对压力的方法有很多种。可以尝试各种减轻压力的方法，看看哪种方法最适合自己。接下来我们将介绍一系列可供你选择的实用方法，帮助你减轻身上的压力并改善你的应付机制。

1. 获取他人的支持

多与理解你并可以为你带来关爱和支持的人相处，例如朋友、家人、同事和邻居等。

2. 合理控制你的生活

你不能控制身边的每一件事，但如果你可以妥善处理你的工作和人际关系，你就能更好地应对压力。事实上，有证据显示，对工作缺乏自主性是导致工作压力的因素之一。如果你经过一番努力后仍然完全无法控制你的工作或人际关系，那么你甚至可能有必要进行一些改变。

3. 建立生活目标

每天早上醒来都充满积极的起床动力和目标感，这对掌控压力是很关键的。如果你有很多空闲时间，可以参加一些志愿者活动。

4. 笑一笑

幽默可使人正确地看待问题，而笑本身可以引起体内发生化学变化，从而增加你的安宁感。如果想让自己笑一笑，可以观看喜剧电影或电视节目，参加喜剧俱乐部，阅读报纸上的漫画或与老朋友叙旧。

5. 体育锻炼

有氧运动对身心大有裨益。它可以使人产生安宁感并减轻应激反应。你并不需要去跑马拉松，每周进行三次持续 20 分钟的锻炼就足够了。那么就让自己休息一下，出去散步、游泳、骑车、慢跑、跳舞或者进行其他体育锻炼。如果你不经常进行体育锻炼，或者存在严重的健康问题，请在锻炼之前先咨询医生。

6. 选择非刺激性的饮食

戒掉咖啡因，因为这种兴奋剂会使你在没有压力的时候也感到焦虑？谁会需要这些多余的不安？尼古丁也有同样的作用，因此应减少吸烟或戒烟。

7. 转变头脑中的“自我谈话”

我们每天都会与自己进行安静的谈话，这些谈话会对我们的压力产生巨大影响。那些激发紧张的消极思想没有任何帮助，只会将我们带入死胡同，让我们束手无策。积极合理的自我谈话将使人感到振奋，而不是沮丧。不合理的自我谈话可能是你长期养成的习惯，因此只能逐步修正。如果需要帮助，可咨询治疗专家。

8. 意识到你不可能控制所有的压力，改变自己的态度

有些情况是你无法控制的（如飓风、失业等），在这些情况下，接受现实就是降低压力的好办法。努力改变你可以控制的，坦然接受你所不能控制的。

9. 抽出时间放松自己

每天至少花 15 分钟来放松自己。有必要的话将休息时间排进日程表或计划表，因为放松心情与任何其他安排一样重要。

10. 理财

不稳定的经济状况会产生巨大的压力，因此应该尽量稳定你的经济状况。设法降低信用卡债务并增加银行存款。如有必要，咨询金融顾问。通常，只采取几个理财步骤就能减轻人们的压力。

11. 不要指望兼顾一切

除了提高个人及家庭生活质量外，社会还促使我们去获取财富、权力和成功的光环。但要在每个领域都成功几乎是不可能的。确定什么对你是最重要的以及什么能使你的内心感到安宁，然后专注于这些领域。

12. 寻求帮助

你可以咨询治疗专家、婚姻顾问、心理专家，他们可以帮助你理清头绪，并至少解决部分使你产生压力的问题。

13. 不要向无辜的人发泄你的挫败情绪

例如，不要将工作上的不满发泄到孩子身上。你应当清楚地认

识问题，找出一些策略来解决或缓解问题，然后付诸行动。否则，你只会徒增自己的压力。

【十度人生·强度】

我们每个人的生活中都少不了压力，但如果没有得到控制，它会严重影响我们的身心健康。幸运的是，我们可以控制自己的生活，放慢生活节奏，并抑制压力的产生。

释放压力，调整工作状态

“压力太大”，这是职场中的朋友抱怨最多的一句话了。现代职场就像一口巨大的高压锅，每个身处职场的人都能感受到压力的存在。工作量大、担心公司倒闭、裁员、减薪、人际关系复杂、工时过长、工作方向常常转变、职能角色模糊等，这些状况都使很多朋友受压，严重者可能导致出现精神问题。

职场压力属于压力的一种，是工作本身、人际关系、环境等诸多因素给我们造成的一种紧张感。虽然说人无压力轻飘飘，适当的压力可以使人充实和上进，但是压力过大或者这种紧张感过于持久，则会出现焦虑烦躁、抑郁不安等心理障碍，甚至心理疾病。

陈小姐目前就职于一家生物医学公司，从事药品档案的编写及管理工作。她觉得自己与公司的文化不相融，对这份工作的兴趣也不大，想要调整到更合适的工作。但是她不敢贸然跳槽，首先她不知道自己该朝哪个方向发展；其次，由于之前有过较多次的面试失败，她对自己能否找到更好的工作有疑虑，她还想到要去充电，但是自己的工作繁忙，很难兼顾两边，因此她压力很大。

不难看出，陈小姐对公司忠诚度高，对待工作认真负责，注重细节并追求精确性。虽然她对待工作非常尽责，但是她有着较重的厌职情绪，平日工作中压力很大而不知道如何排解。因此，目前她最首要需要解决的是培养压力的能力。如果压力能够缓解或转化，其他很多问题可能迎刃而解。

学会放松和享受生活，本身也是一种能力。作为公司的员工，做好工作本身是可取的，但是以厌恶的情绪进行工作，无论是自己的职场发展还是对自己的生活都有不良的影响。充电要在有必要时再进行，比如转行、提升技能、扩大就业面，而目前的她还不需要急着充电。

陈小姐目前的工作不能为她带来足够的上升空间，她对这份工作的价值感也不认同，因此她可以另谋新职位。

对上班族来说，产生压力的问题很普遍，既有来自工作上的，也有来自人际关系上的，还有家庭及其他的一些因素。

1. 工作负荷

长年累月的工作、超负荷的运转以及知识的飞速更新，要求你不断应对、补充以及尽快掌握的时候，特别是当你不幸遇到一个不是那么通情达理的上司，并要求你在很短时间内完成很多任务的时候；抑或当你的家庭也需要你的付出，爱人、孩子都牵扯着你的精力时；当又一批年轻人进入公司，和你并肩竞争某职位的时候，这些叠加在一起的压力下，你将如何选择？又将如何调试你的心情？

2. 人际关系

每个单位都存在复杂的人际关系。下属对上级授权的误解；同事之间互不信赖；领导方式偏执引起工作氛围不和睦等。我们身在其中，只觉得心里疲劳，特别是在应对这些关系当中，不得已的行为和自己的价值观发生矛盾时，它们是否会给你的心理上带来冲突和迷茫？

3. 职位升迁

当你业绩突出，被破格晋升两级的时候，心理的压力紧跟着成倍递增。因为职场发展太顺利，同时面临方方面面的问题太多，甚至超出了自己掌控的能力，怀疑自己是否真正胜任，心理负担沉重；另一种可能是僧多粥少，眼前只有一个晋升名额，偏偏再次旁落，你感到被人忽视，对工作目标充满迷惘。

4. 环境压力

许多大学生向往在抬眼就能看到蓝天白云的高级写字楼里工作。殊不知，长期在这样的环境下工作的白领们却渴望逃离。国外研究证实办公楼环境是一种无形的环境压力，封闭的场所会使人精神紧张、容易疲倦。这些无形的压力也会造成心理紧张和不适。

压力，突出表现在对将来的焦虑和担心。而职场压力主要是源于对工作的不如意，所以职场人士首先需要解决的是从事自己感兴趣的工作。当你从事自己喜欢的工作之后，接下来你需要面对的就是适应职场了。

【十度人生·强度】

一些职场人士身处竞争激烈的商业环境，有着太高的工作量和太强的责任感，担心失业、与亲友疏远、对自己的发展前景担忧，自信心经常受挫，这些慢慢累积的郁闷情绪会导致形成厌职心理。过重的职场压力不仅会导致心理方面的不适，个人的健康也会受到影响。

舒缓压力，保持良好心境

随着生活节奏加快、工作繁忙、生活压力增大，越来越多的人感到了沉重的心理压力。有位心理学家说："只有死亡才能完全摆脱心理压力的困扰。"的确，无论人的一生如何一帆风顺，都会有令人感到紧张、无助的时刻。

所有的家庭都面临着各种不同的压力，压力可以帮助家庭成员成长，让父母更加淡定，也让孩子更健康地成熟，但这种压力是不是已经过度了呢？和全家人一起来做做这个测试吧。

针对下面提到的各种情况，根据自己的实际情况作出选择，记分如下：从来没有这种情况记 0 分，有时是这样记 1 分，经常是这样记 2 分，总是这样记 3 分。

1. 我们经常在一起谈论各自对生活的感受
2. 我们似乎经常争吵
3. 我不知道对于我的孩子来说什么比较重要
4. 有时候觉得婚姻是让人失望的
5. （单亲家庭）我很享受单身的状态
6. 我们吵架让孩子很难过
7. 我们有足够的钱支付大笔开支
8. 我们在怎样花钱上发生争执
9. 工作很重要，但是我们把家庭放在第一位
10. 我们没有安排足够的时间倾听对方讲述
11. 我们对自己扮演的父母角色很满意

12. （单亲家庭）当我和异性约会时，孩子很不高兴

13. 我们的关系很坚固

14. 某位家庭成员总对另外一个人发脾气

15. （单亲家庭）孩子喜欢我的约会对象

16. 我工作很繁忙

17. 我们家里很少充满火药味

18. （单亲家庭）单身生活曾经让我很难适应

19. 孩子在学校表现良好

20. 我们的时间总是不够

21. 每位家庭成员都有自己的工作，即使有人暂时失业，也不会受到指责

22. 我们会为了每个人该为孩子做些什么而争执

23. 我们每天一起吃饭

24. 孩子不会帮家里做任何事情

25. 我们可以很开心地一起度假

26. 我曾被老师叫去讨论孩子在学校的表现

看看你的分数代表了什么情况。

1. 如果你单数编号的问题得分加起来在 33 分或以上，而双数编号问题的得分在 17 分以下：祝贺你！你的家庭成员的相处模式很健康，你们家中很少出现压力过大的情况，这样的家庭生活让你满意。

2. 如果你单数编号的问题得分在 25 ~ 32 分，而双号问题的得分在 18 ~ 24 分，你家中的相处模式比较健康，继续这样的方式吧，你的家庭生活会更加和谐。

3. 如果你单数编号的问题得分在 18 ~ 24 分，而双数编号问题

的答案在25～32分，你的生活中也许已经充满了压力，看看这些问题的具体情况吧，想想有没有方法改进。

4. 如果你单数编号的问题得分在17分以下，而双数编号的问题得分在33分或者以上，为了你家人的心理健康和幸福生活，你必须采取一些行动了。

社会的发展与变革，使人们的观点、态度、希望也随之变化。在这个快节奏、高效率、充满竞争与挑战的社会中，人们常常会受到内外环境的强烈影响，出现情绪上波动和生理上变化，从而产生心理压力。误会、争执和竞争都可能增加心理负担。在生活中，我们需要及时找出造成心绪不宁的原因，改变一下自己的生活方式。我们只有适时减压，才能保持良好的心境。让我们再来看一个案例。

坐在咨询室里，刘亮的双手反复揉搓着。“我觉得最近一段时间以来，心理压力很大，白天上课还勉强能应付，晚上自习时注意力常常难以集中，有时感到脑袋发胀。最近一段睡眠也很糟糕，晚上难以入睡，白天大脑昏沉沉的。”

原来他的心理压力来自他的家庭。他家在农村，父亲身患绝症，母亲身体虚弱，家庭收入低，兄长因故与父母关系不和。刘亮每天都在担心父亲的病情会不会进一步恶化，兄长是否会与父母吵架，这些念头一直缠绕在他的脑海里。渐渐地，他的学习受到了影响，原本优秀的成绩出现了滑坡，这给他带来了新的危机感。因为无论是自己或家人都对他的未来抱有很大的期望，而学习成绩正是实现这种期望的保证。现在学习成绩日益下降，他感到实现这种期望变得渺茫起来。这种危机感进一步加重了他心理压力，并由此带来了躯体上的不良反应，而这些又进而影响了他当前的学习。

诚然，每个人对自己的父母孝敬和关心，这是人之常情。更何况是当自己的家人重病的时候，但是，如果这种担心和忧虑严重影响自己的正常生活，那么我们就要“反思”，这种担心的价值和意义所在。我们需要问自己一下：如果过度地担忧不仅对解决问题毫无意义，反而影响自己的当前生活。自己的学习成绩下降，心理出现各种对环境不适应，这些情况如果让家人知道了，一定会令家人担心，而这恰恰是他所不愿意看到的。

既然如此，要想战胜困难，首先要学会坦然地面对已经发生的一切，既然目前自己不能减轻父母的负担，也决不能让自己成为父母的负担。目前自己学业有成，就是对父母最大的安慰和支持。其次，对未来的问题。由于希望自己将来为家庭承担更多责任，结果给自己定下了可能高于实际能力的目标。当一个人对未来持有许多不切实际的目标时，也会极大地增强当前的心理压力。一个人未来的发展状况，首先取决于个人的努力程度，但又不完全决定于个人的努力程度。还有许多客观因素是我们所无法控制的。只要自己尽力了，就问心无愧。这样去思考问题，能让自己摆脱许多不该承受的压力。

【十度人生·强度】

无论人的一生如何一帆风顺，都会有令人感到紧张、压力巨大的时刻。在生活中，我们需要及时找出造成心绪不宁的原因，改变一下自己的生活方式。我们只有适时减压，才能保持良好的心境。

摆脱压力，直面性格缺陷

在我们身边，经常听到有些朋友评价某一个人“脾气不好”“性格有缺陷”“不太好相处”，这些在性格上存在问题的人不但会给他人留下不好的印象，也会在无形之中给自己施加太大的压力，进而产生一系列不良的连锁反应。

由于每个人所处的客观环境不一样，先天的素质不同，形成了各种各样的性格。而性格压力则是由于性格缺陷的原因形成与生活和社会环境的摩擦而出现的压力。我们来看一个真实的案例。

李群在同事的眼里是个怪怪的人，大家只是觉得他的言行特别，但说不出所以然。

认为妻子红杏出墙的想法痛苦地咬啮着他的内心，一天天地加剧。他偷偷跟踪了妻子和妻子的同事。时间一天天过去，却一无所获。他对妻子的怀疑越来越深。因为他认定妻子诡计多端，察觉了自己的意图，才有了更严密的防范措施。

李群是一位工程师，40 有余。“绿帽疑云”——认为妻子对他不贞问题，在三年前就存在心里。

李群虽以优异的成绩毕业于某大学的电机系，但因个性拘谨而又刻薄，所以没有什么朋友，更不要说和异性谈恋爱了。直到 31 岁时，在偶然的机会，他认识了现在的妻子。是她主动追求他的。李群回想起来，越是认为自己的怀疑准确无误。他认为，正派的女子不会轻易表露真实感情，而她却在自己的面前那么开放，为什么？肯定是难耐寂寞！结婚后，他很快就在性生活方面遭遇困难。

新婚伊始，他即有“力不从心”的感觉，认为妻子在床上表现得过分热情，让他颇感惶惑与焦虑，并因此觉得妻子是一个性欲旺盛的女人，自己恐怕无法满足她。在沉重的心理负担之下，他越来越觉得没有能力。他开始悔恨了，恨自己不该结婚，悔不该当初被她的美色所诱惑。他对这样的婚姻生活感到失望，认为和这样的女人结婚太草率了。但离婚对他来说，太丢颜面，只好将就。他当时打定主意，只好迁就妻子了，去医院治疗不争气的身体。可是医生说他没有问题，是心理因素造成的。没问题，怎么就缺少行房事的能力呢？他不相信医生的胡说八道。

妻子静极思动，对社会工作变得非常热心、活跃，不仅经常在白天外出，而且每周有一个晚上需到同学家里聚会，讨论工作和活动，李群则留在家里照顾小孩。他对此虽然不太高兴，但也找不到什么反对的理由。

有一天晚上，李群打电话到妻子聚会的同学家里，但电话却没人接，他越想越不对劲；而当天晚上，妻子又很晚才回家。他不悦地兴师问罪。虽然妻子向他解释说是因为聚会的地点临时改变，才让他找不到人。但他已是满腹疑云，觉得妻子一定有什么事瞒着他，说不定她假借聚会的名义，在外头和别的男人胡搞。这丢面子的事，他又不好声张，憋在心里如刺在喉。

后来，李群的公司因为一个特殊项目而安排他在晚上上班。他觉得这是一个阴谋，是妻子串通情人通过某种关系设计的。现在他更加怀疑他们，为自己的聪明庆幸。他对妻子背叛的仇恨越来越强烈，心中的怒火也越来越炽热。他想，必须提高警惕，防止妻子和同事谋杀。

有一天晚上，当妻子在饭后递给他一杯饮料，而她自己却没有喝时，他压抑已久的怒火终于爆发了。他对妻子大声咆哮，说她想用这杯饮料毒死他，好和情夫双宿双飞。

满头雾水的妻子到现在才知道，近三年来丈夫的怪异行为竟然是怀疑自己“红杏出墙”。她觉得丈夫“病”了，而且病得很重，她劝丈夫到医院去看看。

在极度惊恐中，李群同意住到医院里。刚住院时，他的心神相当不宁，对每个人都疑神疑鬼。不久，他的焦虑逐渐减轻，但偏执的性格还没有根本改变。

李群由于性格的缺陷导致了巨大压力，他的性格缺陷主要表现在以下几个方面。

1. 偏执

李群凭其主观意识来猜测事情，从旁人的立场来看，这种猜测是不符事实的错误假想，但他却对此深信不疑。随着时间的推移，这种偏执的毛病变得越来越重。

其实，每个人在解释某种现象时，都含有主观的成分，偶尔也难免会怀疑他人，但通常是暂时性的，在适当的说明后即能释怀。而偏执性格的人，认定的事情却是持久而不可动摇的，简直“不可理喻”，而且会对这种妄想采取他认为必要的行动来保护自己。

李群由于对妻子缺乏基本信赖感，就产生病态的嫉妒，怀疑妻子不忠。在其他一些因素的刺激下，他偏执性格的缺陷加剧。在无可忍耐的情况下，他终于咆哮起来，把“妻子红杏出墙”的怀疑喊了出来。

2. 联想

李群的联想是在自己所谓科学的严格推理中得出结论的。他把环境中的信息作“选择性的认知”，将某些偶发的、不相干的事件作符合其怀疑逻辑的解释（关系妄想），最后越陷越深，还出现了妻子和情夫要联手害死他的推理联想，而联想的根据就是心里的认识。

3. 自责

李群严格苛求自己，对自己的“过失”耿耿于怀。因为那些行为与自身的理想、自己的身份不匹配。这种状况与完美主义有相似之处。

事实上，不同性格的人都有应对压力的不同方法，而当他们应对不过来的时候，每人也会有许多不同的表现，或通过身体上的毛病表露出来，或表现在心理上，或诉诸情绪上的发泄。当然，有些性格因素是对应对压力有利的，有些性格弱点则使人特别容易受压力损害，例如：

1. 过分坚守原则的人，做事按部就班，慎守规律，出现一点差错或变动，往往会使自己手足无措，疲于应付。

2. 好胜心强的人，凡事都讲求威风，野心又大，时时害怕一朝失去权势。

3. 神经过敏的人，时常顾忌很多，且容易激动，压力很难随着时间自然消失。

4. 情绪化的人，很难控制自己的情绪，喜怒形于色，而且起伏不定，不但易对自己造成压力，形成很大的痛苦，周围的人也不免受其感染。

5. 思想未成熟的人，因本身较缺乏解除压力的能力，故承受压力的能力也较弱。

6. 自卫性较强的人，经常害怕别人侵犯他的利益，因此筑起坚固的围墙，对于他所接触的每个人，常表现出试探对方的态度，生怕所遇非人。

7. 具有双重或多重性格的人，由于判断事物具有多重标准，致使决策困难，虽然也倾向多方面询问，但是一旦他得到更多的答案，反而更增加了他的迷惑。愈多问，愈复杂，压力也愈沉重。

8. 力求完美的人，一般不能容忍一点瑕疵。

9. 主观和偏激的人，容易不停地发牢骚，事事看不顺眼，压力只有愈积愈多，而没有解决的机会。

10. 做任何事都期望别人赞扬的人，极易被来自周围的因素所困扰。

11. 平时被大家认为表现出色的人，会为了保持良好的工作水准而不断自我苛求，甚至忽略了自我的极限。

12. 身体患有如胃病、偏头痛、心脏病、高血压等症状的人，因害怕病症发作，随时都存在着心理负担，压力自然挥之不去。

【十度人生 · 强度】

由于每个人所处的客观环境不一样，先天的素质不同，形成了各种各样的性格。性格压力则是由于性格缺陷的原因形成与生活和社会环境的摩擦而出现的压力。

化解压力， 积蓄前进动力

生活在这个充满挑战的世界里，我们都会遇到各种各样的压力。很多朋友被压力压垮过，有些则被压力越压越有动力，他们尽情地享受压力带给自己的快乐，同时也打造出来一个个真正的生活强者。

战胜了压力，他们也有了成就感。拥有绝对自信心的他们，内心逐渐强大，思想逐渐成熟，生活逐渐美好。压力是我们无法回避的，我们的成长历程需要它们的陪伴。如果害怕压力，我们失去的就是人生中最精彩的一页，也是一生的遗憾，我们的人生也会成为一段没有意义的失败人生。亚洲首富李嘉诚就是在极端困窘中走向成功的。

李嘉诚 14 岁的时候父亲病故，他用自己稚嫩的肩膀承担起养活母亲和三个弟妹的重担。他被迫辍学供养三个弟妹读书。他做过茶楼跑堂，做过钟表修理工，后来又做过推销员。在强大的生活压力面前，他一边承担家庭重担，一边刻苦读书，因为他想改变家中的困境，想改变自己和家人的命运，他只有靠自己不断地努力。17 岁时，他从推销员晋升为部门经理，很快又当上了橡胶厂的厂长，从此一步步走向了成功。如果没有父亲病逝家中变故，没有家庭重担逼使他不断变强，17 岁他也许还在读书，也就不会在那么短的时间内成为一个年轻的实业家。是沉重的生活压力转化为他奋斗的动力，使他蜚声世界。

翻开历史的画卷，那些由弱变强的事例背后，无不是把压力变成动力后完成的。

20 世纪初，中国作为一个贫穷落后的国家，受尽了外强的凌辱。中国大地满目疮痍，国土遍体鳞伤，国家伤痕累累，哀鸿遍野。面对这样苦难的祖国，邓稼先毅然放弃了优厚的待遇，冒着生命危险“逃”回祖国，在极端恶劣的条件下成功研制了原子弹和氢弹，开创了中国核武器试验的先河，作为“两弹一星”的元勋，结束了中国任人宰割的历史。他不惜以生命为代价，坚持“两弹一星”的研制和发射。正是因为他身负洗雪国耻、拯救民族的大使命的压力，使他鞠躬尽瘁死而后已。

俗话说，“没有压力就没有动力”。能力就如一根弹簧，你只有把它压下去，它才会弹起来；能力就像皮球，你只有把它拍下去，它才会跳起来。人生也正如此，在压力面前，人们往往能更充分地发挥自己的潜力，在压力下不断超越自己，创造一个又一个的奇迹。

压力是坏事也是好事，这要看从什么角度去看、去分析。面对压力的态度很重要，甚至决定一个人的人生。感到生活与工作没有压力的人，往往是目标欠缺，动力羸弱的人，一般是松松垮垮，毫无生活激情的人。他们得过且过，当一天和尚撞一天钟，甚至连钟都懒得撞一下，无所事事地打发着时间，白白地蹉跎了岁月。这样的生命意义将大打折扣，这样的人生将缺乏许多精彩。

我们正是因为有了压力，才更加有紧迫感、危机感和使命感，才更加明确自己的目标和定位，才更加清楚自己能力上的差距。我们于是化压力为动力，向着更高更美的人生目标挺进，放大人生的价值。这样的生命将是充满活力的，这样的生活将是动力充沛的，这样的人生将是无怨无悔的。

压力面前采取什么态度，关系到一个人的人生哲学与人生的价值。那些勇于面对压力，善于把压力化为动力的人，通常是生活异常丰满，乐观旷达，积极向上，充分体会到生命意义的人；反之，那些逃避现实，回避困难，不敢直面压力的人，一般是悲观厌世、行为消极、拈轻怕重、不思进取的人。他们的人生必将干瘪黯淡，他们的生活必将缺乏光彩。

【十度人生·强度】

压力是我们无法回避的，我们的成长历程需要它们的陪伴。如果害怕压力，我们失去的就是人生中最精彩的一页，也是一生的遗憾，我们的人生也会成为一段没有意义的失败人生。

给点压力， 人生不会空虚

有的朋友说，人生好比一场旅行，如果背负太多不甘舍下，前行就会更加艰难。这一点，我们不能否认。然而，如果把一切都丢弃，空空一人在路上，又难保不会像赛跑的兔子一样为沿途的风景迷失，懈怠于满足。

给自己一些压力，不多不少，就是给自己一些动力，一些奇迹的可能性，犹如响鼓的重锤、好马的快鞭。

对于买房子，王宣以前一直认为等攒够了买房的钱，并且要略有一些节余的时候再考虑。因为他在国有企业工作，工资收入并不是那么可观，又由于他已近不惑之年，无论从年龄和学历上又没有竞争优势，所以想选择跳槽又不太可能。

王宣上有老人，下有在读高中的孩子，现在的教育消费是每个家庭的主要消费。为了让孩子就读一所省重点中学，他几乎倾其所有，花去了几年的储蓄，所以在买房子上面显得很谨慎，也一直持观望态度。

也就这样在观望中房价一涨再涨，已经是过去的几倍了，而工资的涨幅速度远远小于房价的上涨速度，并且因节衣缩食存在银行里的钱，微薄的利息收入被贬值而蚕食了。日复一日，年复一年，王宣总也不能攒够买房的钱。终于有一天他下决心，不能再等到攒足钱的时候选择买房了，如果那样也许这一生也买不到房。痛定思痛，他就想趁自己还能奔波的时候，先选择贷款买房子，之后再面对还款还息问题，在自己承受的范围内，给自己施一下压，逼着自己去面对经济的难题。如果前五年贷款买房子的话，房价的上涨速度足以弥补偿还贷款的成本费用，并且还能起到保值增值的作用。在这几年中，如果由于生活所迫也许会琢磨如何去赚钱，就不会只图安逸，坐在温室里坐享其成了，一咬牙也许就过来了。就因为顾虑太多、踌躇不前才使得已经到了中年的王宣，还没有选择买房，还在抉择……

人应适当地给自己一点压力，不要故步自封，要有一些风险意识，毕竟风险与投资是成正比的，还要有一定的承受能力。人生有输有赢，没有绝对的只输不赢。

很多人在工作繁忙的时候，会羡慕那些整天看报、喝茶、打球的人，羡慕他们的轻松、自在。可真有那么一天，我们如愿以偿了，身体一下子轻松下来，心里也紧跟着空荡荡地飘起来了，生活好像失去了方向和目标，不知道自己该做些什么。

生活就是这样，苦点累点才有味道。有点压力才会有动力，有了动力才会有进步，有了进步才会有自信，有了自信在有机会时才会成功。不要贪图一时的安逸而荒废了自己。我们不谈自己对社会能有多大的贡献，最起码在机会来时不会束手无策，不会看着别人成功而自己怨天尤人，不会觉得生活空虚。

不管年龄大还是年龄小，职位高还是职位低，都要适当给自己一点压力，让生活的弹簧重新弹跳起来，就像我们的心脏一样，在一定的节奏下跳动，生命才会更加旺盛、更加鲜活。

【十度人生·强度】

人应适当地给自己一点压力，不要故步自封，要有一些风险意识，毕竟风险与投资是成正比的，还要有一定的承受能力。人生有输有赢，没有绝对的只输不赢。

第六章

你要提得起精神，行动要有速度

一个人要做一件事，常常缺乏开始的勇气。但是，如果你打起精神、鼓足勇气开始做了，就会发现做一件事最大的障碍，往往来自自己的内心，更主要的是缺乏行动的勇气。有了勇气下决心开始，似乎再往下做就会是顺理成章的事情了。

不付诸行动就等于什么都没有，只有朝着你确定的目标持之以恒、锲而不舍地做下去，才是实现任何目标、体现自我价值的唯一的办法。除此之外，再没有第二条路可走。

战胜惰性才能实现自我价值

周末的早上，很多上班族会赖在床上不愿醒来，即使放弃吃喝拉撒、运动锻炼。对于这种现象，很多朋友会狡辩说“累了一周了，轻松一下”。这个冠冕堂皇的理由没有多大说服力，其实这就是人的惰性在作怪。

什么是惰性？分为两种：一是身体上的惰性，不愿动；另一个更为重要的是心理上和思想上的惰性，不愿意思考，后者的危害更大。有些人好像每天都忙这忙那，但最终却没有什么效果。

你是不是不愿意出门？是不是不愿意发言？是不是在一些事情上得过且过？这些都是心理上和思想上的惰性体现。我们来看下面这个故事。

有一位热衷于慈善事业的企业家，总是尽自己的所能帮助那些生活在贫困线以下的人。有一次，他听说某山区的一个村子很穷，穷得连基本的温饱都解决不了。于是他便决定向那个穷山村捐一笔钱，用来帮助他们脱贫致富。

捐钱之前，企业家决定亲自到那个村子看看。他去了一户村民家里。在那个黑洞洞的屋子里，他看到那家人正在吃饭。他们没有桌子，没有凳子，甚至连双筷子也没有。一家人就这样捧着饭碗蹲在地上，用手抓着饭吃。看到这一幕，企业家有了一种揪心的感觉，恨不得立刻就能改变这个村的现状。他决定回去后要做的第一件事就是马上把钱拨过来。

可是当他走出那户村民家后，却突然改变了主意。回去之后，他撤销了捐助的决定。

对此人们百思不得其解。后来，企业家道出了原委：原来就在他走出那户人家时，突然注意到门前有一大片竹林。“守着竹林，他们连桌凳和一双筷子都懒得做，给他们钱又有什么用呢？”企业家非常痛惜地说。

惰性，人性中与生俱来的弱点之一。在面临困难、遭遇困惑、体验孤独、经历挫折的时候最容易被强化，表现为追求安逸、回避现实、不满客观环境、时时生起攻击、伤害他人的念头。这些，对人生的质量都有极大的影响。

那么，如何才能战胜惰性呢？

1. 理想是惰性的天敌。一个有理想的人，常常牢记自己的理想，为实现自己的理想永不停止地奋斗。可惜的是现在的我们并没有远大的理想。

2. 兴趣是行动和思想上的惰性的克星。对一件事情有兴趣，那是任何其他事情都很难阻止的。

3. 计划可以帮助我们有效地克服惰性，但是一个合理的计划必须是有意义的、可能实现的、不与人的本性强烈地抵触的、比较具体的。

4. 许诺是一种积极健康的压力。公开地宣称自己的目标是对自己信誉的一种许诺，答应别人是一种良心上的许诺，来自对信誉和良心的维护本能可以有效地阻止惰性的作用。这与一些被动的压力给人带来的作用是更好的。

5. 危机感和压力的驱使。现在的学生到了考试的时候就会变得精神抖擞，平时委靡不振，这不是一个强人的特征，因为所有的人几乎都是这样的，这只不过是危机感把惰性暂时压下去罢了。当考试或者其他的压力和危机感消失以后，惰性会变本加厉地发挥它的力量。

6. 每天找个安静的时间，自己回头看看每天的作为，抬头看看与自己目标的差距，侧面看看自己身边的成功者，增强危机感。

人的弱点有很多，惰性只是其中的一种，而仅仅是这一种便可以让我们失去如此众多、如此宝贵的体验；战胜惰性只是实现自我价值的第一步，而那些畏缩、那些盲目自信，都在提醒我们要更深刻全面地认识自我，更积极勇敢地面对自我，更勤奋不懈地完善自我。这远比心有余而力不足的热心要好，远比忙碌而不知其所为的盲目要好。

【十度人生·速度】

人的弱点有很多，惰性只是其中的一种，而仅仅是这一种便可以让我们失去如此众多、如此宝贵的体验；战胜惰性只是实现自我价值的第一步，而那些畏缩、那些盲目自信，都在提醒我们要更深刻全面地认识自我，更积极勇敢地面对自我，更勤奋不懈地完善自我。

没有进取心就不会成功

在一些相亲节目中，我们经常听到女方对男方的要求千变万化，但有一条是女方一致认同的，就是男方要有“进取心”。由此可见，进取心对一个人的重要性。

人生就是一个不断追求进步的过程，进取心是一种积极的心态，它会让我们懂得努力向前进，对自己有所要求，会用一种认真的态度对待自己的事情，心中不会有所懈怠，一步一个脚印地走下去，让自己的计划有效地实施，从而实现理想。

有一天，尼尔去拜访毕业多年未见的老师。老师见了尼尔很高兴，就询问他的近况。

这一问，引发了尼尔一肚子的委屈。尼尔说：“我对现在做的工作一点都不喜欢，与我学的专业也不相符，整天无所事事，工资也很低，只能维持基本的生活。”

老师吃惊地问：“你的工资如此低，怎么还能无所事事呢？”

“我没有什么事情可做，又找不到更好的发展机会。”尼尔无可奈何地说。

“其实并没有人束缚你，你不过是被自己的思想抑制住了，明明知道自己不适合现在的位置，为什么不去再多学习其他的知识，找机会自己跳出去呢？”老师劝告尼尔。

尼尔沉默了一会儿说：“我运气不好，什么样的好运都不会降临到我头上的。”

“你天天等好运，而你却不知道机遇都被那些勤奋和跑在最前面的人抢走了，你永远躲在阴影里走不出来，哪里还会有什么好运。”

老师郑重其事地说：“一个没有进取心的人，永远不会得到机会的。”

如果一个人把时间和精力都用在了闲聊和发牢骚上，就根本不会想用行动改变现实的境况。对于他们来说，不是没有机会，而是缺少进取心。当别人都在为事业和前途奔波时，他们只是茫然地虚度光阴，根本没有想到跳出误区，结果只会在失落中徘徊。

如果一个人安于贫困，没有梦想，视贫困为正常状态，不想摆脱贫困，那么在身体中潜力就会失去它的效能，他的一生便永远不能脱离贫困的境地。贫穷本身并不可怕，可怕的是贫穷的思想，以及认为自己命中注定贫穷。一旦有了贫穷的思想，就会丧失进取心，也就永远走不出贫穷的阴影。

环境对进取心理也是一个考验。不仅恶劣环境对进取心有抑制作用，舒适环境也会给进取心造成威胁。因此，我们要善于抵抗恶劣、艰难环境，不随波逐流，不贪图安逸享受，要进行奋斗，要有以苦为荣、以苦为乐的精神，去追求事业的成功。

干事业，必然会遇到困难，而困难有时会击败我们的进取心而成为胜利者。因此，面对困难，我们应有正确的态度，那就是坚决挺住，顽强地拼搏，决不退却。对待困难，我们要主动依靠自己的力量去克服，而不是等待外界条件。

生活和事业是矛盾的，进取心强的人就能很好地处理这个关系。生活不是事业的重负，而是成就事业的基础。生活和事业是同一首乐曲上的两个音符，是人生两个不可缺少的部分。没有充实有趣、丰富多彩的生活，做事业就会缺少热情。如果没有远大的、值得终生为之奋斗的事业，我们的生活也会因缺乏精神支柱而黯淡无光。所以，应当把生活与事业这两首奏鸣曲弹奏成一部和谐、雄壮的交响曲，而不是以牺牲一方来保住另一方。

【十度人生·速度】

进取心是一种积极的心态，它会让我们懂得努力向前进，对自己有所要求，会用一种认真的态度对待自己的事情，心中不会有所懈怠，一步一个脚印地走下去，让自己的计划有效的实施，从而实现理想。

行动是一切成功的根本

一个人要做一件事，常常缺乏开始做的勇气。但是，如果你鼓足勇气开始做了，就会发现做一件事最大的障碍，往往是来自自己的内心，更主要是缺乏行动的勇气。有了勇气下决心开始，似乎再往下做就会是顺理成章的事情了。有了第一步，就会有第二步、第三步……这样不断地做下去，你就会发现离目标越来越近，你的目标正在渐渐地变为现实。

勇于实践、踏实能干的精神能够让一个人的知识和能力得到最充分的发挥，能够实现心中的愿望，从芸芸众生中脱颖而出。如果我们都能全身心地投入到自己的工作和生活中去，即便我们能力不够突出，也能取得很好的成绩。爱迪生就是这样一个实干型的成功者。

爱迪生23岁时办了一家工厂，招募了一批工匠。这些人不遗余力地推出各种电气产品，他们都热爱自己的工作，迷恋自己充满创造力的头脑和双手。

如果说他们是“工作狂”的话，那么爱迪生就是“总工作狂”，他每天的睡眠时间不到四个小时。他的办公桌就在车间的一角，每当完成一项发明，他就站起来，手舞足蹈，嘴里还念叨着：“这么简单的解决办法，怎么原来没想到?”这已经成了一种标志和信号。工人们一看到爱迪生跳舞，就围过来，他们知道又有新鲜事可做了。

订单像雪片一样飞来，在不断增加人手的情况下还要日夜开工。工人们没有抱怨，共同的兴趣在他们和老板之间建立了友谊，更何况这个不吝啬的老板经常用金钱奖励他们。

可见，良好的心态、乐观的精神和饱满的工作状态，会使你把枯燥乏味的日常工作看成是充满魅力的事业，并身体力行、忘我投入。我们再来看一个例子。

黄豆豆出生在浙江温州的一个偏远山区。在他读小学二年级的时候，有一次，某军区文工团到他们小学进行慰问演出。黄豆豆一下子被吸引了，他心里暗暗地发誓，以后要当一名舞蹈家。为了自己的理想，12 岁那年，黄豆豆考入上海舞蹈学校学习民族舞。

由于黄豆豆的个子非常矮小，与他同期考入的其他十几名同学，个子都比他高，身体的柔韧性都比他好。同学们取笑他说："像你这样的身高，想把舞蹈作为一辈子的事业来做，简直是痴人说梦，你别白费力气了！"

面对自己的先天不足和同学的嘲笑，黄豆豆在心里不断地问自己："都说舞蹈是一种触动灵魂境界的艺术，而不单单是眼睛的直观，难道就因为身高不足，我就注定无法演绎出动人的舞蹈？"

没有人能给出答案，能给出答案的也只有黄豆豆自己。他一次次地告诫自己说："我要用行动来证明我所坚持的一切是正确的！"

有了这个想法之后，黄豆豆在舞蹈的练习上更勤奋了。每次节目编排，他不单单追求舞蹈节奏动作的完美，更追求一种把自己融入到作品里面的那种物我两相忘的境界，这就需要舞者不仅有扎实的舞蹈功底，还要有专业的文化素质。在黄豆豆的寝室里，常常可以看到他半夜掌灯，熟读古今名著。渐渐地，黄豆豆的艺术技能越来越好。

在黄豆豆 21 岁那一年，中国歌舞团的导演陈维亚创作了一台舞剧《秦俑魂》，参加中国舞蹈"桃李杯"的比赛，到上海歌舞团来选演员。黄豆豆因为个子矮小，学校甚至没有推荐他进入选角组，但尽管如此，黄豆豆还是用自己对"秦俑"的理解，自编了一段舞蹈。有一天晚上，他像往常一样在练功房练习自己的《秦俑魂》。在编舞的时候，他想到秦始皇兵马俑原本就是些孤独而无辜的殉葬品，想到这里，悲愤的黄豆豆一跺脚，一切掌，仰天长啸了一声，身体随着音乐舞动起来。而这一幕刚好被刚刚外出散步回来的陈维亚看见了。看到了黄豆豆的舞蹈，陈维亚震撼了，小巧的黄豆豆居然舞出了兵马俑那种高大的英雄气势，却又不失舞蹈的美感，这些都是在那些高大魁梧的演员身上找不到的。那一刻，陈维亚的心里有了决定。

第二天，黄豆豆被陈维亚钦点为《秦俑魂》的主演。比赛开始了，黄豆豆表演的“俑”充满了非凡的灵气，天人合一，苍凉悠远、变幻无常。凭借着《秦俑魂》的出色表演，黄豆豆获得了古典舞比赛男子组的第一名。大赛评委之一的当代舞坛最有权威的“洛桑国际芭蕾舞大赛”主席菲力迫先生满怀激情地评论说：“黄豆豆是在用灵魂演绎舞蹈，在用舞蹈表现灵魂，他将来必定是一名卓越的舞蹈家!”

当晚，菲力迫先生破例邀请黄豆豆作为嘉宾，在“洛桑舞赛”上作压台演出。“洛桑舞赛”在国际上素有“舞坛奥斯卡”之称，很多大牌舞星都难以置身其中。“舞蹈展现给观众的不单单是艺术关，而是能震撼所有人的灵魂!”菲力迫先生说。回国后，黄豆豆投入到了更加紧张的训练当中，他把一个又一个剧目如古典舞《醉鼓》、现代舞《勇气的握手》《椅子》、舞剧《苏武》《闪闪的红星》等搬上了舞台，并受到国内和国际上的一致好评，在之后的多年里，黄豆豆还先后被美国《时代周刊》和《舞蹈》杂志作为封面人物进行大幅报道。2010 年，年仅 33 岁的黄豆豆在中国舞蹈家协会第九次全国代表大会上当选为中国舞蹈家协会副主席。

在黄豆豆的办公室里，有这样一幅他亲手写的字：“事源于思而成于行。”这既是一句人生哲理，又是黄豆豆对自己舞蹈之路的精妙概括——行动是一切成功的根本！

那些充满干劲、积极向上的人，总有使不完的力气，他们神情专注，心情愉快，并且主动找事做，在实践中实现自己的理想。

当你掌握了丰富的知识和理论之后，随之最重要的一步就是立即让自己行动起来，在实现目标的方向拿出具体的行动。一个真正的实践者必然是有行动的。不付诸行动就等于什么都没有。只有朝着你确定的目标持之以恒、锲而不舍地做下去，才是实现任何目标、体现自我价值的唯一办法，除此之外再没有第二条路可走。

【十度人生·速度】

勇于实践、踏实能干的精神能够让一个人的知识和能力得到最充分的发挥，能够实现心中的愿望，从芸芸众生中脱颖而出。如果我们都能全身心地投入到自己的工作和生活中去，即使我们能力不够突出，也能取得很好的成绩。

敢作敢为，勇于冒险

备受好评的《飞屋环游记》是皮克斯动画工作室第十部动画电影及首部3D电影。影片讲述的是78岁的卡尔老先生，为了信守对爱妻的承诺，决心带着他与妻子艾利共同打造的房屋一飞冲天的动人故事。但凡看过此片的朋友，无不为卡尔老先生勇于冒险、敢作敢为的精神所打动。

有勇气承担的人才是英雄好汉。我们应当敢作敢为、尝试冒险，相信自己能展翅飞翔。对于个人发展而言，敢作敢为是通向成功的必由之路。在很多情况下，强者之所以成为强者，就是因为他们想别人不敢想的、做别人不敢做的。玫琳凯·艾施女士就是这些人中的一位。

45 岁的玫琳凯·艾施女士在创建自己公司之前，是美国一家全国直销公司“世界礼品公司”的训练主管。当时的美国社会对妇女很歧视，所以玫琳凯的薪水只有同级男同事的一半，在公司中根本不可能得到进一步发展。她对此非常气愤，决心改变这些。于是，玫琳凯毅然决定辞职回家，她下决心建立一个属于女性的“梦想公司”，为所有的女性提供就业机会，帮助更多的女性实现她们的梦想。于是，她投入了一生的积蓄（5000 美元）创建公司。她的儿子也放弃了自己收入丰厚的工作，加盟她的企业，帮助母亲实现这个理想。最终，玫琳凯化妆品公司在达拉斯一个只有 500 平方米的店面里诞生了。

玫琳凯化妆品公司成立之后，玫琳凯·艾施便开始了奋斗的历程。每个成功者都需要一种魄力，玫琳凯·艾施也是如此。她对自己的创业保持了极大的热忱，勇于参加一些公众活动，用自己的基金来做一些福利事业，写书与大家一起分享自己的管理方法和经验。玫琳凯·艾施认为自己有很大的潜力，不仅自己要发挥出来，还要让全世界的女性都发挥出来，实现自己的人生梦想。

玫琳凯·艾施的敢作敢为除了打破当时美国社会对女性不平等的待遇外，还体现在对公司的内部管理上。玫琳凯·艾施对公司内部的管理高层人员说：如果你们对职员滥用职权，就永远不能发挥出他们的工作能力和积极性。当你与人以诚相待的时候，工作效率才有可能得到提高，利益才会接踵而至。玫琳凯·艾施确信公司的损失是由于员工积极性消退而造成的。玫琳凯·艾施在经营上也有自己的想法，她说如果一个企业的产品品质很好，价格又合适，便会拥有大量的长期客户。这些长期客户会帮助你拉来更多的客户，所以，做生意的时候，千万不要想着自己能赚多少钱，这样做很容易让客户看穿你的心理，在心理上便开始抵触你。为此，玫琳凯·艾施设计了很多方案，都得到了很好的效果。

玫琳凯·艾施女士的行为是对当时社会制度的一种反抗，而美国蒙大拿州立大学化学硕士约翰·格洛尔则是尝试其他人不敢做的事。

约翰·格洛尔在从事教学工作时，做了一些调查，发现市场上出租行业十分兴旺，有出租工厂的，有出租晚宴或舞会服装的，有出租名画的，有出租警卫的，几乎无所不包。于是他想，出租人才的业务尚未发现，如果我能办一家这样的出租公司，那些需要我推荐专业人才的公司就可以解决问题了，而且可以从中赚钱。

格洛尔决定成立一家人才出租公司，名为“研究支援公司”。他在洛杉矶租了一间办公室，然后在报刊上登出了一则广告，广告词是这样写的：“本公司征求和出租各种专业人才，服务时间长短均可，条件优厚，欢迎惠顾。”

广告刊登之后，很多在大学教书或在研究所工作的专家，以及那些失业等待工作的专业人才，看到这则广告后纷纷到“研究支援公司”来应征，有工作的人愿意在业余时间做些“出租”兼职工作，没有工作的失业者则希望做长期的“出租”工作。格洛尔一一把这些应征者的信息登记下来，并告诉他们等待聘请通知。那些需要专业人才的企业，看见这则广告后，也踊跃前来租用专业人员。格洛尔则从中进行恰当的调配和安排，使双方各取所需。这项业务很快就发展起来。

约翰·格洛尔对于“出租人才”业务的判断准确、运作起来极具魄力，使得“研究支援公司”迅速发展。到现在为止，他已经招揽了2.5万名各类人才，包括化学专家、生态专家、电器专家、环保专家等。这些专业人才既实现了施展才华的抱负，又增加了收入。当然，格洛尔也迅速致富了。

想别人不敢想，做别人不敢做，敢于冒险，唯有如此，人生才会有机会，生活才会有转机。这就是成功的重要因素之一。

我们常常犹豫不决，因为我们自身缺乏信心，而怀疑就经常从这些事实中产生。我们对一切了解太多，所以我们生性谨慎，总是推迟重大的决定，甚至无动于衷。这样做的结果，只能使成功离我们越来越远。

【十度人生·速度】

对于个人发展而言，敢作敢为是通向成功的必由之路。在很多情况下，强者之所以成为强者，就是因为他们想别人不敢想的，做别人不敢做的。

在目标指引下脚踏实地地追求

细心的朋友也许会发现，毛毛虫在树上排成长长的队伍前进，有一条带头，其余的依次跟着，食物就在枝头，一旦带头的找到了目标，它们就开始享受美味。

心中没有目标的人，很容易受到一些微不足道的诸如忧虑、恐惧、烦恼和自怜等情绪困扰。所有这些情绪都是软弱的表现，都将导致无法回避的过错、失败、不幸和失落。因为在一个强权扩张的世界里，软弱是不可能保护自己的。

一个具有挑战性的目标必须包含某种可以激励我们自我拓展、自我要求的要素，这些要素就会帮助我们不断地成长和进步。然而，目标的确立也不是一件容易的事情，下面我们就结合几个实际案例来说明一下人们在制定远大目标时必须遵循的几个原则，希望大家可以从中得到一些借鉴。

1. 明确具体

刘易斯·沃克是美国财政顾问协会的总裁，曾经有一位记者这样问他："到底是什么原因使人无法成功?"沃克回答说："模糊而抽象的目标。"记者请他详细解释一下，沃克说："如果一个人的目标是希望自己有一天可以拥有一栋山上的小屋，那么这就是一个模糊而抽象的目标。问题就在'有一天'不够明确，'山上的小屋'不够具体，也就是说，这个人对自己的目标并没有形成清楚的图像，所以成功的机会也不大。如果他希望在山上买一间小屋，就必须先找出那座山，了解清楚他想要的小屋的现在价值，然后考虑诸多因素，算出几年后这栋房子的价钱，之后才会知道为了达到这个目标每个月要存多少钱。如果一个人真的这么做了，在不久的将来他就会拥有一栋山上的小屋。"

只有明确而具体的目标，才会让人采取明确具体的行动。明确的目标不仅是结果明确，它还意味着目标制定过程逻辑清晰、思路得当。

2. 大胆详细

当初，汽车大王亨利·福特生动地描述他要普及汽车的目标，这个目标大胆而详细。他说："我要为世界上的所有人制造一种汽车，它售价便宜，只要是有工作的人都买得起。当我的心愿完成时，每个人都买得起汽车，每个人都会有辆车。除此而外，我们还会以丰厚的薪酬为许多人提供就业机会。”

这是一个美丽且富有感召力的描述。正是在这样大胆而详细的目标指引下，亨利·福特终于建起了他的汽车王国，并开创了属于他的汽车时代。

大胆而详细的目标，是激励人们进步的有效方法。大胆，就是要令人振奋，超乎想象；详细，就是要科学合理，清晰可见。感性与理性有机结合，激励与约束互相促进，这样就能使目标明晰而具有驱动力，可以集中个人的能量，激发战斗精神。

3. 远大合理

所有谈论成功的书籍都在告诉我们：“每一个成功者都有一个伟大的梦想。”我们根据这句话去做了，可是没有成功，这是为什么呢？梦想一定要远大，但是设定的目标一定要合理。远大就是不要把精力投入到琐碎的事情上，必须让自己的能力空间扩大，给才华以施展的余地，从而让时间产生明确而深远的价值。合理就是顺应大方向、大趋势，合乎逻辑、规律，唯有如此，才能合体合用、一往无前。

4. 具有挑战性

一个真正有价值的目标必定充满挑战性。正因为它具有挑战性，又是由你自己所选择的，所以你一定会积极地想完成它。否则，一个简单易行、力所能及的目标即使实现了，对我们的人生也没有多大的意义，成就感更是无从谈起。

做一个非凡的人很难，因为非凡的人都有远大的志向并且一直坚持、脚踏实地向着目标前进；而平凡的人虽有远大的志向，却不能脚踏实地去实现，只是在凭空编织自己的梦想，那么他理所当然地就只能是凡人了。

我们不能做没有理想的人，没有理想的生活是黯淡的，饱食终日、无所事事；我们同样不能做好高骛远的人，好高骛远的人对自己要求过高，其结果必然是吃力不讨好。有时候，我们不为自己做不到的事情操心，将时间和精力用在自己力所能及的事情上，那么我们的欢乐就会多一点。

有一年夏天，一位小伙子登门拜访年事已高的爱默生。来者自称是一位诗歌爱好者，从小就开始诗歌创作，但由于地处偏僻，一直没有名师的指点，所以千里迢迢前来寻求爱默生的指导。这位青年诗人谈吐优雅，气度不凡，爱默生与他交谈得非常融洽。

临走时，青年诗人留下了几页诗稿。爱默生读了诗稿以后，认定这个人在文学上将会前途无量，便决定凭借自己在文学界的影响来大力提携他。于是，老少两位诗人开始了频繁的书信来往。青年诗人的信通常长达几页，大谈文学问题，激情洋溢，才思敏捷。爱默生对他的才华大为赞赏，在与友人的交谈中经常提起这位诗人，青年诗人很快就在文坛有了一点小小的名气。

但是，这位青年诗人以后再也没有给爱默生寄诗稿来，信却越写越长，奇思异想层出不穷，言语中开始以著名诗人自居，语气逐渐傲慢。爱默生开始感到不安，凭着对人性的深刻洞察，他发现这个年轻人出现了一种危险的倾向。

后来，爱默生邀请这位青年诗人前来参加一个文学聚会。见面后，爱默生问道："最近为什么不给我寄稿子了？"

"我在写一部长篇史诗。"

"你的抒情诗写得很出色，为什么要中断呢？"

“要想成为一位伟大诗人就必须写长篇史诗，小打小闹是毫无意义的。”

“你认为你以前的那些作品都是‘小打小闹’吗？”

“是的，我是个大诗人，我必须写大作品。”

文学聚会上，这位青年诗人大出风头，几乎每个人都认为这个年轻人必将成大器。

之后，青年诗人继续给爱默生写信，但信却越写越短，语气也越来越沮丧。直到有一天，他终于在信中承认，长时间以来他什么都没写，以前所谓的大作品其实是子虚乌有的，完全是他的空想。从此以后，爱默生再也没有收到这位青年诗人的来信。

我们都想出人头地，轰轰烈烈地过一生。有追求、敢于拼搏自然是一件好事，尤其是年轻人，更要珍惜难得的青春，在世界上留下一点痕迹。但是这一切都要脚踏实地、切合实际。

做人就要有远大的志向和梦想，这是我们为之奋斗的目标，但仅仅有梦想是不够的，还需要脚踏实地，一步一个脚印地去做，这样才能保证我们能把梦想转化成现实。

【十度人生·速度】

一个人只有志存高远，才能勇往直前。只有给自己的人生设定一个目标，并朝着所定的目标不懈奋斗，才能拥有充满色彩和乐趣的人生。

行动要有章法可循

一个能自制的思想，是自由的思想。自由便是力量。有时，为了获得真正的自由，必须暂时尽力约束自己。的确，人们都希望自己能够自由一点，但我们都知道，自由是相对而言的，绝不是没有任何约束、想干什么就干什么，而是有“法度”“章法”可循的。也只有在这种条件下，我们才能享受到生活的乐趣和成功的喜悦。

郑板桥在外地做官时，忽然有一天收到一封家书，原来是弟弟郑墨写来的。兄弟二人平时也经常通信，但这次非比寻常。郑墨在信中说：“要做哥哥的在当地的县令面前说情办事。”

事情是这样的：郑家与邻居的房屋共用一墙，郑家现在想将老房子装修一下，而邻居却出来干预，说那堵墙是他们祖上传下来的，并非郑家所有，因此无权拆掉。其实，在契约上都写得很清楚，那堵墙是郑家的，但邻居就是不同意。于是这官司就打到了县里，尚无结果，双方都不免会托人说情。郑墨当然就得找自己做官的哥哥了，认为有契约在手，再加上哥哥出面，这场官司一定会赢。

郑板桥斟酌再三，给弟弟回了一封信，劝他息事宁人，信里面寄去一张条幅，上面写着“吃亏是福”四个大字，而且还写了一首打油诗：千里告状为一墙，让他一墙又何妨；万里长城今犹在，何处去找秦始皇？

弟弟郑墨收到回信，打开一看，当下羞愧不已，于是马上叫人撤了诉状，并表示不再跟邻居争夺。邻居见郑家如此，也没有理由再继续闹下去了，于是两家重归于好，还是共用一墙。

从这个例子中我们可以看出，郑板桥为人的涵养深厚。他并没有依照弟弟的想法去处理这件事，而是果断地选择了礼让，否则即使官司打赢了，也会风度尽失，名誉扫地。这就是为人处世的“度”，就是达到人与人和谐相处的“章法”。

这种“章法”就是区别果断和鲁莽的界限。有时候，人们在遇到一些实际问题时，往往企图用最短的时间和最简单的方法来解决问题，这就如同站在一个岔路口上，稍不注意，就会走上“鲁莽”之路。那么，这时的你就需要停下脚步，遵照合理的规则，权衡一下利弊，然后再做出明智的选择。其实道理很简单，关键就在于能不能做到。

在西点军校，流传着这样一个故事。

当一个有经验的间谍被敌军捉住以后，他立刻会装聋作哑。任凭对方用怎样的方法诱问他，他都决不会为威胁、诱骗的话语所动。等到最后，审问的人也许故意和气地对他说：“好吧，看起来我从你这里问不出任何东西，你可以走了。”

你认为这个有经验的间谍是怎样做的？他会立刻带着微笑，转身走开吗？不会的！没有经验的间谍才会那样做。要是他真是这样做，他的自制力是不够的，这样的人谈不上有经验。有经验的间谍会依旧像毫无知觉似的呆立着不动，仿佛他对于那个审问者的命令，完全不曾听懂似的，这样他就胜利了。

审问者是想通过释放他，在他自由的地方来观察他的聋哑是否是真实的。一个人在获得自由的时候，常常会制止不住内心的激动的。但那个间谍听了依然毫无动静，仿佛审问还在进行，那不得不使审问者也相信他确实是个残障者了，只好说：“这个人如果不是聋哑的残障者，那一定是个疯子了！放他出去吧！”

就这样，有经验的间谍，以他特有的自制力，重新获得了自由。

孟子说：“权然后知轻重，度然后知长短。”这就告诉我们：做任何事情之前，一定要权衡轻重，度量长短，讲究章法，只有在此基础上，才能做出果断的决定，采取正确而有效的行动。

这里所说的“章法”，可以把它理解成国家的法律、法规以及人们共同遵守的社会公德或行为准则等。毋庸置疑，为人处世当中的言行举止都不能超越这些规矩。我们还可以把它理解成说话做事的“度”，也就是要“适度”“适中”，不可有过也不可不及，要能顺应“中庸之道”，那么说话办事也就不会失去章法。所以，果断并不等于鲁莽、莽撞，适可而止才是最好的。

【十度人生·速度】

一个能自制的思想，是自由的思想。自由便是力量。有时，为了获得真正的自由，必须暂时尽力约束自己。

有竞争才会有进步

一位动物学家在考察生活在非洲奥兰治河两岸的动物时，注意到河东岸和西岸的羚羊大不一样，前者繁殖能力比后者更强，而且奔跑的速度每分钟要快 13 米。

他对此种现象感到十分奇怪，既然环境和食物都相同，何以差别如此之大？为了能解开其中之谜，动物学家和当地动物保护协会进行了一项实验：在两岸分别捉 10 只羚羊送到对岸生活。结果送到西岸的羚羊发展到 14 只，而送到东岸的羚羊只剩下 3 只，另外 7 只被狼吃掉了。

谜底终于被揭开，原来东岸的羚羊之所以身体强健，只因为它们附近居住着一个狼群，这使羚羊天天处在一个“竞争氛围”中。为了生存下去，它们变得越来越有“战斗力”。而西岸的羚羊长得弱不禁风，恰恰就是缺少天敌，没有生存压力。

上述现象对我们不无启迪。生活中出现一个对手、一些压力或一些磨难，并不是坏事。因为一只没有对手的动物，一定是死气沉沉的动物；一个没有对手的民族，必定成为一个不思进取的民族。同样，一个人、一个团体、一个组织如果没有对手，也可能会走向怠惰和没落。

美国的管理大师唐纳·肯杜尔针对竞争有过一番精彩的讲话。他说：“有很多人生活苟且，毫无竞争之心，最后抑郁而终。对于这类人，我只感到悲哀。自从做生意以来，我一直感激生意竞争对手。这些人有的比我强，有的比我差，但不论其行与不行，他们都令我跑得更累，但也跑得更快。事实上，脚踏实地的竞争，是足以保障一个企业的生存的。由于竞争我们工厂更具现代化，员工受到更多的训练，生产规模亦随之扩大。因此，竞争比荣耀、野心、利益更能推动一个公司的业务。”

竞争对渴望进取的人来说，可以迫使自己充分发挥聪明才智和创新精神，百折不挠地去奋斗，去赢得胜利。竞争是货真价实的较量，非得有真才实学不可。

在竞争面前，实践的裁判是无情的。滥竽充数不行，论资排辈不行，后台靠山这些贬抑强者、保护弱者的堤坝都将在竞争洪流的冲击下一扫而光。它仅给人们留下一条路，就是不断地充实和提高自己，靠实力去获胜。

天才不是天生的，他们的竞争意识也并非与生俱来，而是在后天的奋斗中逐渐形成的。弱者也有自己生存的方式，只要愿意学习，在实践中磨炼自己，不要因为弱小而不敢与人竞争。如果你是弱者，你不妨聪明地保护自己，暗中培养自己的竞争意识，勇敢地投入到竞争中，在强者的夹缝中寻找广阔的天地。

【十度人生·速度】

竞争对渴望进取的人来说，可以迫使自己充分发挥聪明才智和创新精神，百折不挠地去奋斗，去赢得胜利。竞争是货真价实的较量，非得有真才实学不可。

强者就是不断地挑战自我的人

受美国大片《超人》《蝙蝠侠》《蜘蛛侠》等影响，也许很多朋友都希望自己能够成为一个匡扶正义、劫富济贫的强者英雄。不过，这些超能英雄也都不是生来如此的，都曾经经历过一个挑战自我、超越自我的成长历程。

其实，人之成长的意义，就在于要通过认识自我，不断地挑战自我、超越自我。“谦受益，满招损”，这句话是在告诫人们不要满足现状，要追求新的人生奋斗目标，使自己不断成长。

著名的心理学大师弗洛伊德曾经讲过一个很经典的故事。

约翰和汤姆是相邻两家的孩子，他俩从小就在一起玩耍。约翰是个聪明的孩子，学什么都是一点就通。他知道自己的优势，自然也颇为骄傲。汤姆的脑子没有约翰的灵光，尽管他很用功，但成绩却难以进入前十名。与约翰相比，他从心里时常流露出一种自卑。然而，他的母亲却总是鼓励他："如果你总是以他人的成绩来衡量自己，你终生也不过只是一个追逐者。奔驰的骏马尽管在开始的时候总是呼啸在前，但最终抵达目的地的，却往往是拥有耐心和毅力的骆驼。"

聪明的约翰自诩是个聪明人，但一生业绩平平，没能做成任何一件大事。而自觉很笨的汤姆却从各个方面充实着自己，一点点地超越着自我，最终成就了非凡的业绩。约翰愤愤不平，以至郁郁而终。他的灵魂飞到天堂后，质问上帝："我的聪明才智远远超过汤姆，我应该比他更伟大才是，可为什么你却让他成为人间的卓越者呢?"

上帝笑了笑说："可怜的约翰啊，你至死都没能弄明白：我把每个人送到世上，在他生命的褡裢里都放了同样的东西，只不过我把你的聪明放到了褡裢的前面，你因为看到或触摸到自己的聪明而沾沾自喜，以致误了你的终生。而汤姆的聪明却放在了褡裢的后面，他因看不到自己的聪明，总是在仰头看着前方，所以，他一生都在不自觉地迈步向上、向前!"

每一个人都应该永远记住这个道理，只有不断超越自我的人，才是真正的聪明人。

人生在世，每个人都有自己独特的禀性和天赋，每个人都有自己独特的实现人生价值的切入点。你只要按照自己的禀赋发展自己，不断地超越内心的绊马索，你就不会忽略自己生命中的太阳，而湮没在他人的光辉里。

被公认为百货业最伟大的推销员艾摩斯·帕立舒，可以称得上是真正幸福的人。

他有口吃的毛病，尽管如此，他每年在纽约大都会饭店举办例行演讲时，偌大的会场总是挤满了全国各百货公司的经理，屏息敛气地聆听他分析市场概况和发展趋势，这足以证明他取得的成就。但对他来说，这不过是他达到的众多目标中的一个而已。直到晚年，他的头脑仍旧十分敏锐，不断产生出人意料的新构想。

每当有人为他取得的某个成就向他表示祝贺时，他都毫不在意，只是兴冲冲地说："你听听我现在想到的这个奇妙的构想。"

他一专注什么，说话就会口吃。在他 94 岁的时候，别人告诉他快要离开人世了。"嗨!"他的热情一如往常，"我又有了新的构想，是个非常美妙的构想呢。"

他简要地说明了他那令人兴奋的新目标。他根本没有提到死亡，只是尽情诉说生的喜悦。

他因病情恶化而去世，是两天以后的事。

艾摩斯·帕立舒是一位成功的企业家，但他从没有认为自己已完成了一切。他永远在向下一个目标前进，一生都走在达到下一个目标的路上。

同艾摩斯一样，美国棒球界著名人物布兰琪·里奇，也是一个令人毕生难忘的杰出人物。

他曾任圣路易士红衣队、布鲁克林道奇队以及匹兹堡海盗队的教练。他所撰写的《美国的钻石》是棒球运动的经典之作。

在庆祝布兰琪·里奇的棒球生涯五十周年晚会上，一名记者这样问他：

"在美国的重要运动之一的棒球界纵横了半个世纪，你觉得最大的收获是什么？”

面对这个问题，里奇皱起眉头回答道：“我不知道，因为我还没有退休！”

虽然创造了众多佳绩，但他绝不认为这样就达到了所有目标。他不断地向新的目标挑战，因此不断地创造出杰出的成就。

就心理学而言，人的一生都在追逐自我的变化。人们所谓的自我实现和自我完善，也都是在不断地改进自我的形象，以达到自己最理想的境地。不断地挑战自我、实现自我也是人的基本需求和属性之一。

其实，人之成长过程中，获得一两个成功并不难，难的是要不断地取得新的成绩，获得新的成功、新的长进。于是，“突破自我”便成为许多成功者的不懈追求。

【十度人生·速度】

挑战自我，让胜利的微笑代替衰老的颓丧。挑战自我，离开获得的成就去攀爬另一座高峰。挑战自我，用曾经犹豫的手去与别人热情相握。挑战自我，让你自己的个性变得受人欢迎。挑战自我，把你的社交能力放到各处让它发光，创造迷人的幸福生活。

机会总是稍纵即逝

2011年除夕夜，“西单女孩”、“旭日阳刚”组合、民工街舞团等草根明星经过选拔和自身努力登上了春晚的舞台。春晚舞台上出现的农民歌手朱之文不仅让人眼前一亮，并且迅速走红。这一现象，在全国观众中引起了很大的反响，给人们带来了一股清新之风，喝彩赞扬之声不断。

草根上春晚不是走捷径。就拿“西单女孩”来说，她从地铁站走红网络，得到了登上春晚舞台的机会，这就是她的成功方式。要知道，在北京不知道有多少人在地铁站卖唱，他们中有很多人都为此付出了巨大的努力，而能从他们中间脱颖而出，引人注目的“西单女孩”所付出的不一定比专业人士少。

由此可见，机遇只青睐于那些有准备的人。机遇稍纵即逝，目光敏锐、勇敢果决者常常能获得它。机遇对任何人是平等的，能不能抓住它，主动权在每个人手里。

站在人才市场外，熙熙攘攘、人头攒动的人海里，他四顾茫茫，不知如何是好。从家乡偏僻小城的那所大专院校毕业后，他就孤身来到了这座繁华大都市。在人才市场里，推搡挤拼了一个月后，此刻他的口袋里唯一剩下的是一枚一元的硬币。人才市场的门票，是三元一张，显然他买不起这张门票了。下午两点，有一家公司让他去面试，可他明白，自己被录用的机会几乎为零。他真的像空气中的尘埃那么不起眼，在浩浩荡荡的求职大军里，注定只能被淹没？

怎么办呢？他问自己，从今晚开始，他可能得露宿街头、靠捡废弃食品充饥了。像他这样的人，就真的只能被大都市拒绝吗？就这么放弃吗？可是，现在连放弃的机会都没有了，因为一块钱是回不了家的，何况他的手机也因欠费而停机了！

他接近绝望地游荡在人群里。突然，他惊奇地看到一个穿着朴素的男子手里举着一块牌子，上面赫然写着：寻“伯乐”——本人初中一年级学历，求报刊编辑记者职位！

他想，这真是个奇怪的求职者，这不是一条新闻线索吗？他忽然灵机一动，对，给电视台报料，如果被采纳，就会有报料费。他立刻想起了，昨晚他在招待所看到的那档本市著名的电视新闻节目，当时他就牢牢记住了电视台的报料热线。

于是，他立刻跑到旁边的电话亭，拨打那个刻意记住的号码。果然，电台的记者对这条线索非常感兴趣，一再叮嘱他，站在原地等他们来。采访进行得非常顺利，完事后，记者笑着对他说，这条新闻今晚肯定会播出，你明天到我们台里领一百块钱的报料费吧。

他听后十分高兴，不仅是因为接下来几天的生活费解决了，还因为他在这个庞大的都市里，只用两毛钱成本（电话费）就赚了一百块钱。这让他重新点燃了已经奄奄一息的生活希望。他决定鼓足勇气去参加那个原本打算放弃的面试机会。

等他步行到那家公司时，已是下午三点半了，面试已进行了一大半。面对那些穿着讲究、泰然自若的竞争者们，他悄悄选了个角落里的座位把自己藏起来。负责面试的经理瞅了他一眼，毫不留情地问："不是说两点面试吗？怎么才来呢？"

他低着头，吞吞吐吐地说出了事情的原委。面试结束后，正当他准备以最快的速度离开时，经理竟然把他叫住了，微笑着对他说："你明天来上班吧！"

"我？"他惊讶地说。

"是的，我正式通知，你被我们公司录用了，年轻人。因为你拥有善于抓住机会的优秀特质！"

机遇不会从天而降，需要自己去发现、去争取。机遇总是青睐意志坚定、精力充沛、行动迅速的人。这种人不但善于做出决定，而且善于执行决定，当面对问题的时候，他会全面考虑自己所面对的情况，果断做出抉择，然后把次要的事搁置脑后，转向其他的事情。

小李和小王都是刚到车间实习的实习生。按公司的规定，新招来的毕业生都要经过两个月的车间实习，目的是了解产品的各种知识和锻炼他们良好的心态，因为这两项是做销售的关键因素。

小李认为这是一次难得的机会，一定要好好把握。于是小李抱着积极的心态去学习去做事，每天带着快乐的心情去上班，一有时间他就学习公司的5S管理体系和各种规章制度。而小王却认为这是在浪费他的时间和精力，既然他是做销售的，就应该把他放到市场去实习去锻炼，再说这种知识最多需要一个礼拜的时间也就了解完了。

为什么要花两个月的时间呢？于是小李每天只是在不停地抱怨，消极地应付工作。小李和小王都被分到包装车间进行实习，上司要求他们从码垛开始。小李就认真跟师傅们学习，不懂就问，而且从不偷懒。码垛看似简单，但却有很多技术要学，而且也是保证产品安全的一个关键环节。通过认真学习，小李了解到码垛时箱子要与木板的边缘保持2cm左右，如果紧挨边缘的话，入库时就会造成箱子破损进而造成产品损失。另外，码垛时还要随时查看箱子的封合情况是否良好，日期打印是否准确等。而小王因为觉得这些对自己以后的工作没有任何帮助，所以也就不用心去学习，并且一有时间就躲到机器后面或到更衣室偷懒。工人师傅们对他的印象也不好。过了一段时间，上司不让小李码垛了，而是让小李去学统计。做统计要认真用心，但比起码垛要轻松多了。而小王依旧在码垛。看到上司让小李做那么轻松的工作，小王又开始抱怨："凭什么让他做不让我做啊，我都累死了。"

踏实认真地工作就是机会。小李抱着积极的心态去发现它，并通过自己的努力抓住了它。而小王却总在抱怨，机会在他身边停留，而他却置若罔闻。最终的结果很明显：小李得到了提升，学习更新的知识，而小王依旧在原地踏步走。

正所谓"弱者等待机会，强者抓住机会"。一个人想要成功，只一味地苦干、实干还不够，还必须善于发现机会、抓住机会。机会会经常从我们身边经过，但要看我们有没有一双慧眼去发现它并不失时机地抓住它，因为机会稍纵即逝，抓住了，我们也就成功了。

【十度人生·速度】

一个人漫长的成长过程中，是否能适应社会，是否能更好地生存，很大程度上取决于他是否善于抓住机遇。面对时代赋予的良机，只有勇于拼搏者才会获得，才可能把机遇附带的价值发挥到最大限度。

计划并不是一成不变的

人生总会碰到许多走不通的路，在这个时候，我们应当换个角度考虑问题，重新操作。成大事者的习惯是：如果这条路不适合自己，就立即改换方式，重新选择另外一条路。同样，在计划的制定和实施过程中，根据实际情况适时地调整计划是很有必要的。

我们通常形容顽固不化的人是"一条路跑到黑""碰了南墙不回头"。这些人可能一开始的方向就是错误的，但他们注定不会成就大事。还有一种可能是当初他们的方向是正确的，但后来环境发生了变化，而他们不适时调整方向和计划，结果只能失败。

在人生的每次关键时刻，审慎地运用我们的智慧，做最正确的判断，选择属于自己的正确方向。同时，千万别忘了随时检视自己选择的角度是否有偏差，适时地进行调整。只凭一套哲学，无法强渡人生所有的关卡。

有些人总是抱怨自己的运气不佳，认为自己失败是因为社会的不公平。殊不知，一个人的成功除了付出努力以外，还需要有一套有效的工作方法。“计划”这个词对于很多朋友来说都不陌生，上学时有学习计划，工作中有工作计划，家庭里有理财计划等。如果你想制订计划，准备把自己的时间安排得更科学。下面这七点要诀会对你有很大帮助。

1. 制订计划要切合实际

制订计划切记不要超过自己实际能力的范围，而且内容一定要详尽具体。比如，如果你想学习英语，那么不妨制定这样一个学习计划：安排星期一、星期三和星期五每天听一个小时的录音磁带，而星期二和星期四学习语法，周末可以做一些练习题巩固一下。这样一来，你每个星期都会有所进步，一步步地接近自己当初制定的目标。

2. 确定计划的期限

活着过一天算一天，做事没有步骤，这样只能虚度时光，再好的计划也绝不会有所成就。比如，如果你想得到一份新工作，就应该给自己定下一个月之内必须找到新工作，并且立即就开始行动，脚踏实地地迈向你的目标。

3. 每天都有计划

其实，这是一件极为简单的事情，比如说你需要积蓄 1000 元钱，那么每天存 10 元钱，三个月后，你便可以达到这个目标了。同样，每天拿出一点时间来检查第二天的计划，每个周末都拿出一点时间来检查下周的计划，至少提前一周把准备做的事都计划好。

4. 利用最有效率的时刻

制订计划时，应该把你一天中头脑最清醒、精力最充沛的时间安排来做最重要的事情，使优先顺序上列在最前面的事情始终成为计划的核心。

5. 为需要较长时间的事情留出空间

如果你不预先计划出这一段时间的话，就难免要挤一些零碎的时间来处理这些重要的事情，结果可想而知。由于时间限制，你不得不做做停停，无法按时把事情做完，甚至根本无法完成。比如，你想减肥，那么就必须每个星期拿出两到三个小时来设计下一个星期的菜谱，并按菜谱上所列到商店采购，尽可能把食物备齐。其实每个星期只要拿出一点时间做计划，就能让自己在下一个星期里既吃得满意，又能继续减肥。

6. 充满创新精神

不要以“事情一直这样做”为由而因循守旧、墨守成规、不思改变。我们应该寻求更为便利的捷径。尽管这些捷径过去从未走过，这些捷径可能包括使用新的设备仪器、采用新的思维方法等。

7. 勇于承担计划带来的责任

我们必须时刻牢记，不要因为自己的问题去埋怨别人，而是应该认真计划如何解决这些问题，并且防止它们再一次发生。只有你才能有效地管理好自己的时间，并把它们用在最有意义的事情上。

如果你从来就没有属于自己的时间，那么千万不要去埋怨或责怪外在因素，因为问题归根结底就出在自己身上。

【十度人生 · 速度】

一个人的成功除了付出努力以外，还需要有一套行之有效的工作方法。同时，千万别忘了随时检视自己选择的角度是否有偏差，适时地进行调整。

第七章

你要禁得起挫折， 做人要有厚度

当面对他人一次又一次的冷嘲热讽、一次又一次的打击时，我们能经受得起吗？我们是否还能保持最初的激情，同时坚守自己的目标？

其实，人生就是战胜困难、战胜自我、不断努力前行的过程。当然任何事情都是放弃远比坚持要更容易，所以最终真正被认为赢得幸福人生的人，一定是有过多次跌倒后又爬起来战胜困难的经历。而这份经历让他获得的是百折不挠的勇气和屡败屡战的决心，最终收获的是成功。

人生没有真正的难题

中国有句古话，叫“置之死地而后生”；西方有一句格言，叫

“绝望支持着我”。这两句经典的话，告诉我们一个相同的人生哲理：把绝望置于身外，把希望留在心中，做生活的强者。

我们都是一样悲催的人，都会慨叹造化弄人命运不公，都被生活中细琐的烦恼咬噬得痛苦不堪。但是请相信，人生没有绝路，没有真正的难题，只要拥有执著的信念、淡然的心境、灵活变通的头脑，即使面对一面悬崖，你也能给自己一条绳索攀援而上。所谓的穷途末路，不过是自己将心逼进了死胡同。

有个朋友，大学时很勤奋，整天泡图书馆，她的目标就是拿到研究生文凭，用此当敲门砖敲开留在北京的大门，当个“白骨精”。结果考研失败，家境的窘迫要求她马上工作来养活自己，她执意留在了北京。心仪的公司不要她，能干的都是薪水极其微薄的工作，就这样她混了两年，穷困潦倒。在一次大病后把工作也丢了，落魄的她在阴暗的地下室里给我打电话，倔犟地说：“我就不信人生有绝路。”

她毅然回到家乡，关进小屋苦读，最终考上乡镇公务员，然后她又凭着以前学到的知识帮助乡亲致富。没过几年，因为能力突出被破格提拔，如今她已是副乡长了。虽然这一切跟她最初当“白骨精”的愿望相去甚远，可当人生的路走到一条死胡同时，如果能灵活变通，也许峰回路转，又是一番柳暗花明的景色。

有个哲人说过：“精神是我们的脊骨，精神垮了，我们也就完了。”是的，如果有不灭的信念、执著的精神劲儿，即使身临绝境也会有一线生机。毕竟，上帝也怕不顾一切的人。

但是，很多人本来也可以拥有辉煌的人生的，只因一时受挫而意志消沉，甚至对生活感到了绝望，因此过早地结束了自己的生命，这样的人是可悲的。历史上的项羽就是这样的人。

楚汉相争，项羽战败退兵到垓下，四面楚歌，想东渡乌江东山再起。

乌江亭长对项羽说："江东虽小，地方千里，十万人，足以称王，请大王急渡！今只有微臣有船，汉军将至，也无船渡江。"

项羽绝望地说道："天之亡我，我渡何用？况且我领江东子弟八千人渡江西征，却无一人生还。纵然江东父老怜悯我拥我为王，我又有何面目见他们？即使他们不说，我难道不有愧于心吗？"

就在这时汉军追到，项羽于是拔剑自刎而死。

因为绝望，一代霸王自刎于乌江边。项羽的悲剧是他自己造成的。他的悲惨结局印证了小说家塞万提斯的一句名言："失去财产的人损失很大，失去朋友的人损失更大，失去勇气的人损失一切。"

其实，走什么路都是一种选择，在选择A之后，就不可能再让你选择B，这是人生游戏的规则。你要活在人世间就不可能摆脱这个规则。人生之旅的风景有很多种，你不可能把所有的风景都囊括在你的视线之中。你只能在自己有限的生命历程中去领略最多的风景。所以，在你将告别世界的时候，只要你不后悔你的选择就可以了。不必去过分地计较生活的路该怎么选择，选择了一条就安心地坚持走下去，你总会看到前面的美丽风景。

人生峰回路转，绝路也是一条路。我们没有办法左右人生，但能左右自己。人们常说改变现实，实际上现实却不会轻易地被我们改变，能改变的只能是我们自己。我们没有退路，但可以选择继续走下去。即使是最艰辛的那条路，我们也选择走下去，说不定那会是风景最好的一条路。

在人生的旅途中遇到困难时，我们要做的最重要的事就是珍惜生命，永不绝望，相信事情总会有出现转机的一天。在生命的历程中，当痛苦、绝望和不幸向你袭来的时候，你是像项羽一样绝望还是像柏辽兹一样奋进呢？如果是后者，你一定也能获得成功的人生。

【十度人生·厚度】

所谓的穷途末路，不过是自己将心逼进了死胡同。人生没有绝路，没有真正的难题，只要拥有执著的信念、淡然的心境、灵活变通的头脑，即使面对一面悬崖，你也能给自己一条绳索攀援而上。

日子再难过，也要认真过

大部分朋友都认为自己的生活过得好辛苦，为何如此？因为他们感受到的不是快乐，而是痛苦。但是，当你埋怨苦日子折磨人时，不妨仔细想想，在这些难过的日子当中，你认真生活过吗？你为自己争取过多少机会呢？

你有权选择用痛苦的方式过日子，也可以选择快乐地生活。如果你连生命自身的韧性都还没有开始施展，就任风雨吹得直不起腰，你还能要求享有什么样的生活？

有一个女儿常常对父亲抱怨自己遇到的事情总是那么艰难，她不知道该如何应付生活，好像一个问题刚解决，新的问题就又出现了。

一天，父亲把她带到厨房，把水倒进三口锅里，然后用大火煮开，不久锅里的水烧开了。

他在第一口锅里放入胡萝卜，在第二口锅里放入鸡蛋，在最后一口锅里放入研磨成粉状的咖啡豆，但一句话也没说。

女儿见状，一直嘟嘟哝哝，很不耐烦地等着，不明白父亲到底要做什么。

大约二十分钟后，父亲把炉火关闭，把胡萝卜、鸡蛋分别放在一个碗内，然后把咖啡舀到一个杯子里。

做完这些后，他才转过身问女儿："亲爱的，你看见什么了？"

"胡萝卜、鸡蛋和咖啡。"她回答。

他让她靠近些，要她用手摸摸胡萝卜，她发现它们变软了。接着，他又让女儿拿着鸡蛋并打破它，然后将壳剥掉，她看到了煮熟的鸡蛋。

最后，父亲让她喝口咖啡。品尝到香浓的咖啡时，女儿终于笑了。

她怯声问："父亲，这意味着什么？"

父亲回答说："这三样东西都被置身于煮沸的开水中，但它们的反应却各不相同：胡萝卜入锅之前是强壮结实的，但进入开水后，它就变得柔软了；鸡蛋本来是易碎的，只有薄薄的外壳保护着，但是一经开水煮熟，它的内部却变硬；至于粉状咖啡豆则很特别，进入沸水之后，彻底改变了水的特质。"

有位哲人曾说："人生的棋局，只有死亡才算结束。只要生命还存在，就有挽回棋局的可能。"在艰难和逆境面前，你可以学胡萝卜、鸡蛋或是咖啡豆，你可以屈服，也可以使自己变得更坚强，甚至可以改变环境。

不要忘了，每个人的生活都是自己的作品，不管遭遇多少困难、周围的环境有多糟糕，只要你愿意，随时都可以挥洒手中的彩笔，使自己的生活变得更加缤纷亮丽。一个人的快乐不是因为他拥有得多，而是因为他计较得少。多是负担，是另一种失去；少非不足，而是一种更宽泛的拥有。

珍妮是个农村的女孩子，后来到城里在一家服装店当店员。她聪明，能说会道，有她在，生意总是兴隆。可以说她是销售天才，只要有顾客来，看看的最后也是满载而归。后来珍妮就自己开了一间服装店，没到两年就做了名牌西服的专卖店。

可是正当她收入多多的时候，厄运也来了。先是过马路的时候被汽车碾了脚趾，后来她走路就变得一边高一边低了。但是她是个坚强的女孩子，对于自己的不幸，她独自承受了。她照样跟朋友们一起聚会，甚至她还经常大胆地到舞厅跳舞。

可是她的厄运并不因此就结束了，她的脑部生了一种瘤。当花了大量的钱，吃了很多苦治好以后，她便卖了自己的店，买了一套住房，同时买进一间门面房。她想过安逸一点的日子。装修了商品房之后她就住进去了，门面租给别人，每月有一千五百元的收入。然后她就是想好好地把自己嫁出去。可是由于腿脚不便，加上由于脑病之后，她整个人像吹气一样发胖。虽然她很有毅力，坚持锻炼，但也比同龄的女孩子显得肥胖。尽管她很能干，也有娇好的面容，但是她只能找一个年龄比她大而且家境贫寒的男人。应该说日子还算过得去，可是她结婚之后又发现一个让她痛苦的问题，就是她迟迟不能怀孕。她想要一个孩子，她想做妈妈。这个在别人看来最简单的要求她都难以实现。她花了很多钱也没看好。生活一直在考验着她，撕扯着她，但是她并没有倒下。

珍妮踏入保险行业，全心全意地跑业务。她从工作中找到了支点。由于她的精明能干，也由于她的朋友众多，更由于她的敬业认真，她在不到三年的时间成为保险之星，每年她都是公司奖励的对象。她太能干，每一个客户最后都成为她的朋友；而每一个朋友，甚至是朋友的朋友都成了她的客户。在和朋友们一起的时候，总是能听见她在高声欢笑。她总是在讲一些有趣的故事，什么事情经她一描述，就变得很有趣。外人根本看不出她有什么烦恼的事。

在一个妇产科专家的帮助下，她总算是怀孕了。正当她准备做妈妈，辞去如日中天的保险工作的时候，又发生了一件让她难过的事。她是准备怀孕到肚子能看出来的时候就辞职，可是在一个风雨交加的夜晚，她不小心受了凉，然后很快就流产了。

医生告诉她要再怀孕的机会更少了。大家知道这件事后都替她惋惜。可是不知道这件事的人，一点也没有看出她遭遇过什么。真的，她还是笑得那么灿烂，还是继续做着保险，还是每天忙忙碌碌，总是把欢笑带给大家。

珍妮真是一个坚强的人。她始终认为，不管遇到什么，既然生活在继续，快乐是一天，不快乐也是一天，何不快乐无比地过好每一天，让你周围的朋友看到的总是你的快乐而不是悲伤呢？这样大家都会受到快乐的感染，都会变得快乐一点的。

是呀，生活也正是这样。其实，只要我们放眼生活的角角落落就会知晓，我们有多幸运！也许正是我们的付出与我们的收获不成比例，上帝才把更多的苦闷施加过来，好让我们品尝。微笑迎接生活，苦难也会值得珍藏！谁能说苦难不是一面镜子，艰苦不是一生难得的经历？

正像有人说“乐也一生，悲也一生”，我们对待世界的态度决定着我们的所得。用凄苦的目光看生活、看困难、看挫折、看问题，往往没有出路。要不为什么生活越来越好，采用极端的做法逃避生活的人越来越多了呢？我们为什么不能换一种角度来观察生活，迎接生活中的各种挑战？为什么不能笑对这一切，并把这些都当成是人生难得的考验、平淡生活中的奇趣呢？

【十度人生·厚度】

你有权选择用痛苦的方式过日子，也可以选择快乐地生活。如果你连自身的韧性都还没有开始施展，就任风雨吹得直不起腰，你还能要求享有什么样的生活？

在经历挫折之后奋起

人生充满着矛盾——幸福与痛苦，安乐与忧患，成功与失败。我们不希望在人生的旅程中出现磨难，每个人都希望生活之路没有丛生的荆棘，没有坎坷，没有失败与挫折，永远拥有幸福、安乐、成功……可是，大家可曾想到，挫折可以锻炼我们的意志，丰富我们的才能，使我们坚强，从而担负起历史所赋予的重大责任。

正视挫折是强者的气概。只有敢于面对挫折，敢于迎接挑战，我们才能飞得更高，才能肩负起我们身上的重任。

桑兰，著名体操运动员，被誉为中国的“跳马王”，但这是在1998年7月21日之前。在美国纽约第四届友好运动会的体操赛场，只是一次赛前训练，只是一次偶然，桑兰一个没有做完的手翻转体动作，结束了她的体操生涯，但她依然“著名”，甚至更为“著名”。让桑兰“著名”的是她的精神、她的毅力，是她永远灿烂的微笑。17岁的花季，即使受伤的花朵依然美丽。

桑兰的伤势异常严重：第五至七颈椎呈开放性、粉碎性骨折，

75%错位，中枢神经严重损伤，双手和胸部以下失去知觉。美国的送护人员十分尽职：从长岛拿骚县医疗中心，到纽约市区最著名的蒙赛耐康复中心，医疗专家们拿出了最佳的治疗方案，使用了最好的药品。世人对桑兰极为关切：美国当地闻知此事的有关官员和普通百姓络绎不绝地前去探视，鲜花堆满了桑兰的病房；中国体操协会委托的监护人谢晓虹女士日夜守候，在桑兰最痛苦的时候紧握住她的手；祖国人民更倾注了无尽的亲情和关爱，十二亿份真挚的祝福飞越大洋彼岸……但表现最出色的还是桑兰：从她苏醒过来以后，就没有流过一滴眼泪；从她重新面对公众的目光那一刻起，她的面容就永远浮现着灿烂的微笑。17 岁的小姑娘，用她纯真得让人慨叹的微笑征服了美国，征服了中国，征服了世界……10 个月后，伤情基本稳定的桑兰终于回到了日思夜想的祖国，在中国康复研究中心继续接受康复治疗。

的确如此，人的经历不可能总是一帆风顺，生活的道路也总是坎坷曲折。对那些时时都会袭来的痛苦、灾难、挫折、失败，我们必须有足够的心理准备。

康复治疗是一个更为漫长而艰苦的历程，桑兰挺住了。她忍受着极大的痛苦与送护人员积极配合，由截瘫可能引起的泌尿系统和呼吸系统感染、压疮、脊柱侧变等并发症得到有效的控制和纠正，体位性低血压已经缓解，各个关节保持着良好的活动度，肌肉力量开始恢复，轮椅已能自己摇出很远；桑兰的生活自理能力大为提高，她可以自己穿脱衣服、袜子和鞋，可以独立进食、洗脸、刷牙、洗澡，可以学习英语，操作电脑，完成从轮椅到床的转换……

当然，实际上她完成的是角色的转换。她不再是一个体操运动员，甚至她也不是一个一般意义上的高位截瘫的残疾人。她是一个

19 岁的永远微笑的姑娘，是一个与常人一样对新生活充满渴望和希冀的活力四射的年轻生命。

桑兰拥有天性中的善良，她将社会各界赠给她的价值百万元的各种康复器械和残障人生活用品，又全部转赠给北京博爱医院和更需要、更困难的残障患者；她是人道主义的慈善大使，以残疾之躯奔波于祖国各地，在上海点燃中国第五届残疾人运动会的火炬，在深圳与施瓦辛格先生一起为智残儿童募捐，她的事迹感染着人们。一个服刑人员给她来信，一位不务正业的青年到病床前看望她，她都热情回信和接待……

19 岁的桑兰，人生的美丽画卷刚刚展开。她曾经跌倒过，她正在站起来。

其实，挫折并不可怕，可怕的是不敢正视挫折。生命的真谛在于奋斗，在于坚持不懈地追求。挫折好比一块锋利的磨刀石，我们的生命只有经历了它的打磨，才能释放出闪耀夺目的光芒。

缺少了挫折的人生，不是强悍的人生，也不是完美的人生，因为它缺少了人生旅途中至关重要的历练。何惧挫折？其实挫折并不可怕，怕的是我们缺少了“宠辱不惊，闲看庭前花开花落；去留无意，漫随天外云卷云舒”的平和心境。

挫折并不可怕。面对挫折，我们不应该有畏惧的心理，应该心不烦、意不乱地接受过去，面对现实，开创未来。因为在挫折中，我们可以明白生活来之不易，从而对每一分收获都异常珍惜。拿破仑也曾说过：“最困难之时，就是离成功不远之日。”成功是经过多次磨炼而成的，所以我们应该好好珍惜。遇到挫折，我们只要相信自己，才会有勇气去迎接挑战，才不会在困难和挫折面前打退堂鼓。学会面对挫折，也是生命的一种馈赠，因为人们真正的奋起，往往起于挫折之后。

【十度人生·厚度】

挫折并不可怕，可怕的是不敢正视挫折。生命的真谛在于奋斗，在于坚持不懈地追求。挫折好比一块锋利的磨刀石，我们的生命只有经历了它的打磨，才能释放出闪耀夺目的光芒。

面对困难，你强它就弱

人生旅途是一条充满困难和挑战的路，谁都可能遭遇危险、困苦和艰难；幸福的日子不会在我们的生活中永远停留。不幸的时候，往往让我们痛苦、无奈，甚至踌躇不前。当我们真的不得不面对一份无奈时，我们是应该自认倒霉还是应该勇敢地接受现实呢?

事实上，这种时候，无论我们如何忏悔，如何痛苦不堪，也不能改变已成定局的事实，我们只有让自己平静地接受，并用“兵来将挡、水来土掩”的气魄对待困境，才有可能打拼出一片新的天地。远处的风景再美丽，也是海市蜃楼；只要辛勤浇灌，窗前的玫瑰也能绚丽多姿。

1962年，他出生于河南新乡。他有着平凡的童年、平凡的求学岁月。他从河南师范大学化工专业毕业后，在商店工作过，还曾做过化工技术员。他参加工作的头两年也是平凡的。

26岁时，他担任了一家小化工厂的厂长，开始了从平凡到不平凡的转变。这是一家很小的化工企业，他上任不到一年半，就由于三角债的原因，资金无法正常周转，连员工的工资都发不出来。

素质较好的员工已经到别处就业，剩下的只是些无法找到去处的人。当时有许多选择摆在他面前，他可以另谋高就，可以拍屁股走人。但他选择了坚持！他努力让自己冷静下来，制订了拯救工厂的具体方案。首先是冒险将厂子抵押，从银行里贷款给工人发工资，维系基本的队伍和基本的运转；然后他派人外出追债……第二年，一家公司开始偿付欠款，工厂逐步走出困境。

这次走出困境，让年轻的他初次感受到了坚持的神力。但在成功地把工厂带上正轨之后，他却开始酝酿着离开。因为他有更大的理想，因为他觉得在这里难以有更大发展，难以体验到更多的奋斗乐趣。

他到了深圳，在人生地不熟的地方，经过一番筹备后，他与几位志同道合者筹集了 2000 万元资金，成立了深圳爱迷尔食品有限公司，要生产“太太口服液”。2000 万元中的一半用于修建厂房，另一半用于购买设备，做流动资金。但更大的困难又来了，还没有正式开始生产，2000 万元便花光了，他不得不再次面对资金困境。员工们的工资没有着落，人心涣散，连合伙人也想散伙了，情境与他在新乡担任化工厂厂长时何其相似！只是，这次规模更大，形势更为严峻。更要命的是，在深圳的他没有任何途径从银行贷款。

一天他在食堂吃晚饭，听到员工们嘀嘀咕咕地发牢骚，沉闷的情绪似乎一触即发。任由这种情绪弥漫，情况将不可收拾。他果断召集全体员工，给员工们讲话。他描绘了公司的发展前景，说了自己的梦想，当然也说了当前的困境。最后，他说：“情况大家都知道了，困难是暂时的，但何去何从，还得由大家决定。一条路是我们承认失败，一哄而散，真要散的话，我卖厂房、卖设备也会把大家的工资一分不少地发给大家；还有一条路是坚持，只发生活费，勒紧裤腰带，渡过难关。走出困境后，欠大家的工资连本带利一起发，大家到时候也都是创业元勋!”他讲了40分钟，员工们都震撼了，默默地接过生活费，重新投入到工作中。

他则是四处奔走，筹措资金，并以厂房和设备作抵押，以32%的高息向地下钱庄借了500万元。32%的利息，是个足以压死很多人的赌注。可为了发展，他只能选择这条路，其后的一年多时间，他一半以上的精力用在不断借钱上。

1993年3月8日，“太太口服液”终于上市销售，第一年卖了近3000万元，第二年卖了1.6亿元。他兑现了承诺，将拖欠的工资连本带利还给了员工。

后来他的公司更名为深圳太太药业有限公司。此时，他已将其他合伙人的股份大部分收购到自己名下，他最终获得了成功。有人说他运气好，他的回应是“运气实际上来自很多年的辛苦和坚持，如果没有在关键时刻顶住压力，当时哪怕有一丝的软弱，也就没有今天，结果就完全不一样了”。当然，他又说：“坚持不是赌博，也不靠运气，要在方向正确、方法还能不断纠正的情况下坚持，坚持需要智慧的支撑。没有智慧的坚持，那叫固执、迂腐、不可救药!”正是在大方向正确的前提下，坚持让他渡过了难关，迎来了艳阳天。

他就是朱保国，现在旗下拥有健康元、丽珠得乐两家上市公司，多家控股子公司，员工8000多人，资产40多亿元。他的经历看起来一帆风顺，背后却是艰难曲折，甚至是九死一生。

当许多人说他是疯子的时候，他在坚持；当合伙人离他而去时，他还在坚持；甚至当他负债累累濒临绝境时，他还在坚持。他这样总结着自己的成功：“人家说不撞南墙不回头，我是撞了南墙，还要撞开它！”

人的一生会遇到无数的困难和苦恼，也会面临无数的机会，这需要我们每个人花费大量的精力去分析、判断、归纳和总结；每每走一步，不是亲人、朋友、兄弟姐妹所能代替的，需要你自己做出理智的抉择。你的人生完全应该由你自己控制。只有不以物喜不以己悲的心态来面对生活，才有可能在危难之时，迸发出“遇山开路、遇水架桥”的智慧。

每个人的生活都不可能是一帆风顺的。在成长、成功的过程中，总是会遇到这样那样的问题、各种各样的困难。既然困难是不可避免的，那么我们就应该学会面对困难，这样在困难来临的时候才能够泰然处之、从容不迫。

【十度人生·厚度】

每个人的生活都不可能是一帆风顺的。在成长、成功的过程中，总是会遇到这样那样的问题、各种各样的困难。既然困难是不可避免的，那么我们就应该学会面对困难，这样在困难来临的时候才能够泰然处之、从容不迫。

把别人的嘲讽当作鼓励

人生在世，难免会遇到嘲讽打击。那些嘲讽打击你的人，最想看到的就是你落荒而逃或者气急败坏、歇斯底里的样子。如果你对这些嘲讽打击毫不为意，他们反而如一拳打在棉花上，无所适从。遇到打击时，不要回避，回避是懦弱无能的表现；也不要歇斯底里，那样只会使打击你的人得意。坦然面对，用行动证明自己，才是最好的选择。

人生不可能总是一帆风顺的，不如意事十有八九，时常会遭到别人的嘲讽和讥笑。这种情况，我们应该如何面对呢？

有这样一种人，面对嘲讽，一蹶不振、灰心丧气，跌倒了再也爬不起来，这种人只是考虑眼前的利益，不去考虑更远的未来。在他人的笑声中沉沦下去，从此销声匿迹。

也有这样一种人，面对嘲讽进行责骂，挥拳用武力来解决，到头来还是不能解除心头之恨。相反，上了嘲笑你的人的当，遂嘲讽你的人所愿，他们的目的正是如此。看到你这样粗野地失去理智，他们反而会扬扬自得。

还有这样一种人，遭到别人的嘲讽和挖苦，泰然处之，不露声色，可心里有自己的盘算。这样讽刺你的人也会渐渐地对你的淡漠，无计可施，自动隐退。

更有这样一种人，面对他人的嘲讽，感觉到这是施加给自己的一种反作用力，他们越战越勇、越挫越强。这种人像一头雄狮，敢于挑战自我、挑战他人，更加勤奋上进。犹如越王勾践卧薪尝胆，如文王被拘而演《周易》。有心人天不负，终会修成正果。

人生的路不只是一条，每一条路都会有一种结果。特别是年轻人更应该选择好自己的人生之路。如果选择好自己走的路，并坚定地走下去，就会有美好的花香伴随你的人生。嘲讽过后是花香，不是吗？

北宋名臣侯蒙年轻时屡次参加科考都是名落孙山，加上相貌丑陋，常常遭人奚落。

有一次，一个人将他的丑相画在风筝上放飞，还拉他来一起看，以此来取笑他。可侯蒙不但不生气，反而哈哈大笑，还叫人把风筝落下来，在上面题了两句诗："几人平地上，看我碧霄中"。

本来想看侯蒙出丑的人，全都为侯蒙的才华和气度所倾倒，对其肃然起敬。侯蒙若是与放风筝的人争辩，或者逃回家中，那便正中了那些想要嘲讽他的人的下怀，成为别人的笑柄。可他坦然面对，并以诗句言明自己的高远志向，令那些本来想嘲笑他的人折服。

麦克阿瑟一直把马歇尔看做自己的竞争对手，总是想方设法排挤他。1933 年，马歇尔到了晋升准将的年限，可身为陆军参谋长的麦克阿瑟却派他到国民警卫师任师长——国民警卫师不是正规部队，那里的军官即使到了年限也无法晋升。这让深知马歇尔才干的潘兴将军愤愤不平。

可马歇尔却说："其实也没有什么，人在遭遇坎坷时，要做的就是耐心等待机会。"马歇尔并未因为受到排挤而消极应对，而是兢兢业业，努力做好自己的工作。

后来，罗斯福总统发现了马歇尔的卓越才干和高尚品质，任命他为美国陆军参谋长，马歇尔一跃而升为四星上将。

任何一只手都无法遮住太阳的光辉。马歇尔虽然受到了麦克阿瑟的打压，可他不回避、不消极、不放弃，而是坦然面对，更加出色地做好自己的工作，终于成就了自己辉煌的人生。

遭受排挤和打压是不幸的，可从另一方面讲，它不正是你展现自己能力和胸怀的机会吗？没有人可以一手遮天，努力工作，你的成绩迟早会被别人看到的，你的胸怀终将赢得他人的敬仰。

【十度人生·厚度】

遭受排挤和打压是不幸的，可从另一方面讲，它不正是你展现自己能力和胸怀的机会吗？没有人可以一手遮天，努力工作，你的成绩迟早会被别人看到的，你的胸怀终将赢得他人的敬仰。

在困难中寻找机遇

有人说，一个人的气场强，他的能量就大，遇到困难也能轻易化解。事实上，困难就是困难，跟气场的大小强弱没有关系。不同的是，气场弱的人把困难当成了灾难，想方设法地躲避它；气场强的人把困难当成机遇，迎难而上去解决它。古希腊神话传说中有这样一个故事，很耐人寻味。

天神西绪弗斯因为在天庭犯了法，遭到宇宙之神宙斯的惩罚，被降到人世间来受苦。宙斯对他的惩罚是推一块石头上山。每天西绪弗斯都费很大的劲儿把那块石头推到山顶，然后当他回家休息时，石头又会自动地滚下来。

于是，西绪弗斯又要把那块石头往山上推。就这样，西绪弗斯不得不在永无止境的失败中受苦受难。西绪弗斯每次推石头上山时，其他天神都打击他，告诉他不可能成功。但西绪弗斯不肯认命，认为推石头上山是他的责任，只要把石头推上山顶，他的责任就尽到了，至于石头是否会滚下来，那不是他的事。

所以，当西绪弗斯努力地推石头上山的时候，他心中显得非常平静，因为他安慰着自己：明天还有石头可推，明天还有希望。宙斯对西绪弗斯无可奈何，最后只好让他回到天庭。

把困难当作机遇，把生活的折磨当作人生的考验，面对今天的苦楚寄希望于明天的甘甜。这样的人，任何困难也难不倒他。

人的一生绝不可能是一帆风顺的，既有成功的喜悦，也有无尽的烦恼；既有波澜不惊的坦途，也有布满荆棘的坎坷与险阻。当苦难的浪潮向我们袭来时，我们唯有与命运进行不懈的抗争，才有希望看见成功的曙光。

1982 年，袁忠杰毕业后，“误打误撞”地开始了他的创业道路。1989 年，他的三宇集团在合肥创立，成为国内最早专业化批量生产大功率高频逆变电源的国家级高新技术企业。1995 年，他主持设计开发的“大功率 IGBT 逆变电源”，获得多项国家专利。

对于创业中遇到的种种困难，袁忠杰是这么看待的：“做企业，困难是有的，我经常跟我的团队讲，遇到问题要兴奋起来，因为机会来了。”正是这种把困难当作机会的心态，使袁忠杰带领着他的企业不断地高攀科技高峰，取得了很多成就。“我们要做这个领域的第一，而且要把第一的位置保持下去，就不能畏惧困难。出现问题、解决问题，才是玩味人生意义的所在。”袁忠杰说。

苦难是锻炼人的意志的最好的学校。与苦难搏击，它会激发你身上无穷的潜力、锻炼你的胆识、磨炼你的意志。也许，身处苦难之时你会倍感痛苦与无奈，但当你摆脱困苦之后，你会更加深刻地感受到：正是那份苦难使你人格成熟，给了你面对一切无所畏惧的能力，以及与这种能力紧密相连的面对苦难的心态。

命运对人是公平的。当你有了困难的时候，它往往也准备了丰厚的回报等胜利者来拿。当困难忽然降临时，我们要抱着困难是一种机遇的心态来向它挑战，当你胜利时，你自然会收到上帝给你的回报。

【十度人生·厚度】

苦难，在坚强不屈的人面前会化成一种礼物，这份珍贵的礼物会成为滋润你生命的甘泉，让你在人生的任何时刻，都不会轻易被击倒！

冲出你的心理牢笼

人的心理牢笼千奇百怪、五花八门，但有一点是相同的，那就是所有的心理牢笼都是自己营造的。就拿自寻烦恼来说吧，有人总是责备自己的过失，有人总是唠叨自己坎坷的往事和不平的遭遇，有人念念不忘生活和疾病带来的苦恼……时间一长，就不知不觉地把自己囚禁在心理牢笼里了。

雷凡莎公主头上披着很长很长的金发，长得很俊很美。雷凡莎自幼被囚禁在古堡的塔里，和她住在一起的老巫婆天天念叨雷凡莎长得很丑。

一天，一位年轻英俊的王子从塔下经过，被雷凡莎的美貌惊呆了。从那以后，他天天都要到这里来，一饱眼福。雷凡莎从王子的眼睛里认清了自己的美丽，同时也从王子的眼睛里发现了自己的自由和未来。有一天，她终于放下头上长长的金发，让王子攀着长发爬上塔顶，把她从塔里解救出去。

囚禁雷凡莎的不是别人，正是她自己，那个老巫婆是让她迷失自我的魔鬼。她听信了魔鬼的话，以为自己长得丑，不愿见人，就把自己囚禁在塔里。

哲人说得好，不要完全相信你听到的一切，也不要因他人的议论而鄙视自己，否则就会陷入自卑的心理牢笼。雷凡莎公主把巫婆的话信以为真，自己常常对自己说：“我长得很丑，快躲起来吧，莫让别人看见我。”这些下意识的心理暗示，使自己陷入自卑的心理牢笼。

我们常常发现有些人身上的自卑，除了喜欢拿别人的优点长处与自己的缺点和短处比较外，另一个原因和雷凡莎一样，喜欢听信那些不该听信的话，认不清自己身上蕴藏着无穷无尽的潜力，久而久之，他们丧失自信，心绪委靡，便不知不觉地为自己营造了自卑的心理牢笼。前苏联著名作家别夫斯基讲过一个故事：

一位公司职工，一天觉得自己好像生病了，就去图书馆借了一本医学手册，看该怎么治自己的病。他一口气读完了该读的内容，然后又继续读下去。当他读完介绍霍乱的内容时，意识到自己患霍乱已经几个月了。他被吓住了，呆痴痴地坐了好几分钟。

后来，他很想知道自己还患有什么病，就依次读完了整本医学手册。这时他意识到除了膝盖积水症外，自己一身什么病都有！

他非常紧张，在屋子里来回踱步。他认为：“医学院的学生们，用不着去医院实习了，我这个人就是一个各种病例都齐备的医院，他们只要对我进行诊断治疗，然后就可以得到毕业证书了。”

他迫不及待地想弄清楚自己到底还能活多久！于是，他就搞了一次自我诊断：先动手找脉搏，起初连脉搏也没有了！后来他才突然发现，一分钟跳一百四十次，接着又去找自己的心脏，但无论如何也找不到，他感到万分恐惧。最后他认为，心脏总会在它应在的地方，只不过自己没找到罢了……

他走进图书馆时，觉得自己是个幸福的人，而当他走出图书馆时，却被自己营造的心理牢笼所监禁，完全变成了一个全身都有病的老头。

他决心去找自己的医生，一进医生的家门，他就说："亲爱的朋友！我不给你讲我有哪些病，只说一下没有什么病，我的命不会长了！我只是没有害膝盖积水症。"

医生给他作了诊断，坐在桌边，在纸上写几个字就递给了他。他顾不上看处方，就塞进口袋，立刻去取药。赶到药店，他匆匆把处方递给药剂师，药剂师看了一眼，就退给他说："这是药店，不是零食店，也不是饭店。"

他很惊奇地望了药剂师一眼，拿回处方一看，原来上面写的是："煎牛排一份，啤酒一瓶，六小时一次。十英里路程，每天早上一次。"

他照做了，一直健康地活到今天。

这位职员幸亏治疗及时，否则一定会被自己营造的心理牢笼所囚禁，最后非得有病不可。

现实生活里，有不少人存在这样的弱点：他们喜欢用自己不懂的事情塞满自己的脑袋，把一些不相干的事情与自己联系在一起，造成了心理障碍。殊不知，不懂的事，就不会理解，不理解的东西是自己无法占有的。如果盲目地相信某些毫无根据的感觉，使自己失去理智的判断能力，最后只能被囚禁在自己的心理牢笼。

心理牢笼对人的健康危害极大，人的心脏病患，大多都与心理牢笼有关，严重者会造成精神失常，甚至自杀。有人说，心理牢笼是很难攻破的。这话只说对了一半。我们还应该明白，人的心理牢笼既然是自己营造的，自己就有冲出心理牢笼的本能。这种本能就是精神意志的力量，有了这种力量，什么样的心理牢笼都可以攻破。

【十度人生·厚度】

世界上最难攻克的不是那些坚固的城堡和城池，而是自己编制的心理牢笼。要想走上成功的道路，摆脱不顺利的现状，必须冲出这些心理牢笼。

失败是成功的起点

在生活中，有些人总是放不下脸面自我批评，倒能放下脸面来死不认账，为自己找各种各样牵强附会的借口推脱责任。某些人一提到自我批评就产生抵触情绪，甚至你批评他，他便满脸的不高兴。有些人自己做错了事，生怕别人知道，到处封锁消息，以为可以侥幸逃避别人的责难，岂不知世上没有不透风的墙，等他们被动地承认错误，那么一切都晚了。

也许他们还没有意识到自己的错误，也许他们已经意识到了就是不承认。如果是你的话，不管怎样，你都应该时时刻刻保持一种自我反省的心态，在自己身上找找原因，看看自己哪些地方做得不好，哪些需要再努力一点。反省一下你的人际关系相处得好吗？你的工作方法恰当吗？你是不是对某些员工过于严厉了？这样你才能在工作中找到自己的不足，才能真正受到别人的尊重。

有一天，一个家庭主妇刚刚买了一口高压锅。回家的时候，她才发现无论怎么接电源，高压锅就是不通电。为此，该主妇特意拿着这个高压锅找到了厂家。厂家的技术人员经过仔细检查，发现这的确是一个不合格的产品。于是厂家很爽快地给她换了一口。

技术人员在检查这口高压锅的时候又发现了别的技术问题，原来高压锅内部的几个线头安装得不合理，弄不好会发生爆炸等恶劣事件。于是，技术人员赶紧把这个情况汇报给厂长。厂长十分重视这个问题，立即作出决策，收回所有流通到市面上的高压锅，然后记下所有用户的地址和联系方式，并答应在问题解决以后会免费更换新的产品。

一个月以后，技术上的问题经过数十次的试验，认定安全无误了，厂里才决定履行先前的诺言，用旧锅换新锅全部免费。并在给每一位用户送新高压锅的时候，附带了一个用户意见反馈表。难能可贵的是，还给每一位用户寄去了一封厂长的道歉信。

信上说：

尊敬的用户朋友，由于我们产品质量上的问题给您和您的家庭带来的不便，我们感到非常的愧疚。现在问题已经得到妥善解决，请您放心使用，并及时提出您在使用中的建议和意见，我们欢迎您来完善我们的产品。祝您身体健康、家庭幸福！

所有人都会有失误的时候，重要的是当你犯了错误的时候，是否会及时承认错误并且想办法弥补它。不要被失败所困，花点时间找出失败的原因，并从中吸取教训。如果你不能摆脱失败的阴影，那么你将会裹足不前。一件事情上的失败绝不意味着你的整个人生都是失败的。失败只是暂时的受挫，不要把它当成生死攸关的问题。永远保持积极的心态，你将离成功更近。

相传康熙年间，安徽青年王致和赴京应试落榜后，决定留在京城，一边继续攻读，一边学做豆腐谋生。可是，他毕竟是个年轻的读书人，没有做生意的经验，夏季的一天，他所做的豆腐剩下不少，只好用小缸把豆腐切块腌好。但日子一长，他竟忘了有这缸豆腐。等到秋凉时他想起来了，但腌豆腐已经变成了“臭豆腐”。王致和十分恼火，正欲把这“臭气熏天”的豆腐扔掉时，转而一想，虽然臭了，但自己总还可以留着吃吧。于是，他就忍着臭味吃起来，然而奇怪的是，臭豆腐闻起来虽有股臭味，吃起来却非常香。

于是，王致和便拿着自己的臭豆腐送给自己的朋友吃。好说歹说，别人才同意尝一口，没想到，所有人在捂着鼻子尝了以后，都赞不绝口，一致公认此豆腐美味可口。王致和借助这个错误，改行专门做臭豆腐，生意越做越大，影响也越来越广，最后，连慈禧太后也慕名前来尝一尝美味的臭豆腐，对其大为赞赏。

从此，王致和臭豆腐身价倍增，还被列入御膳菜谱。直到今天，许多外国友人到了北京，都还点名要品尝这所谓“中国一绝”的王致和臭豆腐。

因为豆腐变臭这次失败，改变了王致和的一生。

成功者与失败者最大的不同，就在于前者珍惜失败的经验，他们善于从失败中吸取教训，寻找新的方法，反败为胜，获得更大的胜利。后者一旦遭遇失败的打击就坠入痛苦的深渊不能自拔，每天闷闷不乐，自怨自艾，直至自我毁灭。

一个人要想避免自己成为“经常的失败者”，就要善于挖掘、利用自身的资源。虽然有时个体不能改变环境的安排，但谁也无法剥夺我们作为“自我主人”的权利。

【十度人生·厚度】

在人生路上，遇到失败时我们要学会转弯，把它作为一个积极的转折点，选择新的目标或探求新的方法，把失败作为成功的新起点。学会从失败中获取经验，你就会获得最后的成功。

做一个永不投降的人

我们每个人在小时候，都会把目标定得很高，例如探究世界、成为伟人、做一番大事、变得富有和有名……总之，我们认为未来一片光明，都要成为一流、最棒和最强的。可是，后来怎么样了呢？我们刚刚开始为理想而努力，各种消极的力量就开始出现，压抑我们的心智。从四面八方传来这样的声音："这是不可能实现的梦想""这想法不切实际，太天真了""想做大事？你运气好吗，有路子吗""你太死板了"，等等。很多人就此抛弃了早年的梦想，一蹶不振，情况大致可以分为以下三类：

1. 完全投降

现实生活中很多人认为自己缺乏成功的条件，认为真正的成功属于那些到处交好运的人，比如下面这类人。

一个人30岁年纪，甘于安稳而平凡的职位。最近，他花了好几个小时向别人诉说自己满足于现状及其原因。他很会找借口，其实这只不过是在骗自己，有时甚至连自己也骗不了，因为他也向往一份前途无量、富有挑战性的工作，但他并没有为此付出努力，只是等待天上掉馅饼。还有许多消极的力量压抑着他，使他深信自己不适合做大事业。

这类人并不真正满足于现状。他们也在等待机会，不过仅仅是等待而已。他们并不努力从窠臼中跳出来，只等别人把他们拉出来。

2. 部分投降

这类人相对较少，他们对成功不死心，一直在武装自己。他们熬了10年、20年，处境比以前有所改观，但是距离心目中的成功还很遥远，阻力越来越大，路途越来越崎岖，于是他们开始动摇，认为再拼下去也不会有所作为。他们自圆其说："我挣的钱已经比一般人多了，我的日子已经比一般人好了，何必把自己弄得精疲力竭呢?"

其实，长期的奋斗在他们心中养成了一种"害怕竞争、害怕失败、害怕失去已经拥有的一切"的恐惧心理。虽然他们并不满足现状，但只能选择投降。在他们中间，包括许多有才华、聪慧的人，到了一定年纪，他们便选择安步当车，害怕跑起来会跌倒。

3. 永不投降

这类人在总人数中占的比重微乎其微，他们不屈从悲观主义，不愿意臣服于压抑性的影响力之下，他们绝不"步行"。这些人生活在成功之中，呼吸着成功的气息。对于他们来说，生活是刺激的、有回报的、值得为之奋斗的。他们盼望每一个早晨、每一次与他人的相遇，他们的生活中充满冒险。

言已至此，相信每一位读者都渴望成为第三类人。那么我们必须抗拒环境中一些压抑性的影响力，要了解第一类和第二类人如何不经意地阻碍你，不妨研究一下这个例子。

你郑重其事地对几位朋友说："有一天我要当副总裁。"他们的反应会如何呢？他们也许认为你在开玩笑，也许打击你说："可怜的家伙，你要学的还多着呢！"他们甚至会在你背后议论："这家伙有什么能耐，敢出此狂言?"

假如你以同样慎重的态度对公司的总裁重复那句话，他会有什么反应？至少他不会笑话你，他会专注地望着你，心里嘀咕："这个人说的是真话吗？"但是，他绝不会嘲笑你，因为大人物不会嘲笑大想法。

记住，嘲笑你的人是那些失败者，是那些得过且过的平庸者，但是这些人的风言风语，有可能毁掉你追求成功的信念。

总之，千万不要让外界力量和消极思想摧毁了你追求成功的计划，提防那些人，将他们的消极言论看成一种挑战，然后去证明你办得到，去做一个不言放弃、永不投降的人。

【十度人生·厚度】

千万不要让外界力量和消极思想摧毁了你追求成功的计划，提防那些人，将他们的消极言论看成一种挑战，然后去证明你办得到，去做一个不言放弃、永不投降的人。

肯定自己才能获得成功

在我们身边，经常听到有些人把"命运是与生俱来的，根本不会改变""一切只能听天由命"之类的话挂在嘴边。虽然宿命无法改变，但是自己的信念和思想却能够改变。也就是说，我们完全可以依靠自己的力量改变自己的命运。下面的故事就是最好的例证。

有个贫穷的农村青年让算命先生给自己占卜未来。那位算命先生对青年说："你将穷苦一生，最后孤独地死去。"青年一听这话，立刻丧失了生活的信心。后来，他索性连田地也不种了，从早到晚借酒浇愁，整天昏昏沉沉、无精打采。他把人生看得非常消极：

"反正我再怎么辛苦干活，也无法摆脱穷困的生活，努力与否，结果都一样。那就没有必要对身边的事情看得那么认真，一切都已是命中注定了……"

有一天，村里来了一个和尚。他问青年："你为什么不干活?"青年慵懒地说："命中早已注定，努力也是白费。"于是和尚对青年说："你错了！不能听信算命先生骗人的话。"接着，他苦口婆心地解释道："你完全误解了算卦的含义，算卦并不能预测你以后的命运，因为卦本来就是一种说话的技巧。如果命运是一成不变的，怎么能用卦算出来呢?所以说，命运每天都在发生变化，而且它正在朝着你所期望的方向转变。"

青年听了和尚的教诲，心中豁然开朗。从此，青年一边务农，一边发奋读书，他的命运也渐渐发生了转变。后来他结识了一位有名望的学者，成为他的弟子。青年在学识方面取得了长足的进步。多年以后，他终于通过了科举考试，并且金榜题名。

如果我们希望这个世界能够满足自己的需求，那是不太容易的。我们要面临许多挑战，但这不是说实现我们的梦想是不可能的。我们只需要知道如何才能把梦想变成现实就够了，剩下的就是靠我们个人的努力了，如同上文的年轻人一样。

其实，我们每个人在做任何一个选择、任何一个决定时，都应该是目标明确的。我们选择自己居住在何处，在哪里工作，谁会陪伴我们度过一生；我们的各种安排，各种计划怎样才能协调起来，我们如何利用自己的时间；还有我们每天的日常生活应该如何安排等，这些都取决于我们的选择、我们的决定。在更多的情况下，我们对自己的所有事情进行合理化安排，还会想出相应的解决问题的办法，最后使我们自己感到满意。

一个完全健康的人的特征之一就是：拥有自主性和独立性。有很多人遇事首先想到别人、追随别人、求助别人，自己没有主见，不敢相信自己，不敢自作主张，不能自己决断，在家中依赖父母、亲人，在外面依赖同事、上司。这都意味着他的心智没有成熟，没有健全。

不能独立地办成任何事情，便无法驾驭和掌控自己的命运，命运只能被别人操纵。如果你有利用的价值，别人便会利用你；如果你的利用价值没有了，或者已经被利用过了，别人会把你抛开。只因为你软弱无能，只因为他们的心中只相信别人，不敢相信自己，更不敢自信能胜于他人。如果他们这样度过一生，实在是太遗憾、太悲哀了。

总而言之，我们有意把自己置于一个孤立无援的绝境，用自强的勇气和自信的力量去引导自己，这样才能拥有掌控自己命运的能力。

【十度人生·厚度】

在我们身边，经常听到有些人把“命运是与生俱来的，根本不会改变，一切只能听天由命”之类的话挂在嘴边。虽然宿命无法改变，但是自己的信念和思想却能够改变。也就是说，我们完全可以依靠自己的力量改变自己的命运。

第八章

你要担得起责任， 做事要有力度

“责任”一词在生活、工作中随时会被我们挂在嘴边，屡见不鲜。每个人在不同的场合都扮演着不同的角色，然而我们是否能真正的用行动来承担起自己在各种场合下的角色呢?

一个人如果没有责任心，人生就会变得没有意义。而没有意义的人生，是一种被浪费的人生，等于白到世上走一遭，这是相当可惜的。所以，只有竭尽全力尽职尽责，你的人生才会变得更有意义。

在平凡生活中尽职尽责

对于大多数朋友来说，当你作为一个普通人在自己平凡的生活中尽职尽责的时候，你最高尚的品格也就在这种持久的尽职尽责中表现出来了。你或许没有钱，没有名，没有地位，没有权势，但是，你依然拥有高尚的灵魂，拥有精神财富——诚实、正直、尽职尽责。

有人经常抱怨生活中的自己太过平凡，无法做出不平凡的事情，他们却不知道有多少不平凡的事情都是由平凡人做出来的，比如平凡的司机吴斌。

2012 年 5 月 29 日，杭州长途客运司机吴斌驾驶大巴从无锡开往杭州途中，被迎面飞来的铁块击中腹部。受重伤的吴斌强忍剧痛将车缓缓停下，拉上手刹、开启双闪灯，完成了一系列安全措施后，自己倒下了。车载摄像头记录下事发时吴师傅的一举一动。画面表明，他在这关键时刻所采取的每一个步骤，都是为了保障乘客安全。甚至在完成停车动作后，他还颤颤巍巍地站起来，提醒乘客注意安全。而此时的他，肋骨已经被撞断三根，肝脏因严重破裂“像一座被掏空了的山”。当时，每一秒钟对他和乘客都可谓“生死时速”，他却把生命中最宝贵的第一时间留给了一车陌生的乘客。

1 分 16 秒中，他用一连串规范动作，履行了一个司机最后的职责。这是一种真实感人的力量。灾难突袭而来，没有任何征兆，容不得半点犹豫。吴师傅的一举一动，都是凭着惊人的毅力和对乘客高度负责的精神完成。这种在危难时刻迸发出来的惊人力量，不仅是人性的真实体现，更是一个人的价值观的忠实演绎。

吴斌在这种关键时刻做出的抉择与他的日常行为与精神气质有关。作为长运司机，吴斌安全行驶 100 多万公里，从未发生过交通事故，从未有过交通违章，从未接过乘客投诉。这就是对英雄吴斌的最好见证。正是一个于平凡生活中兢兢业业、尽职尽责的吴斌，铸就了一个不平凡的英雄吴斌，做出了拯救一车生命的不平凡的事迹。

平凡的人给我们太多的感动。吴斌日常工作中的敬业美德，在危难时刻升华为无私奉献的伟大。在平凡岗位中尽职尽责，在尽职尽责中做出奉献，这就是一个公民社会所追求的敬业奉献精神。正如吴师傅同事所说，每天把平凡的工作做好就是不平凡。

如果生活中我们可以把自己手中平凡的事情做好，那么你就已经在做一件不平凡的事，所有的不平凡的事都是由平凡造就的。让我们听听坎特伯雷大主教是怎么说的。

当坎特伯雷大主教在总结他死去的朋友托马斯·沙克维尔的品格时，他没有强调他作为一个政治家的优点，也没有强调他作为一位诗人的才情，而是着力渲染了他在日常生活中所表现出来的尽职尽责。

“他身上有如此多的可贵的东西！”他说，“有谁像他这样如此深爱自己的妻子？有谁像他这样对自己的子女如此慈爱？有谁像他这样对朋友如此忠实？有谁像他这样对自己的仇敌如此温和？有谁像他这样对自己的承诺如此守信？”塞缪尔·斯迈尔斯指出：“我们可以通过一个人对他最亲近的人的行为方式，通过他在平凡生活中的平凡的细节和责任心，来更深入地了解和欣赏他的真正的品格，这种认识比通过他作为一位作家、一位雄辩家或一位政治家向公众所展现出来的要深刻得多。”

可见，工作岗位虽然平凡，但是只要你尽职尽责，这就展现了生命的最高信念和个性。松下幸之助先生的故事同样向我们传达了这样的理念。

松下幸之助先生曾回忆道：当初我工作时，根本没有想到会成为大资本家。我只是每天竭尽全力地工作，才有了今天的成就。我从事这项工作，起初只是为了生计而已。那时我的家境贫穷，非靠自己的劳动工作才能维持生计。可是，我的身体非常虚弱，无法胜任繁重的工作。即使靠着日薪也不够吃药的钱。因此，我便在家中从事工作，求得温饱。虽然这只是个小小的希望，却是相当重要的决定。这就是我开始独立创业的第一个理由。

当我自己经营企业时，才深刻地体会到童年时期当学徒所得到的一些道理，那就是“顾客至上”。换句话说，必须以诚待人，不赚取暴利，但也绝不做亏本的生意。

第二步即是非常平凡的诚实的步伐。假如你是一位靠薪资生活的人，当你踏出了第一步，就必须尽忠职守，努力工作。当我一步步向前迈进，而在跨入人生第三、第四、第五步的同时，四周已经聚集了一小群人。下面便是我拓展事业的方法：为大众的将来着想是我的责任，我的事业便是为了这些人而创立的；为社会和国家着想，必须让员工过着更美好的生活，并且制造出有利于社会和国家的产品。我所经营的企业非常微小，但却是公众的产物。就法律而言，它是我个人的企业，但是本质上却是属于社会大众的。

到目前为止，我一直是个勤勉工作的商人，身负为社会和国家效力的使命感，孜孜不倦地经营企业，因此才能达成这种精神上的改变。假若世上的必需品都能像海水一样的充沛，那么我们便不会过着贫苦的日子了。虽然事实与理想有一段差距，可是，我会根据社会的要求，不断地推出各种有益于社会的产品。依循这种观念，使我得到了勇气与正义感，并且产生恪尽职责的决心和希望。

总而言之，人的高尚情操中的恒久的责任感，必须体现在他的日常生活和日常事务之中。一切美德的最大魅力就在于它最大限度地满足了日常生活的要求。

【十度人生·力度】

如果生活中我们可以把自己手中平凡的事情做好，那么我们就已经在做一件不平凡的事，所有的不平凡的事都是由平凡造就的。

任何借口都是不负责任的

你在日常生活中，是否常听到这样一些借口：上班晚了，会说“马路塞车”或“手表停了”；考试不合格，会说“题目太偏”或“题量太大”；做生意赔了，会说“金融危机，大环境不好”；工作、学习落伍了，会说“身体不舒服，不在状态”……只要有心去找，最不会缺的就是借口。

其实，在每一个借口的背后，都隐藏着丰富的潜台词，只是我们不好意思说，甚至根本就不愿说出来。借口让我们暂时逃避了困难和责任，获得了些许心理安慰。可是，久而久之，就会形成这样一种局面：每个人都习惯寻找借口来掩盖自己的过失，推卸自己本应承担的责任。

可以这样认为，任何借口都是推卸责任。在担当和借口之间，选择担当还是选择借口，体现了一个人的工作态度。消极的情绪总是拖积极情绪的后腿。我们把重物举起来，而地球引力却要将它往下拉。在工作的过程中，总是会遇到新问题，我们是知难而进还是为自己寻找逃避的借口？

“没有任何借口”是美国西点军校200年来奉行的最重要的行为准则，是西点军校传授给每一位新生的第一个理念。它强化的是每一位学员想尽办法去完成任何一项任务，而不是为没有完成任务去寻找借口，哪怕是看似合理的借口。“报告长官，没有任何借口！”这是在西点军校可以学到的简单的一句话，但它却成了一种很实用的方法。应用这种方法，你就能在生活中的各个领域达到成功。日复一日，这些成功之道改变了那些接受这种理念的人的生活，也经常见到他们急于把这些理念应用到生活中。

这些人很快就理解了自我负责的理念。他们认识到恐惧总是潜藏在编造借口人的心中，于是他们找到自己恐惧的实质，勇敢地面对它们并尽一切可能克服它们。

首先，他们学会了对自己说：“没有任何借口！”在压力很大的情况下，当想找借口逃避的想法在脑中形成的时候，“没有任何借口”这句话会来拯救他们。这种情形就像美国骑兵驱散那些站不住脚的错误思想一样。

当你对严峻的问题感到束手无策时，你认为找借口就会使自己免于受难吗？如果你不承认找借口根源于恐惧，那你就是自欺欺人。事实上，找借口会使你更害怕。当你不再寻找借口而是敢于担当时，你就不会感到害怕而是去积极地采取有目的的行动。

其实任何借口都是敷衍别人、原谅自己的“挡箭牌”，是一副掩饰弱点、推卸责任的“万能器”。有多少人把宝贵的时间和精力放在了如何寻找一个合适的借口上，而忘记了自己的职责和责任啊！寻找借口唯一的好处，就是把属于自己的过失推卸掉，把应该自己承担的责任转嫁给社会或他人。借口是拖延的温床，而拖延是一种相当累人的折磨，随着任务完成期限的迫近，工作的压力反而与日俱增，这会让人觉得更加疲倦不堪。拖延的背后是人的惰性在作怪，而借口是对惰性的纵容。

寻找借口得来的只是一时的心理安慰，只能逃避一时。但找借口的代价却无比高昂，它给我们带来的危害一点也不比其他恶习少。一个经常寻找各种借口逃避责任、没有责任感的人，不可能获得别人的信任和支持，也不可能获得别人的信赖和尊重。

不要寻找任何借口为自己开脱。寻找解决问题的办法，是最有效的生活原则。永远不要绝望。就是绝望了，也要再努力，从绝望中寻找希望。成为积极或消极的人在于你自己的抉择。没有人与生俱来就会表现出好的态度或不好的态度，是你自己决定要以何种态度看待环境和人生。即使面临各种困境，你仍然可以选择用积极的态度去面对眼前的挫折。

【十度人生·力度】

寻找借口得来的只是一时的心理安慰，只能逃避一时。但找借口的代价却无比高昂，它给我们带来的危害一点也不比其他恶习少。一个经常寻找各种借口逃避责任、没有责任感的人，不可能获得别人的信任和支持，也不可能获得别人的信赖和尊重。

犯了错就不要强词夺理

我们在与人相处的时候，难免会犯错误。有的人犯了错却强词夺理，一味地找借口，甚至为求自保而诋毁他人。所谓“见善则迁，有过则改”，犯了错误之后，只要真诚对待，能改正过来就可以了。要想搞好人际关系，就得在错误面前勇于担当，并发自内心地改过。

既然知道自己错了，就应该马上改过来，而不是去找推脱的理由，要真诚地去剖析自己的错误，然后改正过来。正如曾国藩所言："知己之过失，即自为承认之地。改去这无吝惜之心，此最难之事。豪杰之所以为豪杰，圣贤之所以为圣贤，便是此等处磊落过人。能透过此一关，寸心便异常安乐，省得多少纠葛，省得多少遮掩装饰丑态。"曾国藩之所以能发此感慨，是因为对于这一点他有着切身的感受。

曾国藩两次自杀，都被一个叫李元度的人舍身相救。李元度，字次青，湖南平江人。曾国藩失败以后，召集幕僚，让大家指出失败的原因，但大家都不敢说。曾国藩就指着李元度："次青，你大胆地说。"李元度说道："岳州之败，师未集而因大风阻于洞庭湖，敌察我困，大股围入，其败可谓天意，于理于势者都是如此结局。并且，师出不为退路着想，乃行军大忌。犯此，则不能不败。"李元度的话如芒刺在背，一针见血。曾国藩不但没有惩罚他，而是十分赞同。

可见，曾公能承认自己的错误，而且还能够接受别人的意见。这种求过的方法，即是真诚者也，可谓是大人者。无论是做事还是与人交往，做到真诚认错、真诚改错，这肯定不容易，这个时候就看个人的修养是否完善了。

有道是"人非圣贤，孰能无过"，尔后"知错能改，善莫大焉"。然而至于承认错误，说起来容易，真正能做到的人却乏善可陈。圣人之所以为圣人，并不是因为他们没有缺点，不犯错误，而是他们能真诚地去面对，而且能及时改过，总结经验，并能够为后人提供借鉴，警示后人不能重蹈覆辙。唐太宗李世民就是这样一个善于听劝、敢于认错的明智之人。

唐太宗非常喜欢魏征所说的“兼听则明，偏信则暗”这句话，他时常对大臣们说：“自古以来帝王恼怒就随便杀人，我总是提醒自己以此为戒。为了国家，请你们经常指出我的过错，我一定接受。”

唐太宗不但这样说，在实际行动中也的确知错就改。有一次，唐太宗出行至洛阳，由于地方供应的东西不好而发火。魏征当即劝谏道：“隋炀帝为追求享乐，到处巡游，使得民不聊生，以至灭亡。今圣上得天下，应当接受教训，躬行节约，怎能因此就发脾气呢?如果上行下效，那将成什么样子?”唐太宗悉心接受了他的批评。

又一年，陕西、河南发大水，不少地区遭灾，唐太宗却执意要建飞龙宫。魏征上书反对说：“隋炀帝大修行宫台榭，徭役无时，把人民逼上绝境，最后招致灭亡。皇上要引以为戒，如果您重复隋炀帝的做法，国家还会重蹈隋亡的覆辙。”最后他终于说服唐太宗停建了这项工程，并把备用的木料都送到灾区救济灾民。

还有一次，唐太宗要修洛阳宫。河南陕县县丞皇甫德参上书反对说：“修洛阳宫，是劳民之举；收取地租，是重敛于民；天下妇女时兴高髻，是从皇宫里传出来的。”唐太宗看了奏章勃然大怒，说：“这人是想让国家不役使一个人，不收一斗租，宫里的女人都变成秃子，他才会满意!”魏征连忙解释说：“人臣上书，言辞不激烈不足以引起圣上的重视，言辞激烈又近于诽谤，希望陛下能够理解。”唐太宗听了，怒气顿息，派人赏赐了皇甫德参。

由于唐太宗能听大臣的劝谏，并能及时认识并改正了自己的过错，因此带来了“贞观盛世”。人皆有过，关键在于犯错之后的态度。君子由于知错必改，所以仍旧可以得到人们的仰慕，周围的人依然归服他、效法他。

人不可能事事皆通、样样皆能。人的思想和其他人也不尽相同，思维方式当然也有差异。所以，当有人向你提出不同的意见或是反驳你时，自然有他的理由，你不妨以谦虚诚恳的态度多听听他的意见和建议，然后在自己实际操作中加以运用，这样一来可能会出现与你一意孤行时截然不同的效果。

当然，无论做什么事，我们都希望自己是对的。当我们得出正确的结论时，我们会感到欣喜若狂。但我们应该知道，在我们所做的事情中，很少有人能说哪些事情是百分之百正确或百分之百错误的。然而，不管在学校也好，公司也好，还是从事政治活动或是在运动场上，我们所有的社会系统只能接受我们做出正确的事情。结果很多人都在充满防御的心理下长大，而且学会掩饰自己的错误。还有一种人，他们在被指出错误之后，因为害怕再犯错，干脆什么事情也不做，他们对责任会有既紧张又有抵触的心理。

对于自己的缺点或错误，自身要有一个清醒的认识，真诚地承认自己的缺点和错误并不是丢人的事，而是为了提升自己在他人心目中的地位，能够更好地得到他人的尊重。这样，每个人都能找准自己在社会上的位置，才能抱着一颗至真至诚的心待人接物。

【十度人生·力度】

我们在与人相处的时候，难免会犯错误。有的人犯了错却强词夺理，一味找借口，甚至为求自保而诋毁他人。既然知道自己错了，就应该马上改过来，而不是去找推脱的理由，要真诚地去剖析自己的错误，然后改正过来。

怨天尤人不如抓住时机

人们求得心理平衡的一条普遍捷径就是把失败归咎于偶然，归咎于环境，抱怨他人。环境和他人诚然有其不公之处，从不按照我们的愿望和需要来设计。然而事实并非都是如此。假如换一个角度，也许我们可以看到更多的真实情形。如果不从自身寻找失败的原因，而一味地怨天尤人，那无异于缘木求鱼。

怨天尤人的坏处有两个：一个是容易推卸自己的责任，养成一个拒绝自省的坏习惯；另一个是容易使人产生太多“我会失败”的心理暗示，必然会产生自暴自弃的情绪。与其沉湎于怨天尤人的愤怒之中，还不如从现在开始，理性宽容地去面对周遭的事物，在改变自己上下工夫，迎接下一次的挑战。历史上那些成功的政治家、著名的社会活动家、杰出的艺术家都有一种普通人没有的主动精神。他们高标准地要求自己，并且采取许多有效的措施，使自己一步一步地向目标前进。

进取者的处世态度是“天生我材必有用”，因而他们相信自己的力量，相信自己能有所作为，能达到自己所设定的目标，所以他们具有一往无前的大无畏气概。当然，主动争取并不意味着瞎干、蛮干，并不是唱高调、走极端。对主动进取者来说，最大的特点就是该争的时候，不会轻言放弃。

唐朝裴略出身于高级官员之家，后来成为唐太宗时期的朝廷侍卫。他头脑灵活，为人机警，当了两年多的宫中侍卫，增长了见识，也认识了许多朝廷大臣。

有一年，裴略参加兵部主持的武官考试。考完后，裴略自我感觉不错，谁知到了开榜之日竟名落孙山。气恼之余，裴略并没有因为结果已成事实而放弃，而是觉得自己有被录取的实力，不能放弃最后争取的机会，于是他直接找宰相温彦博申诉。正巧，兵部尚书杜如晦也在温家，二人已经在客厅饮茶交谈了很久。

裴略一见杜如晦也在，感到自己来得不是时候，便临时改换了一个话题。裴略彬彬有礼地说："我在宫中干了很长时间，长了不少见识，我觉得自己能明辨事理，记忆力极好，尤其对语言特别敏感，别人说一段话，我能一字不漏地复述下来。如果在朝廷里做个通事舍人，我认为自己是非常称职的。"

温彦博一听，心想：他真是一个自命不凡的人。他对裴略说："太宗皇帝爱才惜才，但皇上量才录用，视能授职，要通过一定的考试程序。前不久兵部主持的考试，就是为了选拔人才，你有没有参加这次考试？"

裴略回答说："我不但参加了，而且考得很好。也许是考官们那天醉眼昏花，录取时把我的名字给漏掉了。"

温彦博哈哈大笑，对杜如晦说："你看，有人到这儿来告你兵部的状了。"

杜如晦从容说道："我真希望有人能对我们兵部的工作提出一些意见。不过，评卷、复查手续都很完备，至今尚未听说出现什么偏见。年轻人，你考得也许是不错，但别人考得更不错。这次你没被录取，下次再考吧。"杜如晦接着又说："看你如此能说会道，你还有什么才能？"

裴略一听，马上大声说："我会写诗作赋，不信，您出题试试？"

温彦博抬头看到院子甬道两旁的数枝翠竹，于是对裴略说："你就以竹为题，赋诗一首吧。”

裴略低头略一思索，脱口而出：“庭前数竿竹，风吹青萧萧。凌寒叶不凋，经夏子不熟。虚心未能待国士，皮上何须生节目。”这首诗抓住竹子外表有节、内里空虚，经冬不凋、经夏无子的特点，讥讽竹子徒有其表而不务实际，以竹喻人，一语双关。

温彦博和杜如晦听罢点点头。温彦博心想：也许他曾经作过这个题目的诗，所以作的诗显得敏捷、成熟，便决定换个题目，再试一下。于是他又指着屏风对裴略说：“你再以屏风为题，作诗一首。”

裴略随即缓缓走到屏风前，口中吟道：“高下八九尺，东西六七步，突兀当庭坐，几许遮贤路。”他略一停顿后，突然大声说：“当今圣明在上，殿门大开以待天下士人，君是何人，竟在此妨贤？”话音刚落，他伸出双手将屏风推倒在地。裴略语出惊人，行动更是出人意料。这首诗表面上说的是屏风挡道，实际暗示当权者不识人才，堵塞贤路。

温彦博笑着对杜如晦说：“你听出来没有？他的弦外之音，是讽刺我温彦博呢！”裴略随即接口，一面比画着自己的臂膀和肚皮，一面说：“不但刺膊（博），还刺肚（杜）呢。”温彦博和杜如晦被他的机敏逗得哈哈大笑。

没过几天，兵部补齐必要的手续后，裴略被朝廷授予陪戎校尉，官职虽小，但毕竟是正式进入了仕途。

正是凭借主动争取，裴略在看上去似乎没有机会的情况下，没有怨天尤人，没有轻言放弃，而是紧紧抓住最后一丝希望，最终引起了对自己命运起着关键作用的人的注意，迎来了人生的一大转折。

不怨天尤人，自己主动争取是一种对人生的热爱、对生活的激情，其基点就在于对人生价值的理解。如果一个人对生活的热爱和激情没有人生价值的支撑，那就有可能是弄虚作假的主动，就不可能持久，不可能永远朝气蓬勃地奋发前进。

主动争取的人不轻易接受命运的安排，而是以一种“想人之所未想，见人之所未见，做人之所未做”的姿态出现在世人面前。他们不沉溺过去，不满足现在，而是着眼于未来，勇敢地踏上前人未走过的路，大无畏地去开创出一个美好的世界；他们不会轻易放弃自己的理想，也不会轻易承认自己失败；他们能承受住各种挫折和困难的考验，没有悲观，没有绝望；他们是坚强、勤奋和无畏的，永远是命运的主人。

【十度人生·力度】

人生在世，不管做什么事，难免会遇到失败或被拒绝的时候，这时摒弃“怨天尤人”的消极态度，保持主动进取的精神，用自己的才华，利用合适的机会让世人认识自己，这样才能成功。

你要对自己的人生负责

我们活在世上，不免要承担各种责任，小至对家庭、亲戚、朋友，大至对国家和社会，这些责任多半是应该承担的。不过，我们不要忘记，除此之外，我们还有一项根本的责任，便是对自己的人生负责。

每个人在世上都只有活一次的机会，没有任何人能够代替他重新活一次。如果这唯一的一次人生虚度了，也没有任何人能够真正安慰他。认识到这一点，我们对自己的人生怎能不产生强烈的责任心呢？在某种意义上，人世间各种其他的责任都是可以分担或转让的，唯有对自己人生的责任，每个人只能由自己来承担，一丝一毫都依靠不了别人。

15 年前，一位中国内地的自行车教练因车祸失去左腿。即使他使用假肢行走，也不愿意放弃对事业的追求。他自愿到香港组建自行车队。那时香港的自行车运动完全是一片荒漠。他把标准降到最低：年满 15 岁到 35 岁的香港永久居民，如果谁愿意到香港自行车队当运动员的话，就可以参加训练，还可以优先参加比赛。结果来的人只有一个胖子，是厨师。他来的目的也很单纯——可以骑着自行车到处玩。

一个人也是一个开始。腿残的教练带着他的胖徒弟埋头苦练，过程比唐僧师徒取经还难。他们完全不知道等在他们前面的是什么。在他们心里只有两个字——训练，没完没了的训练。

四个月后他们参加了广岛亚运会，胖厨师竟然得了第四名。当时香港的报纸发的消息说他下届亚运会要夺金牌。教练以为是记者在搞噱头。可是胖厨师说："这话是我说的。"听了这话，教练郑重地对他说："那么接下来的 4 年你就要骑满 15 万公里，还要留出一年专门练战术，你将没有假期。这些你能做到吗？"他坚定地说："我能做到。"

一年后，胖厨师获得了国际自行车环台赛冠军。4 年后，他在曼谷获得亚运会金牌。14 年后，他来到了北京，这是他在相继参加了亚特兰大、悉尼、雅典奥运会后第四次参加奥运会。比赛远比他想象的残酷得多。他拼尽全力，却只在场地自行车赛中得了第 15

名。前来采访的记者都有些失望。他满是汗水的脸上却挂着微笑，他说他对比赛是满意的，他尽了自己最大的努力，发挥了自己最好的水平，这就够了。

也许你早就猜出来了，他就是“亚洲车王”、被胡锦涛主席誉为比黄金还宝贵的香港自行车运动员黄金宝。

14 年前，教练沈金康来招队员时，黄金宝还是个只想着玩的大男孩，可是一旦他选择了这条路，便把自己全都交了出去。

有一次，香港有台风，大街上都没人了，沈金康教练到处找不到阿宝。他顶着风雨来到街上，看到的是阿宝在风雨里奋力骑车。

为了夺得奥运会的参赛权，黄金宝把每一天都当成是奥运会比赛日。每骑一圈就是向着理想前进一步。

多次夺冠后，黄金宝的习惯性动作并不是振臂高呼，而是借冲刺的惯性骑很远后，然后静静地回到休息区，把脸埋进大毛巾里，许久许久。再站起来时，他还给喜爱他的观众们的是一张永远不老的娃娃脸，脸上是轻松的笑容。

北京奥运会后，人们问这位老将做何打算。他的回答出人意料——如果可能，我还想参加 2012 年伦敦奥运会。

其实，功成名就的他已经可以有很多选择，去读书，去做生意，或者什么都不做，静享清静日子。可是他不，他选择了自行车，自行车事业已融进了他的血液里，只要他还有力气，只要他还能参加比赛，他就要勇往直前。他说他喜欢，他说这是在对他自己的人生负责。

所以，沈金康教练说遇到黄金宝是他的福气，他说在精神上黄金宝已经是一个不折不扣的奥运会冠军了。

沈教练说得没错。对自己的选择不退缩的人，对自己的事业能坚持的人，对自己的人生负责任的人，他就是奥运会冠军，他就是成功者。黄金宝是，他的教练沈金康也是。

一个人如果没有职责和理想，生命就会变得没有意义。没有意义的人生，是一种被浪费的人生，等于白到世上走一遭，这是相当可惜的。所以，只有竭尽全力把工作做到最好，你的人生才会变得更有意义。马丁·路德·金有一篇题为《我有一个梦想》的演讲，那么，你的梦想呢？你这一生有什么样的梦想呢？不要把它遗忘，站起来，去为它奋斗。

你改变不了天气，但是你可以调整自己的着装；你改变不了风向，却能调整你的风帆；你改变不了他人，却可以改变自己。你可以调整内在的和信念，通过积极的行动，消除一切想要寻找借口的想法和心理。你要努力成为一个勇于承担责任的人，不抱怨、不责怪、不为失败找借口。

你应当对自己说："所有的问题都是我的问题，学习不好——我的问题；工作不好——我的问题；生活不好——我的问题。"难道不是这样的吗？因为你是自己生活的主宰，你是自己生活的设计师，你是生活的主人——你必须有这样的认知，并以此来激励自己。

所以，你要改变的是自己的态度，由此才能实现良性循环，这完全取决于你自己。如果你是一个富有责任感的人，你就不会动不动便为自己找借口，因为你知道再充分的借口不能解决任何问题。经常找借口的人是很难获得成功的。我们没有看见哪一个常找借口的人是一个幸福、成功的人。他只顾着给自己的过失找借口，却没有把注意力放在如何改变自己的内在世界上，自然也就难以改变外部世界的面貌。

【十度人生·力度】

每个人在世上都只有活一次的机会，没有任何人能够代替他重新活一次。人世间各种其他的责任都可以分担或转让，唯有对自己人生的责任，每个人只能由自己来承担，一丝一毫都依靠不了别人。

凡事就怕“认真”二字

“认真”这个词，从小开始就一直萦绕在我们耳旁：“好好学习，上课认真听讲”“考试的时候认真一点，细心一点”……这么多年过去了，我们是否已经完全领悟了“认真”的真谛呢？相信很多朋友听到这个问题要皱一皱眉头了。

认真不仅仅是一种态度，更是一种责任心的体现。一个认真的人，绝不会允许自己粗制滥造，绝不允许自己重复错误、浪费时间。一个认真的人就是对自己负责的人，也是对企业、对社会负责的人，这样的人就是社会需要的人。一个把认真融入到自己的工作中，甚至形成习惯的人，就会比别人更出色。

“是她，捧起清冽的甘泉，滋润了我们理想的心田；是她，用真切的话语，坚定了我们前进的信念；是她，擎起希望的火把，照亮了我们的明天……”教师节前夕，统计职专的同学们纷纷用饱含真情的文字向副校长郭春倩表达崇敬之情。

郭春倩有17年党龄、25年教龄。“河西区优秀共产党员”“天津市优秀教师”“五一劳动奖章获得者”等荣誉称号记录了她在平凡岗位上发挥党员先锋模范作用所取得的成绩。在学生们的眼里，她是一位充满智慧和活力的师长和朋友；在老师们的眼里，她又是一位勤奋踏实、充满激情的领导；在家长们的眼里，她更是一位尽职尽责、值得信赖的老师。繁忙中灿烂的笑容、困难中坚定的信念、荣誉前淡泊的心态，就是她的真实写照。

1984 年，郭春倩从本校毕业。当时，成绩优秀的她成为市统计局、海关、外贸局等工作条件优越单位竞相“争抢”的对象，而郭春倩却毅然选择了留校工作。从那一天起，她就与教育事业结下了不解之缘。多年来，她始终以孜孜不倦的工作态度，为学校教育教学发展默默地奉献着，和学生、老师及家长们建立起深厚的感情。

“世界上怕就怕‘认真’二字，共产党就最讲认真”，毛主席的这句名言就是郭春倩的座右铭，踏实认真是她从小养成的习惯。至今，郭春倩还清晰记得自己讲第一堂课时的情景。她九次试讲，十易教案，多少个夜晚未眠不说，就连休息日也成了工作日。翻资料，看参考，提问题，设计板书……写了改，改了写，就这样她一步一步认真地走下去，在精心雕塑学生们淳朴心灵的同时，也雕塑出一个全新的自我。她蓦然发现自己选择教书育人这个职业是正确的，这是她最理想的职业，充实了别人，也提高了自己。

认真是什么？认真就是不放松对自己的要求，就是严格按规则办事做人，就是在别人苟且随便时自己仍然坚持操守，就是高度的责任感和敬业精神，就是一丝不苟的做人态度。

许多时候人们在外界条件一致的情况下，采用同一种方式做同一件事，但结果却大不相同甚至有天壤之别，这是为什么？原因就在于“认真”二字。

她是一个普通的农村女孩，初中毕业，在北京一家保健品公司打工，每月底薪只有 800 元。起初，为了推销产品，她频频给客户打电话，极力描述产品的优越性。但是，因为普通话说得不标准，口才也不好，虽然她费尽口舌，推销效果却很不理想。

一次，有位河北的阿姨打电话来，说是在报纸上看到这种保健品，想咨询一下具体情况。她在电话里解释了半天，对方却怎么也听不懂。她急得就快掉眼泪了。当时，她的电话旁边，正好放着一叠空白的稿纸，情急之下，她对那位阿姨说："这样吧，我会给您写一封信，详细介绍我们公司的产品！"

放下电话，她立刻拿起笔来，把保健品的疗效和营养价值，认认真真地抄写在稿纸上，足足抄了三页，累得手都酸了。同事们都笑她傻，说公司有现成的产品宣传彩页，电脑里也有资料，这样做实在太笨了！

她没有理会同事们的嘲笑，仔细粘贴好信封，很快投递出去。不久，阿姨又打来一个电话，说是希望可以先试用产品，然后再决定是否购买。这下她有点犯难了，公司的规定，从来都是先付款、后发货。

犹豫了半天，她又做出一个更"笨"的决定：自己掏钱买下一份价值 360 元的产品，邮寄给顾客试用。这次，她又在产品包装盒内附了一封信，详细注明了保健品的使用方法、注意事项，还用彩笔画出来。信的最后，她祝阿姨身体健康，并且温馨提示：因为公司规定提货必须先付款，所以这份产品的货款是我用工资先行垫付的。如果您对使用效果满意，请在方便时给我汇款 360 元。

把产品寄出去之后，她开始怀着忐忑的心情等待，一天、两天……就在她渐渐有些失望时，她的手机忽然收到银行的短信提示：有人给她汇了 360 元！

更令人惊喜的是，不久之后，这位阿姨打电话来，说自己年龄大了，记性不太好，称赞她的信成了自己的备忘录。此后，这位阿姨成了她的老顾客，还介绍了很多亲友来，而她继续坚持用手写信的方式，一次次和顾客交流，一个月内就用掉了厚厚的两大本信纸……半年之后，她的销售额遥遥领先，每月提成加奖金已经达到8000元，比当初的底薪高了10倍！

在公司的一次回访活动中，有人辗转找到了当初那位阿姨。她说自己当初之所以选定他们的保健品，主要是被她的“笨”感动了。她不怕麻烦，工工整整写那么长的信来。她还特别真诚，敢用自己的工资为顾客“埋单”……

三年以后的今天，她成为公司唯一一位只有初中文化的销售主管，年薪达到10万元。有人向她请教销售秘诀时，她总是腼腆一笑：“哪有什么秘诀，我只是比较笨而已……”

【十度人生·力度】

一个认真的人就是对自己负责的人，也是对企业、对社会负责的人。这样的人就是社会需要的人。一个把认真融入到自己的工作中，甚至形成习惯的人，就会比别人更出色。

信守承诺是一种责任

今天的世界真是多姿多彩，从电脑到航天飞机，从手机到互联网……人类创造了如此丰富的物质世界。可在我们的生活中，所面对的基本问题并没有改变，所应有的基本价值观也不应改变，信守承诺就是其中之一。我们要量力做出承诺，信守已做出的承诺。

承诺包括两方面，一方面是开始做出的、口头上说的或书面写的承诺，另一方面是在随后的实践中执行的承诺。其实，最难的还是不轻易做出承诺或只做出可以实现的承诺。在现实生活中，我们太容易许诺，但很多时候却不能信守承诺。西方人则这样说：商人和骗子只有一步之遥，商人兑现自己的诺言，而骗子拿了钱你就找不到他了。

罗伊是一名贩售古董的商人。一次，他在一次古董拍卖会上购买了一张桌子，原本他判断这张桌子可能是相当具有研究价值的美国早期的古董——杰弗逊桌。但是，再进一步审视那桌子之后，他判定这张桌子只不过是一件质地、样式相当佼好的复制品，于是他决定在自己举办的拍卖会上出售这张桌子，以弥补他当时的亏损。

拍卖会第一天，有名妇人到罗伊的店里，很快地看见了那张桌子，喜爱得立刻决定要购买它。

罗伊告诉他："太太，它不是真正的古董，只是一件质佳的复制而已。"他明白对方不可能分辨出这二者之间的差异，但他不能把一件分明不是古董的赝品充当古董卖给她。

"哦，这个我倒不很在意。"她说道，"我就是喜欢这张桌子的样式，请问这桌子值多少钱？"

"这样吧，当初我花了400美元买下它，就以原价卖给你吧！"她觉得价钱合理，便宜达成协议，定在次日交货并付钱。

罗伊为这次交易心中欢喜得很，总算能够收回这张桌子的成本。她走后，罗伊看着那张桌子心想："这个复制品仿得实在太神似了，如果不是抽屉上面的鸠尾纹与年代不合，任凭谁也分辨不出这是复制品。"但在拍卖会前一个晚上，那些出价人陆续到他店里来浏览所要拍卖的物品，其中一名罗伊熟悉的商人，一眼看到了那张桌子，就详细地查看桌子的上下里外，完全无视桌子上已贴了预约标签。

后来，当他知道罗伊只以 400 美元卖出去时，大声嚷嚷起来：“400 美元？你怎么会卖这种价钱？我现在就可以给你 5000 美元。”

“5000 美元？你疯啦，汤姆，那桌子并不是真正的杰弗逊桌，只是质地不错的复制品呀！”

“罗伊，那不是复制品！整张桌子只有抽屉更换过。栗木是 18 世纪的人喜欢使用的木材，整张桌子的手工也完全是原作。”

罗伊从来没想到过会有人重新制造那桌子的抽屉，他知道他朋友的话是对的。

“罗伊，我还要告诉你另一件事，”那位商人语气温和地说，“依照我的判断，这张桌子应该是美国内战期间在杰弗逊官邸的好几张桌子中的一张，换句话说，这很可能是失窃的杰弗逊桌。”

“什么？”罗伊叫嚷起来。“你一定弄错了。那张桌子已经失踪了 100 多年。先生，那张桌子价值 10 万美元以上啊！”

“罗伊，很可能是 20 万美元。如果你还没有卖出那张桌子，我建议你先把它存放在某个地方。”

“但是我真的已经把这张桌子卖出去了，买主明天会来把它运走。”

“你已经收了钱吗？”

“没有，不过我已经答应把桌子卖给她。”

“你听着，要应付这个顾客容易得很，你只要随便编个理由，或者以另外一张桌子代替这张桌子就行了，为什么要做这种傻事呢？这张桌子很可能是杰弗逊为自己定制的桌子，你甚至可以以 25 万美元的价钱卖给一名收藏家。”

那一夜，罗伊为自己所做的决定感到万分矛盾。他知道自己已经表明要出售这张桌子的意愿。然而由于双方没有实际交易的行为，他知道自己那番承诺并不见得具有法律的约束力。

第二天早晨，当那名妇女前来领取桌子的时候，他向那位妇人说明了一切。

“那么，你是不想把桌子卖给我了？”她听完后神情沮丧地问道。

“会的，我还是会卖给你。”罗伊回答道，“我必须向你承认，昨天晚上我几乎睡不着，为了做出合适的决定，我心里很矛盾，但是今天早晨，我读到《箴言》中的一节经文：‘正直人的纯正，必引导自己；奸诈人的乖僻，必毁灭自己。’（《箴言》第十一章第三节）我想既然我的话已经出了口，就必须要信守承诺。太太，你千万不要听信任何人的谎言而轻易丢失这张桌子。它是真正杰弗逊桌其中的一种桌型。”

“其实，我并不认为自己真的合适购买这种价值连城的桌子，我买回去之后，会常常担心发生意外。所以你还是留着它，把桌子卖到众人都能观赏到的地方吧！”

“但是，太太，这张桌子可能值 20 万或 30 万美元，而且这桌子的确已经属于你了。”

“你何不用个权宜的方法？你把桌子卖出去，然后替我买一张质地优良的复制桌子，好让我摆在书房里使用。”当她离去时说道，“如果你找到我想要的桌子，请拨个电话告诉我，让我来取，好吗？”

结果，罗伊以 23 万美元的价钱把桌子卖给了华盛顿博物馆。他用其中 1 万美元购买了一张仿制桌子，当作礼物送给那位太太，除此，他还附加了 10 万美元的支票一并给她，作为她放弃购买真正杰佛逊桌子的补偿。他清楚明白：自己在这件事上的正直廉洁要比 20 万美元更具价值！

信守承诺是做人的基本准则和起码的道德修养。为人以诚，待人以信，不但是人的内在品质和精神要求，也是社会的道德规范。只有信守承诺的人，别人才会愿意与他合作。信守承诺，不是信守一句空话、一纸空文，而是信守人生的一盏明灯，信守心中的一座圣殿。信守承诺，能让你的生活焕发无尽的光彩。

【十度人生·力度】

为人以诚，待人以信，不但是人的内在品质和精神要求，也是社会的道德规范。只有信守承诺的人，别人才会愿意与他合作。信守承诺，不是信守一句空话、一纸空文，而是信守人生的一盏明灯，信守心中的一座圣殿。信守承诺，能让你的生活焕发无尽的光彩。

有担当的人最让人放心

细心的朋友会发现，在短短两万多字的《论语》中，“君子”这个词竟出现了一百多次。大圣人孔子在为我们勾勒出人们心目中理想的君子形象的同时，也提出了君子最基本的人格标准：做一个有担当的人。用今天的话说，就是做一个有责任心的人。在历史的长河中，有许多仁人志士在身处困境时，都表现出了强烈的责任感。

唐朝的玄奘法师。对佛学很有研究。他发现了各家对佛经的解释不同，就决心到佛教的发源地印度取回真经。他在沙漠中走了100多里后，发现自己迷路了，喝水时大皮囊掉在地上，以至于水全部流光。在这紧要关头，玄奘发誓：宁可西进而死，决不东归而生，不到印度，决不回头！是什么支撑着他有如此坚定的信念而继续前行？是责任，是他对大唐人民的责任，更是他作为一名法师对佛经的责任。

他又走了五天四夜，几度昏迷在茫茫大漠中，终于找到了一处草地池塘，才脱离险境。

试问，如果没有“责任”作坚实的后盾，玄奘又如何能够翻山越岭到达印度？由他口述的《大唐西域记》又如何面世呢？正因为有勇于担当的精神，才使他有了克服困难的勇气；正因为有了强烈的责任感，才使他有了勇往直前的动力。玄奘用实际行动担当了自己的责任，完成了自己的使命，并告诉后人：做人要有所担当！在不同的历史时期，人们肩负的责任虽然有所不同，但其本质是相通的。

清代的顾炎武将君子的这份担当演化为“天下兴亡，匹夫有责”的慨叹；身处乱世的孟子把这份沉甸甸的责任表述为“穷则独善其身，达则兼济天下”的释然。责任时而是杜甫身居陋室“安得广厦千万间，大庇天下寒士俱欢颜”的济世情怀，时而为北宋范仲淹心系天下的“先天下之忧而忧，后天下之乐而乐”的旷达胸襟。

一代又一代，一辈又一辈，先人们用实际行动诠释了责任的内涵。固然，我们无法像他们一样成为君子，但我们会成为有所担当的普通人，因为我们已深深懂得：做人要有所担当。

陈任和张明入职一家速递公司，被分为工作搭档，然而一件事却改变了两个人的命运。一次，陈任和张明负责运送一件昂贵的古董。在交货码头，陈任把邮件递给张明的时候，张明却没有接住，古董掉在地上摔碎了。

张明趁陈任不注意，偷偷地来到老板办公室对老板说：“这不是我的错，是陈任不小心弄坏的。”随后，老板把陈任叫到了办公室。“陈任，到底怎么回事？”陈任就把事情的原委告诉了老板，最后他说：“这件事是我们的失职，我愿意承担责任。”

后来，老板把陈任和张明叫到办公室，对他俩说：“其实，古董的主人已经看见你俩在递接古董时的动作，他跟我说了他看见的事实。我也看到了问题出现后你们两个人的反应。我决定，陈任留下继续工作，用你赚的钱来偿还客户。张明，明天你不用来工作了。”

人们往往对于承认错误和担负责任怀有恐惧感。因为承认错误、担负责任往往会与接受惩罚相联系。有些不负责任的员工在出现问题时，首先把问题归罪于外界或者他人，总是寻找各式各样的理由和借口为自己开脱。在很多管理者看来，这些都是无理的借口，并不能掩盖已经出现的问题，也不会减轻要承担的责任，更不会让你把责任推掉。

一个人如果有担当，表现出来的就是负责、明快和直爽。负责、明快和直爽是外在的表现，担当则是内在的素质。有担当的人，出现任何问题时都不会退缩；有担当的人，在一片慌乱时不会临阵脱逃；有担当的人，不会粉饰太平；有担当的人，不会推卸责任。

【十度人生·力度】

有担当的人不一定成功。但是一生凡是能有大成就、大出息的人一定有担当。

第九章
你要丢得起面子， 交际要有风度

每个人在生活中都难免会遇到丢面子的事。从短期来看，丢面子对一个人来说不是好事；从长远来看，丢面子对一个人来说也未必是坏事。

面子是自己给自己的，不是别人给的。害怕丢面子会让自己丢一辈子面子，害怕失败会失败一辈子。害怕丢面子带来的结果往往是打肿脸充胖子，会让自己更加痛苦，从而丢掉更大的面子，让自己陷入一种恶性循环之中。

不怕丢面子， 才能挣足面子

生活中，谁都可能遇到丢面子的事情。从短期来看，丢面子对一个人来说不是好事；从长远来看，丢面子对一个人来说也未必是坏事。丢面子能够给人以动力，促使其更加努力，为自己挣回面子。

对于丢面子，每个人都应该有一个正确的心态，应该将丢面子当成自己生命中的一种磨炼。所谓磨炼，主要有两个方面的意思：一是面子丢得多了，可以让人的脸皮变厚，而脸皮厚往往能够给一个人带来意想不到的惊喜；二是丢面子可以让一个人更加清醒，能够正视自己的缺点，改正自己的错误，以便取得更大的进步。

1992 年，对年近四十的黄清光来说，可以算得上是一个大喜大悲之年。年初时，在南宁某歌舞团默默工作了多年的黄清光被评为国家二级小提琴演奏员；年尾时，黄清光下岗了。这一喜一悲真是让他感慨万分。

黄清光的父亲在少年时代就开始帮人修锁开锁，由于技艺精湛，名气越来越大，人们都尊称他为“八桂锁王”。父亲一直有个心愿，希望儿子能够子承父业，以便将这门绝技代代传下去。可是，儿子的心思全在音乐上，父亲也不好勉强。如今，黄清光下岗了，父亲便对他说：“下岗也未必是件坏事。这样吧，你以后跟我学开锁得了。”看着年迈的父亲满是期许的眼神，黄清光同意了。

第二天，黄清光跟着父亲走进家里的修锁店，打算从学徒做起。

从国家二级小提琴演奏员一下子变成了开锁匠，黄光清的心里非常不是滋味。以前，他总是出入各种剧场，见到的是鲜花和掌声；如今，穿着粗布衣服游走在大街小巷，面对的是形形色色的老百姓。碰上一些素质低的人，还会嘲笑他：“大演奏家怎么变成了小锁匠了啊！”面对这样的讥笑，黄清光总觉得自己丢了很大面子，所以他害怕见到熟人，怕人家嘲笑自己。

时间不知不觉过了半年，黄清光开锁的本领并没有太大提高，开一把普通的锁也需要花上很长时间。有一次，他去给一位个体户老板开锁，费了半天劲也没有把锁打开。这位老板的妻子用讽刺的口吻说："我还以为锁王的儿子多厉害呢，没想到和他父亲比差得这么多。唉，早知道就不找他了。"这番话像一把刀子刺痛了黄清光的心。他暗下决心，一定要好好地跟着父亲学习开锁的本领。

从此以后，黄清光放下面子，一头扎进锁堆里，拼命地学起来，技艺进步非常快。就这样又过了半年，黄清光的水平已经比父亲还强了。

父亲去世后，黄清光成了新的"八桂锁王"。靠着自己的手艺，黄清光成了当地有名的富豪，其财富比当初做小提琴演奏员时多了很多倍。

黄清光正是放下了面子，一心钻研锁艺，才成了新一代"八桂锁王"，为自己挣足了面子。因此，任何时候，你都不要太过于在意自己的面子。只有放下面子了，才会获得成功；当你成功了，才会赢得人们的尊重；只有赢得人们的尊重，才会为自己挣足面子。从这个意义上讲，只有不怕丢面子的人，才能为自己挣足面子。

"死面子活受罪"，这话说得一点也不假。生活中，总有一些爱慕虚荣的人为了面子而自己给自己找罪受。有些人越是没钱，越爱装阔：兜里明明没有几个钱了，却仍要请朋友进高档饭馆好好吃一顿；对方明明比自己富裕很多，自己却总是抢着埋单；与人谈天，总要有意无意地与别人说一些自己吃过的大餐、去过的高级场所。仔细想想，要这虚荣有何用呢？只是自己给自己找罪受。满足了虚荣之后，自己却食无米、穿无衣、住无所、行无鞋，困兽一般憋在角落里，何苦呢？由此想到一个比喻：死鸡撑硬脚。鸡虽然死了，可它的脚却还在硬撑着。想想确实有点可笑，死都死了，还硬撑个什么劲啊？

【十度人生·风度】

生活中，每个人都难免遇到丢面子的事。从短期来看，丢面子对一个人来说不是好事；而从长远来看，丢面子对一个人来说也未必是坏事。丢面子能够给人以动力，促使其更加努力，为自己挣回面子。

屈伸之间， 彰显人格魅力

我们在前行的道路上难免会品尝到碰壁饮恨、受伤失意的滋味。碰壁并不可怕，可怕的是痛不思变，在厚重坚固的“门框”面前，适时的屈伸、暂时的低头并不意味着卑微和懦弱，更不表明我们失去了原则和自尊，而是一种智者的表现和处世的艺术。

能屈能伸，学会低头，从来不失为男子汉大丈夫的气度和风范，一时的低头是为了长久的抬头，暂时的退让是为了更好地前进。在中国历史上，政治斗争、权力斗争乃至军事斗争，极其复杂，有时瞬息万变，忍受暂时的屈辱，厚脸低头磨炼自己的意志，寻找合适的机会，也就成了一个成功者必不可少的人生历程。

隋朝末年，隋炀帝残暴无道，农民起义风起云涌，隋朝的许多官员也纷纷倒戈。因此，隋炀帝的疑心很重，对朝中大臣，尤其是外藩重臣，更是提心吊胆。唐国公李渊曾多次担任中央和地方官，所到之处，悉心结交当地的英雄豪杰，多方树立恩德，声望很高，许多人都来归附。如此一来，大家都替李渊担心，怕他遭到隋炀帝的猜忌。

正在这时，隋炀帝下诏让李渊入宫觐见。李渊因病未能前往，隋炀帝很不高兴。当时，李渊的外甥女王氏是隋炀帝的妃子，隋炀帝向她问起李渊未来朝见的原因，王氏回答说是因为病了。隋炀帝接着问道："会死吗?"

王氏把这消息告诉了李渊，李渊更加谨慎起来，他知道自己迟早为隋炀帝所不容，但过早起事又力量不足，只好缩头隐忍，等待时机。于是，他故意广纳贿赂，败坏自己的名声，整天沉湎于声色犬马之中。隋炀帝听到这些，果然放松了对他的警惕。

试想，如果当初李渊不知屈伸，誓不低头，或者头低得稍微有点勉强，很可能就被猜疑他的隋炀帝送上断头台，哪里还会有后来的太原起兵和大唐帝国的建立。

能屈能伸，学会低头，目的是为了让自己与现实环境有和谐的关系，把二者的摩擦降至最低，是为了保存自己的能量，走更长远的路，更为了把不利的环境转化成对你有利的条件，这是做人的一种柔软、一种权变，更是高明的生存智慧。

屈，是一种保全自身的智慧；伸，是一种光大自己的智慧。屈于当屈之时，伸于当伸之机，不失软弱又不失狂傲，这才是真正的君子应该做到的。

两个男孩同时喜欢一个女孩，而这个女孩与两个男孩都非常要好，三人朝夕相处，共进共退。在这种情况下，女孩更喜欢甲，可是甲碍于兄弟的情面，从来不敢向女孩表达自己的爱意。当他知道乙也在喜欢这个女孩时，一种兄弟之间的情谊和男女之间的情谊不断地在他的脑袋里冲突，也不断地折磨他。最后，故事的发展常常是甲"忍"住了自己对姑娘的情谊，毅然决然地把姑娘"让"给兄弟乙，自己或是不辞而别，或是拒绝了姑娘的爱意。

我们或许都会为这样的结局而感叹。的确，甲的做法对于乙来说，无疑是一种忍让，是一种成全别人的“屈”，但反过来说，甲不仅不尊重自己，也不尊重女方，这反而不是高尚，而是一种虚伪或可耻。没有分寸的屈让，或是因为外界的因素而改变自己的追求，并不是明智之举、君子所为。

如何掌握屈让的尺度和分寸，乃是一种生存的艺术和智慧。关于这一点，一般可从以下三方面来衡量。

1. 事不过三

日常生活中，经常有一些为所欲为、得寸进尺的人，他们把他人的忍让当作肆意妄为的机会，因此他们一而再、再而三地步步紧逼。对待这种人，我们在经过几次忍让之后，就不应该再忍让下去。事不过三，说的就是人们对同一对象的忍，可以是一次、两次，但绝不可一退再退，必须有所表示。这样才能使对方认识到自己的错误。

2. 转化原则

有些人在侵犯了别人的利益和权利之后，会发现新的目标、新的利益，从而刺激其利欲之心，以至于使原来的行为转化为另一种令人难以接受的行为。这时，作为当事人的我们，便不能再保持一种忍让的态度，必须随着事态的变化而毅然决然地予以反击和抵抗，这就是转化原则。这是我们掌握屈伸分寸的重要参照原则。

3. 忍无可忍

忍无可忍，说的是有时候尽管在同一事件中，人们起初会谦逊地做出一些忍让，但由于对方实在是过于无礼，令人难以接受，这种情况就可以算是忍无可忍了。此时此刻，我们便不应再忍下去，而要有所表示。

为人处世要知屈伸、明进退，只有把握屈伸的分寸，不要过分忍让，也不能过于张扬，一切都应当适中，做到“与时屈伸、屈伸有度”，做一个明智的君子。

【十度人生·风度】

屈，是一种保全自身的智慧；伸，是一种光大自己的智慧。屈于当屈之时，伸于当伸之机，不失软弱又不失狂傲，这才是真正的君子应该做到的。

有时候吃亏是无法避免的

笔者有位朋友，外号叫“不吃亏”。比如说，他在外面花五角钱上厕所，即使是小解，也硬要大便，一蹲就是半个小时。起身后，又用水不停地洗手，直到认为“花了五毛钱值了”才满意。有一次，他花了10元钱去澡堂洗澡，为了让这钱花得值，他足足在澡堂泡了两个小时。由于澡堂空气不好，泡得他头昏脑胀，昏倒在地。人们把他抬到澡堂外面的休息室才缓缓醒过来。

想想这位朋友真是可笑。作为一个人，一辈子不吃亏是不可能的，问题在于我们如何看待“吃亏”。既然吃亏有时候是无法避免的，那我们要在明处吃亏，不能做“人见人捏的软柿子”。

学点吃亏精神，这话让人一听感到有点奇怪，莫名其妙，难道吃亏还要学吗？只要能忍了、认了，能咽下这口气就行，还用得着教与学？其实不然，能忍了、认了，能咽下这口气固然有必要，也是有吃亏精神的表现，但会与不会，心态如何，仍大有区别。

陈嚣与纪伯是邻居。一天夜里，纪伯偷偷地将隔在两家的竹篱笆向陈家移了一点，以便让自己的院子大一点，恰好被陈嚣看到了。纪伯走后，陈嚣将篱笆又往自己这边移了一丈，使纪伯的院子更宽敞了。纪伯发现后，很是愧疚，不但归还了侵占的地方，而且还将篱笆往自己这边移了一丈。

陈嚣的主动吃亏，让纪伯感到很内疚，使他产生了"以小人之心度君子之腹"的感觉，欠了陈嚣一个人情，即使他还了这个人情，但是每当想起时，他还是会羞愧不已。所以，有时主动吃亏是要为了帮朋友文过饰非，既让他觉得欠你的人情，又让他知道自己做错了。

战国时，梁国与楚国相邻，两国在边境上各设界亭，亭卒们在各自的地里种了西瓜。

梁国的亭卒勤劳，锄草浇水，瓜秧长势极好；楚国的亭卒懒惰，瓜秧自然长得不好，与对面西瓜田的长势大相径庭。楚国的亭卒觉得失了面子，有一天夜里偷跑过去，把梁国亭卒的瓜秧全给扯断了。梁国的亭卒第二天发现后气愤不平，报告给边县的县令宋就，并说："我们也过去把他们的瓜秧扯断好了！"但是宋就却说："这样做当然是很卑鄙的，我们不愿让他们扯断我们的瓜秧，那么我们为什么再反过来扯断他们的瓜秧呢？别人不对，我们再跟着学，那就太狭隘了。你们听我的话，从今天起，每天晚上去给他们的瓜秧浇水，让他们的瓜秧长得好起来，而且，你们这样做，他们一定会知道的。"

梁国的亭卒觉得宋就的话很有道理，于是就照办了。楚国的亭卒发现自己田里的瓜秧的长势一天好似一天，仔细观察，原来是梁国的亭卒在夜里悄悄帮他们浇水。楚国的边县县令听到亭卒们的报告，感到十分惭愧，于是把这件事报告了楚王。楚王听说后，特备重礼送梁王，既表示自责，也表达酬谢，结果两国成为友好的邻邦。

可见，为别人文过饰非，实在是个调整关系的好机会。当朋友在你面前犯了错时，你一定要抱着甘愿吃亏的心理，干脆给他面子，帮他一把，千万别曝而扬之。

做人有无吃亏精神，既是人生交往面临的一道严峻考题，也是做人处世的一种精神境界。对于吃亏，有无精神准备，甚至上升到“吃亏是福”的高度，常常能看出一个人的道德情操和精神境界。

华人首富李嘉诚就是一个不怕吃亏的人。他 17 岁开始自己做生意。有一家贸易公司向他订购一批玩具运往外国。当时货物已卸船付运，可向对方收取货款。忽然，贸易公司的负责人来电通知，外国买家因财政问题，无法收货，但贸易公司愿意赔偿损失。根据李嘉诚的判断，这批玩具很有市场，不愁顾客，自己的损失有限，于是他拒绝接受对方的赔偿。当时李嘉诚是想留下一个空间，建立互信的关系，日后就有更多的生意了。

在李嘉诚开始转营塑料花的时候，有一天，一位美国人突然找他，说经某贸易公司的负责人推荐，认为他的工厂是全香港最大规模的塑料花厂，决定订购一批塑料花。突如其来的订单让李嘉诚深感意外，因为当时他的生产规模并不大。后来李嘉诚才知道，以前那间贸易公司的负责人，认识这位美国人，告诉他李嘉诚是完全值得信任的生意伙伴，为他说尽好话。这位美国人最后给李嘉诚 6 个月的订单，成为他的永久客户，他们所需的塑料花逐渐地全由李嘉诚供应。李嘉诚的塑料花业务发展因此一日千里。李嘉诚指出，做生意不要怕吃亏，需要以市场为依据的判断，一时吃亏，长远却往往有利。

在现实生活中，能够主动吃亏的人实在太少，这并不仅仅因为人性的弱点很难拒绝摆在面前本来就该你拿的那一份，也不仅仅因为大多数人缺乏高瞻远瞩的战略眼光，不能舍眼前小利而争取长远大利。

因为吃亏，你就成为施者，朋友则成为受者，看上去是你吃了亏，他得了益。然而，朋友却欠了你一个情，在友谊和情谊的天平上，你已为自己加了一个筹码，这是比金钱、财富更值得珍惜的东西。

【十度人生·风度】

做人有无吃亏精神，既是人生交往面临的一道严峻考题，也是做人处世的一种精神境界。对于吃亏，有无精神准备，甚至上升到“吃亏是福”的高度，常常能看出一个人的道德情操和精神境界。

人在窘途， 拿自己开涮

日常生活中，我们难免会在人前蒙羞，处境尴尬。这时我们采用自嘲来对付窘境，不仅能很容易找到台阶，而且会产生幽默的效果。因此，自我解嘲，自己讽刺自己几句，是一种很高明的脱身手段。

古代有一位石学士，一次骑驴时不慎摔在地上。遭遇此等窘境，一般人一定会不知所措，可这位石学士却不慌不忙地站起来说："亏我是石学士，要是瓦的，还不摔成碎片了？"一句妙语，说得在场的人哈哈大笑，石学士也在笑声中免去了难堪。

由此可见，对着自己的某个缺点或失误猛烈开火，就会产生妙趣横生的效果，这就是自嘲的意义所在。

某人要出国进修，他的妻子半开玩笑地说："你到那个花花世界里，说不定会看上别的女人呢！"他笑道："你瞧瞧我这副尊容，瓦刀脸，罗圈腿，站在路上简直是一副乞丐模样！"一句话把妻子逗乐了。

人人都忌讳提及自己长相上的缺陷，可这位丈夫却能够接受自己的先天不足，并不在意揭丑。这样的自嘲体现了一种人生智慧，比一本正经地向妻子发誓决不拈花惹草效果不是更好吗？

当然，自嘲并不是毫无限度地自我辱骂，使自己出丑，要把握好分寸。追求个性化、形象性并学会适当的自嘲，往往可以使自己说话变得有趣。因此，明智之人会笑自己，也鼓励别人和他一起笑，他们以与人分享来给予并获得。

自嘲，不失为一种中庸退让、保全自己的好方法。当我们在社交活动中被人羞辱或遭遇尴尬的时候，用自嘲的方式来解决，不仅能产生幽默的效果，还可以让自己从羞辱或尴尬的境地中解脱出来。

1. 适当开玩笑，可以缓和尴尬气氛

在某俱乐部举行的一次招待会上，服务员倒酒时，不慎将啤酒洒在了一位宾客光亮的秃头上。服务员吓得手足无措，全场人目瞪口呆。但是，这位宾客却微笑地说："老弟，你以为这种治疗方法会有效吗？"在场的人闻声大笑，尴尬局面即刻被打破了。

这位宾客借助自嘲，既展示了自己的大度胸怀，又维护了自己的尊严，消除了耻辱感。

2. 坦诚调侃自己，可以缓解紧张情绪

有一次，一位看起来既斯文又诚实的男士去相亲，为了打破僵局，他半开玩笑地对女士说："我们好像连呼吸都一致啊！"听了这句话，不但对方忍俊不禁，连陪同而来的亲人们也哈哈大笑。后来大家就显得很轻松，一切也都顺利进行了。

我们与人初次见面时感到紧张，这是很自然的。问题是，如果对初次见面考虑太多，紧张感就会加重。为了避免这种情形的发生，将自己紧张甚至失败时的情形说出来，自我嘲笑一番，是一种可行的方法。

3. 大胆自讽，显示自信，维护面子

某老师广东口音，普通话不过关。有一次上语文课，他讲到某一问题要举例说明时，把"我有四个比方"说成了"我有四个屁放"，一时间教室里哄堂大笑。老师灵机一动，吟出一首打油诗："四个屁放，大出洋相，各位同学，莫学我样，早日练好普通话，年轻潇洒又漂亮。"老师的机智幽默赢得了学生们的热烈掌声。

我们有时候会陷入难堪是由于自身的原因造成的，如外貌的缺陷、自身的缺点以及言行的失误等。在这种情况下，自信的人能较好地维护自尊，自卑的人往往陷入难堪。因此，对于影响自身形象的种种不足之处大胆巧妙地加以自嘲，能出人意料地展示我们的自信，在迅速摆脱窘境的同时显示出自己潇洒不羁的交际魅力。

4. 特殊场合自我嘲弄的妙用

特殊场合有很多，在这里我们举一个例子。在即兴演讲中，演讲者如能适时、适度地自我解嘲歪曲一下自己，可以"润滑"演讲者与听众的关系，增加演讲的趣味，是有高度智慧和素养的表现。

当年，蔡元培70岁生日，上海各界人士在国际饭店为他设宴祝寿。他在答谢时风趣洒脱地说：“诸位来为我祝寿，总不外要我多做几年事。我活到了70岁，就觉得过去69年都做错了。要我再活几年，无非要我再做几年错事罢了。”宾客一听，哄堂大笑，整个宴会充满了欢声笑语。

试想，如果他摆出一副严肃的姿态，一本正经地致答谢词，就不会产生如此轻松愉悦的气氛。

总之，在社交场合中，自嘲是不可多得的灵丹妙药。别的招数不灵的时候，我们不妨拿自己“开涮”，这就是智者的金科玉律：想让别人笑，先笑你自己。

【十度人生·风度】

自嘲，不失为一种中庸退让、保全自己的好方法。当我们在社交活动中被人羞辱或遭遇尴尬的时候，用自嘲的方式来解决，不仅能产生幽默的效果，还可以让自己从羞辱或尴尬的境地中解脱出来。

远离虚荣才能突破自我

很难说虚荣心是一种恶行，然而一切恶行都因虚荣心而生，都不过是满足虚荣心的手段。

古希腊有一名叫赫洛斯特拉特的牧羊人，为了要出名，竟放火烧毁了阿泰密斯神庙。这就是所谓的“赫洛斯特拉特的荣誉”，也就是常说的虚荣。

当然，每个人有一点儿虚荣心，这很正常，毕竟虚荣与人的自尊心有关。但一个人的自尊心若是过分、过强，或是走向极端，就很容易变成虚荣心。虚荣心给人带来的只有伤害。

兰一直梦想有一条项链。那时候兰刚刚大学毕业，分配到一家工厂工作，工资不高。男友海是她大学里的同班同学，毕业后在一所学校里做教师，工资也不高。两人省吃俭用，才能保证日常的开销。拥有金项链的梦想，兰只能一直埋藏在心里。

那天晚上，兰过生日。海拿出一条金项链，是她非常喜欢的那种款式。在摇曳的烛光中，金光闪闪。海亲手给兰戴上，温情地说："送给你的，祝你生日快乐，喜欢吗？"

兰忘乎所以，一下子红光满面，抱住海的头，在他的脸上不停地亲吻。

"这项链值多少钱？"

海说："不贵，才50块。"

兰一下子没劲了："假的，叫我怎么戴出去？我不要！"她摘下项链，随手扔到一边去……

几个月后，兰和一位大款订婚了，大款给她送来金项链、金戒指、金耳环、金手镯，都是最好的。兰便有了一种从未有过的满足感。

理所当然，她与大款结婚了。海送给她的那条项链，她早已不知扔到哪里去了。

几年后，大款另觅新欢，又开始送金项链给别的女人。兰与大款只好离婚。兰整理她的衣物时，在一只衣箱的角落里，无意中看见了海当初送她的那条项链，依旧崭新，依旧闪闪发光。

兰捧着项链，看了许久，忍不住给海挂了一个电话。电话通了，那头传来已为人父的海的声音："你问那条项链是吗？那条项链原本是真金的，是我向别人借了1000块钱加上我当时所有的积蓄才买下来的。"

兰这时开始后悔当初不该对海说"不"，后悔之余却不知自己错在哪里。

兰是吃了爱慕虚荣的亏，她总想去摘自己不应得的甜果。最后事与愿违，她得到的是苦果，并辜负了海的一片真心。

不论什么时候，位居高位的人总是希望自己的地位安稳，并在其他方面优于别人。那些认为展露并吹嘘自己的才华便可以赢得上司欢心的想法，是绝对愚蠢而又致命的。意大利天文学家及数学家伽利略的故事可以清楚地告诉我们这一点。

当初，有很多科学家都面临着困难的处境，伽利略也面临同样的困难。有时候，他把自己的发现或发明当做礼物送给当时最重要的赞助者，从他们那里得到资助来从事科学研究。然而，不管发明多么伟大，这些赞助人通常都是送他礼物，而不是赠与现金，因此他常常没有安定的生活。

后来，伽利略发现了木星周围的卫星，这次他把这个发现全部呈献给麦迪西家族。他在寇西默二世登基的同时宣布，从望远镜中看见一颗明亮的星星（即木星）出现在夜空上。他表示，卫星有4颗，代表了寇西默二世与他的三个兄弟；而卫星环绕木星运行，就如同这四个儿子围绕着王朝的创建者寇西默一世一样。

于是，寇西默二世任命伽利略为宫廷哲学家和数学家，并给予全薪。对一名科学家而言，这是人生中最辉煌的岁月。伽利略四处乞求赞助的日子终于结束了。

伽利略仅靠一个简单的举动就摆脱了先前四处乞讨的日子，理由很简单：贵族们实际上并不关心科学和真理，他们在意的是名声与荣耀，都希望自己看起来比其他人更为显赫出众。伽利略就将他们的名字与宇宙的力量相联系来满足他们的虚荣。伽利略的策略让这些贵族们觉得自己不只是在做提供经费这样简单的工作，而是让他们觉得自己富有创造力并权倾一世，甚至比以前创造的伟业更崇高。

因此可见，你不能让他人感到不安，尤其是位居己上的人，在必要的时候给予他们荣耀会为自己带来许多便利。伽利略不但没有用自己的发现去挑战寇西默二世的权威，反而把他们比拟为行星，让整个家族在意大利的王室中间璀璨夺目。他没有抢资助者的风头，把荣耀的桂冠戴在自己头上。

也许有人会认为伽利略过于阿谀奉承，失去了一名科学家应具有的品质。但是，科学家也是人，他们同样不能逃避生活的基本需要，也需要有足够的经济支撑。如果仅仅用一个小策略就能获得更多的支持，何乐而不为呢？

【十度人生·风度】

人生在世，总有或多或少的资本与成就，因而也有了或大或小的虚荣心。虚荣因人立足于社会而存在，难以彻底摆脱。但是，真正的强者会自动远离虚荣。

学会设身处地考虑问题

自私是人的本性，很少有人会设身处地从对方的角度思考问题。或许，他们觉得不公平，或许觉得有难度，或许就根本不在乎。但是，能够设身处地为他人着想，却是一种不可缺少的良好品格。一个人能够设身处地为他人着想，可以在无形中化解人与人之间的矛盾，并升华自己的人格。

拿破仑作为全军统帅，在长期的军旅生涯中，养成了宽容他人的性格和美德。拿破仑批评士兵的事经常发生，但他每一次都不会盛气凌人地指责对方，而是能够很好地照顾士兵的情绪。因此，士兵往往对他的批评欣然接受，而且充满了对他的热爱与感激之情。这大大增强了军队的战斗力和凝聚力，逐渐成为欧洲大陆一支劲旅。

在征服意大利的一次战斗中，士兵们都很辛苦。拿破仑夜间巡岗查哨。

在巡岗过程中，他发现一名站岗士兵倚着大树睡着了。他没有喊醒士兵，而是拿起枪替他站岗。

大约过了半个小时，哨兵从沉睡中醒来。他认出了站在身边的人是自己的最高统帅，十分惶恐。拿破仑却并不恼怒，和蔼地对哨兵说：“这是你的枪，你们艰苦作战，又走了那么远的路，你打瞌睡是可以谅解和宽容的。但是目前，你一时的疏忽就可能葬送全军。我正好不困，就替你站了一会儿，下次你一定小心！”

拿破仑没有破口大骂，没有大声训斥士兵，没有摆出元帅的架子，而是语重心长、心平气和地指出士兵的错误。有这样大度的元帅，士兵怎能不英勇作战呢？如果拿破仑不宽容士兵，那后果只能是增加士兵的反抗意识，丧失了他本人在士兵中的威信，最终将削弱军队的战斗力。

在人与人的相处中，如果只考虑自己的立场而忽视他人的感受，只会让你失去朋友，在危难之时也会缺少援助。而如果你能够换位思考，从他人的角度去考虑问题，就会成为一个拥有善解人意良好品质的人。美国直销皇后玫琳·凯在谈论人事管理和人际交往时，曾经讲述过她的一次亲身经历。

有一次，玫琳·凯参加了一堂销售课程，讲课的人是一位很有名望的销售经理。这位经理的课讲得确实很好，既生动幽默又鼓舞人心，玫琳·凯非常渴望和他握握手。玫琳·凯排了一个多小时的队，好不容易轮到她和经理面对面了，经理根本没有用正眼看她，而是从她的肩膀望过去，看看队伍到底还有多长，甚至他似乎没有察觉自己正在和别人握手。一个多小时的守候等来的竟然是这种结果，玫琳·凯觉得自己受到了莫大的侮辱和伤害。

后来，玫琳·凯成立了自己的化妆品公司。她做过多次公开演讲，也有很多次机会站在长长的队伍面前，和上百位人士不停地握手。

玫琳·凯说："每当我感到疲倦的时候，我总会想起那次令我感到受伤害的情形，然后我马上会打起精神，面带微笑直视握手者的眼睛，我还会说些比较亲近的话，哪怕是几句简短的闲谈：'我喜欢你的发型'或者'你口红的颜色漂亮极了'。我尽可能让对方感受到我的热情和真诚。我一直在极力避免让其他的事情来打扰我。只要是和我握手的人，我都会把他当做那个时候对我最重要的人。"

设身处地就是一种换位思考，是一种虚拟，换句话说，"如果我是他，处在他的位置，我会怎么看待这个问题，我又能怎么处理这件事情"。从字面上来看，"设身"就是假设自己是当事人本身，"处地"就是处在当事人的地位和情境。

很多时候，父母和孩子之间的代沟、夫妻情侣之间的分歧、上司和下属之间的矛盾都是因为没有设身处地地为别人着想而造成的。因为不了解对方的立场、感受及想法，我们无法正确地理解和回应。然而遗憾的是，很少有人有这样的“好奇心”，人们更多的是站在自己的位置上猜想别人，认为别人应该怎样，或者站在一般人的立场上去界定别人应该有的想法和处理方式。

【十度人生·风度】

在人与人的相处中，如果只考虑自己的立场而忽视他人的感受，只会让你失去朋友，在危难之时也会缺少援助。如果你能够换位思考，从他人的角度去考虑问题，就会成为一个拥有善解人意良好品质的人。

反击别人不如充实自己

你曾经受到过别人的批评吗？你是如何应对的呢？一般来说，对待别人对自己的批评或评价，不外乎有三种处理办法：针锋相对、否定自我和置之不理。

众人看山不一样高，众人看人也不是一样的好，仁者见仁，智者见智，这与个人经历和修养有关，与个人性格喜好相连。即使是百卷经书，愚人却只当儿戏；虽然只是一句话，智者却能从中受益匪浅。因此，任何人或任何人的“作品”在外人眼里都不会全是优或劣，也就必然有好坏不一的评价、批评甚至否定。

不同人由于自己性格或修养不同，对待外人的批评的态度也不同。

1. 针锋相对

这种情况无论在大师级人物或普通老百姓身上都普遍存在。原因是：人都认为自己是正确的，而且总想证明或说服别人认为自己是正确的。大到哥白尼试图证明太阳中心说，小到夫妻双方争辩该不该给路边的乞丐钱，甚至与别人为自己的发型究竟是中分好还是偏分好而争吵，都属于这类情况。这样的结果一般是谁也说服不了谁，最后不了了之，大家都不快。

2. 否定自我

父子俩去市场卖驴，先是两人牵着驴，有人笑话说他们有驴不骑，于是父亲便让儿子骑上，自己走路。有人说这位父亲太宠儿子，对儿子将来不好，于是父亲让儿子走路，自己骑着驴。过一会儿，又有人说这位父亲自己骑驴，却让儿子走路，太残忍，于是父亲让儿子骑上驴。骑了一段之后，又有人说他们骑一头驴对动物太残忍，于是他们只好把驴扛着走。

当然如果别人的批评正确的话，否定自我是必需的。毕竟知错不改是一件可恨的事情。

3. 置之不理

现代社会生活节奏很快，很多人懒得理别人的批评或评价，"走自己的路，让别人说去吧"是他们的口头禅。说的也是，别人看着舒服，自己觉得难受是一种生活；自己觉着舒服，别人看着别扭也是一种生活。还有人说得更绝：你就把别人的批评当作是屁，就把它放了；你要不把它当成屁，它连屁都不是！呵呵，狠！贝多芬说过一句经典的话：奔驰的骏马不会因为苍蝇叮几口就裹足不前。这句话实在是说出了这类朋友的心声。"置毁誉于不顾的人，便得到了自由"，厉害！在提倡个性的时代里，这类朋友越来越多，用他们的话说就是“懒得理”。

世上根本就没有真正的客观评价和批评，所谓的客观，不过是大多数的主观的体现，当然，也就不一定全都公正。

日常生活中，我们常常遇到一些专门和别人作对的人，总是把别人批评得一无是处，他本身却可能更糟糕。如果你身强体壮，你甚至可以单凭一只手就把他击倒。当然，绝对还有更好地解决办法。

成功学大师戴尔·卡耐基刚开始拓展事业的时候，经常在全国各地巡回演讲，举办一些成人教育班和座谈会。

某次的活动里，来了一位纽约《太阳报》的记者，他后来在报道中毫不留情地攻击卡耐基和他所热爱的工作。

这对年轻气盛的卡耐基来说，不只是一桶泼在头上的冷水，简直是一桶恶臭难当的馊水。

卡耐基看了报纸，越想越恼火。这些文字侮辱了他的人格、他的理想以及他全心全意专注的事业。这个记者在刻意扭曲事实。

气急败坏之下，卡耐基马上打电话给《太阳报》执行委员会的主席，要求刊登一篇声明，以澄清真相。

是可忍孰不可忍？卡耐基当时只有一个念头，就是一定要让犯错的人受到应有的惩罚。

几年之后，卡耐基的事业规模越来越庞大，他不禁为自己当时的幼稚行为感到惭愧。

因为他直到这时才体会到，当时气冲冲地发表自己的文章，想要借此昭告天下、澄清事实，但是实际上，看那份报纸的人也许当中只有十分之一会看到那篇文章；看到那篇文章的人里面可能有二分之一会把它当成一件微不足道的小事，而真正注意到这篇文章的人里面，又有二分之一会在几个礼拜之后把这件事忘得一干二净。

如此一来，刊登这篇文章有什么作用呢？

经过一番思考，卡耐基的处世态度更为成熟。他明白了这样一个道理：在你的能力范围内，尽可能做你应该做的事，然后把你的破伞收起来，免得任意批评你的雨水顺着脖子向背后流下去。

面对别人的批评指正，你可以回敬同样的“礼数”，这也许会使你的怨气得以宣泄，但是却不会让你有更好的名声。因为当你反击对手、平反自己时，你还是同一个你，根本没有一点进步：喜欢你的人依然喜欢你，不接受你的人还是不接受你。

这就像生气地把一块大石头丢进海水里，只会有一瞬间的水花，转眼却又风平浪静。如此，在乎那些处心积虑的小动作又有什么意义呢？事实上，你倾尽全力不是在为了证明别人是错的，而是要证明自己是对的，因为反击别人还不如充实你自己。

【十度人生·风度】

面对别人的批评指正，你可以回敬同样的“礼数”，这也许会使你的怨气得以宣泄，但是却不会让你有更好的名声。因为当你反击对手、平反自己时，你还是同一个你，根本没有一点进步：喜欢你的人依然喜欢你，不接受你的人还是不接受你。

谦虚谨慎不是坏事

一个人只有对世界了解得越多，他才会认识到自己知道得越少，这是一条人类认知的规律。不论你从事何种职业、担任什么职务，只有谦虚谨慎，才能保持不断进取的精神，才能增长更多的知识和才干。因为谦虚谨慎的品格能够帮助你看到自己与实现目标需要的差距。永不自满，不断前进可以使人能冷静地倾听他人的意见和批评，谨慎从事。否则，骄傲自大，满足于现状，止步不前，主观武断，轻者使工作受到损失，重者会使事业半途而废。

具有谦虚谨慎品格的人不喜欢装模作样、摆架子、盛气凌人，而是能够虚心向他人学习。比如美国总统托马斯·杰斐逊。

美国第三任总统托马斯·杰斐逊提出："每个人都是你的老师。"杰斐逊出身贵族，他的父亲曾经是军中的上将，母亲是名门之后。当时的贵族除了发号施令以外，很少与平民百姓交往，他们看不起平民百姓。然而，杰斐逊没有秉承贵族阶层的恶习，主动与各阶层人士交往。他的朋友中当然不乏社会名流，但更多的是普通的园丁、仆人、农民或者贫穷的工人。他善于向各种人学习，懂得每个人都有自己的长处。有一次，他对法国伟人拉法叶特说："你必须像我一样到民众家去走一走，看一看他们的菜碗，尝一尝他们吃的面包。只要你这样做了的话，你就会了解到民众不满的原因，并会懂得正在酝酿的法国革命的意义了。"由于他作风扎实，深入实际，他虽高居总统宝座，却很清楚民众究竟在想什么，他们到底需要什么。这样，他就在密切群众关系的基础上，进而造就成为一代伟人。

可见，谦虚谨慎的品格，还能使一个人面对成功、荣誉时不骄傲，把它视为一种激励自己继续前进的力量，而不会陷在荣誉和成功的喜悦中不能自拔。把荣誉当成包袱背起来，沾沾自喜于一得之功，不再进取的人，很可能成为现代版的仲永。

居里夫人以她谦虚谨慎的品格和卓越的成就获得了世人的称赞。她对荣誉的特殊见解，使很多喜欢居功自傲、浅尝辄止的人汗颜不已。居里夫人的一个女朋友到她家里做客，发现她的小女儿正在玩英国皇家协会刚刚颁给她的一枚金质奖章。她不禁大吃一惊，忙问："居里夫人，现在能够得到一枚英国皇家协会的奖章，这是极高的荣誉，你怎么能把奖章给孩子玩呢?"居里夫人笑了笑，说："我是想让孩子们从小就知道，荣誉就像玩具，只能玩玩而已，绝不能永远守着它，否则就将一事无成。"正因为受到她高尚品格的影响，她的女儿和女婿也踏上了科学研究之路，并再次获得了诺贝尔奖，成为令人敬仰的两代人三次获诺贝尔奖的家庭。

总之，但凡有成就的人，都把谦虚谨慎当作人生的第一美德来刻苦培养。半桶水荡得很，一桶水倒不荡。浅薄的人总以为天上地下无所不知，而富有智慧的哲人才深感学海无涯，唯勤是路。牛顿曾有感于此，他说："我只不过是一个在大海边拾到几只贝壳的孩子，而真理的大海我还未曾接触。"学识丰富的人，由于对知识过于自信，多半不容易接受别人的意见。知识要丰富，态度要谦虚。不仅如此，他们往往强迫别人接受自己的判断，或擅自作决定。一旦这么做，将会导致什么后果呢？被压制的人，会觉得受到侮辱和伤害，而不会心甘情愿地听从。他们可能会愤怒或反抗。更严重的，也许会诉诸法律。

为了避免上述情况，随着知识量的增加，你必须要更加谦虚。即使谈到自己有把握的事，也要装出不太有把握的样子。陈述自己的意见时，切勿太过于武断。若想说服别人，就先仔细倾听对方的意见。这种程度的谦虚，是不可或缺的。要是你讨厌被批评为假道学或俗不可耐，也不喜欢被认为没有学问，那么，最好的方法就是不要故意卖弄学问，用和周围的人同样的方式说话。不要刻意修饰措辞，只要纯粹地表达内容即可，绝对不可让自己显得比周围的人更伟大或更有学问。

【十度人生·风度】

谦逊并非自我否定，它是一种自我肯定，体现我们为人的正直与尊严。谦逊是成功与失败的真正理解，我们对于过去的失败有所警惕，对于现在的成功有所感念。

适时地满足对方的欲求

欲求，是人的本性，也是人性的弱点。人有欲望，更有善良的品性，从而将欲望控制在道德和法律允许的范围之内。因此，我们要适时适量地满足别人的欲求，在不损害对方的同时自己从中获益。

楚汉之争时期，项羽率军东撤，刘邦引兵西归。这时张良已经充分了解到了项王的刚愎自用，于是他就向刘邦建议，希望刘邦趁机领兵灭楚，以免养虎为患。刘邦接受张良的建议，亲自统率三军追击楚军，另外命令韩信、彭越相助。

但是，当刘邦追到一个叫固陵的地方时，却始终未见韩信和彭越率军前来。这时项羽回击，挫败刘邦。刘邦就问张良该怎么办。张良犹豫了片刻说："大王，虽然韩信名义上是淮阴侯，彭越是建成侯，实际上两个人都没有一点实权，再加上大王还没有将疆界划分给他们，这就是他们不来援助的原因。"

刘邦不知道张良是什么意思，就问道："那我应该怎么办呢？"张良说："大王若想让二人来援助，就将陈地至东海的土地划分给韩信，将睢阳以北到谷城的土地划分给彭越，让他们各自为战，这样一来他们肯定会竭尽全力地来救大王。"无奈之下，刘邦同意了张良的计策，不久韩信和彭越果然率兵来援。接下来的几个月中，各路兵马聚集垓下，韩信设下十面埋伏，与项羽决战。项羽不敌，兵败自刎。长达四年的楚汉之争，以刘邦获胜告终。

张良在韩信和彭越索要实惠的这件事上，处理得十分周到，他充分利用了人类共同的特点——功利心，所以他请求刘邦将韩信和彭越名不副实的名号变成实际的，划了封地给他们之后，就满足了他们的心愿，使他们尽力而战。

商纣末年，周文王在渭水之滨见到了正在直钩钓鱼的姜子牙，于是就向他询问治理国家的方法。姜子牙说："钓丝细微，饵食可见时，小鱼就会来吃；钓丝适中，饵食味香时，中鱼就会来吃；钓丝粗长，饵食丰富时，大鱼就会来吃。鱼贪吃饵食，就会被钓丝牵住。"

接着，姜子牙又说："用人办事的道理就和这钓鱼差不多：一是禄等以权，就是用高官厚禄聘人与用诱饵钓鱼一样；二是死等以权，就是用重赏收买死士与用香饵钓鱼一样；三是官等以权，就是用不同的官职封赏不同的人才，就像用不同的饵食钓取不同的鱼一样。人食君禄，就会服从君王。所以，用饵食钓鱼时，鱼就被捕杀；用爵禄网罗人才时，他们就会尽心尽力地帮你办事。"

姜子牙通过钓鱼和网罗人才的对比，说明了适时满足他人欲求的作用和最终目的，为周文王招贤纳士、富国强兵献上了一条重要的计策。

人有共性，又有个性。如果能针对人们的共性心理切入交际活动，那么要想获得满意的交际效果就不难了。人们的共性心理共有八种：称许心理、成就心理、自炫心理、自信心理、年轻心理、共趣心理、尊敬心理、好胜心理。那么如何切入呢？

1. 赞扬法满足人的称许心理

某厂的小王是一位书法爱好者，他一直想结识退休的赵副厂长，想和他一起切磋毛笔书法艺术，可惜一直没有良机。一次，工会举办老干部书画展，小王前去参观，看见赵副厂长也在展览现场。小王默默地走在赵副厂长的身边，待走到赵副厂长的参展作品前时，小王似在自言自语地说："赵副厂长的这幅作品好，无论是布局还是字的结构、笔法都显得活而不乱，留白也地道。""就是书写的变化凝滞了一些，放得不够开。"旁边的赵副厂长接口说道。这样，他们你一言我一语自然而然地进入了对下幅作品的品评。小王与赵副厂长的相交取得了初步的成功。

人们都有一种显示自我价值的欲望。真诚的赞扬不仅能激发人们积极的心理情绪，得到心理上的满足，还能使被赞扬者产生一种交往的冲动。

2. 激励法满足人的成就心理

人们都希望尽量做好自己喜爱的工作并取得令人称赞的成就。这种成就心理如果能得到别人的激励，就必定能引起双方的感激心理和报偿心理。

3. 求教法满足人的自炫心理

比如前例中爱好书法的小王，就是这样同赵副厂长结交的：小王拿着自己的书法习作来到赵副厂长家里："赵老，上次听您谈论书法作品，我感到受益匪浅。我自己写了几幅习作，想请您给指教指教。""噢，我来看看。"他们就围绕着书法问题谈论开了。小王从此与赵副厂长结成了忘年之交。

人们对于自己具备的技能都有一种引以为荣的心理，如果想同这些人结识相交，那采取求教法是最有效的切入。

4. 欣赏法满足人的自信心理

有对新婚夫妇定做了一套家具。一天，一位熟人来访，一眼就看到了新家具，用欣赏的目光打量起家具和居室的布置，并一再表示家具的色泽、式样和居室的搭配十分和谐。因此主人的心情格外高兴，谈话的气氛也十分融洽。

一个人往往对自己所崇信的对象采取的做法是坚信不疑的，有时宁愿相信自己一向认定的事实，也不愿意接受来自他人的纠正。如果双方所喜欢的东西能够得到你的欣赏，你便能得到他的认可。

5. 降岁法满足人的年轻心理

人们都希望在别人面前表现得更年轻，更具有青春的活力。如果交际从满足人的年轻心理切入，很快便能营造出温馨和谐的交际氛围，为成功交际开启一扇方便之门。

6. 投合法满足人的共趣心理

生活中，我们常常听到这样的话：谁与谁说不到一块儿去，一见面就顶牛；谁与谁很投缘，恨不得能穿一条裤子。说不到一块儿去就是没有共同的兴趣和爱好，很投缘就是情趣相投。人们一般都喜欢和那些与自己有共同语言的人交往，而与情趣相左的人交往则往往不太容易成功。那么，如果你希望交际成功，寻找共同情趣切入则是一个非常明智的选择。

7. 问候法满足人的尊敬心理

社会交往中，获得尊重既能说明一个人的名誉地位值得敬慕，也能证明其德操、品行、学识和才华得到了认可。无论是年长者还是年轻者，位尊者与位卑者都希望别人尊重自己。因此，那些懂得尊重别人的人，才容易引起别人的好感。而主动问候就是最便捷、最简单地表达一个人敬意的交际方式了。从问候切入交际活动，十有八九会有一个圆满的结果。

8. 退让法满足人的好胜心理

一个客户欠了迪特毛料公司150美元。一天，这位顾客愤怒地冲进迪特先生的办公室，说他不但不付这笔钱，而且一辈子也不再买迪特公司的东西。待那人说了将近二十分钟后，迪特才接着说："我要谢谢你告诉我这件事，你帮了我一个忙。既然你不能再向我们买毛料，那我向你推荐一些其他的毛料公司吧，我们会把你的欠账一笔勾销的。"最后，这个顾客又和迪特公司签了一笔比以往任何一次都大的订单，并且他的儿子出世后，还起名叫迪特。后来他一直是迪特公司的朋友和顾客。

迪特的成功，就在于他明智地做出退让，很好地满足了对方的好胜心理。

总之，一个人有特殊的欲求，而我们又可以满足他们的这种欲望，这时就不妨满足他们，使他们乐于为我们办事。这并不是卑劣手段，也不是怯懦退缩，而是做人的智慧所在。

【十度人生·风度】

人有欲望，更有善良的品性，从而将欲望控制在道德和法律允许的范围之内。因此，我们要适时适量地满足别人的欲求，在不损害对方的同时自己从中获益。

心胸开阔，天地自然宽广

法国大作家雨果就说过："世界上最宽阔的是东西是海洋，比海洋更宽阔的是天空，比天空更宽阔的是人的胸怀。”人的胸怀，既能容纳四海云水，也能吞吐五洲风雷。换句话说，人完全能够做到想通天下事，明白世上理，正确认识和对待现实生活中遇到的一切事情。

虽然人们胸襟里的那片海洋时常有风暴也有迷雾，有暗瞧也有旋涡，但一个心胸宽广的人，终究能把心灵之船，驾驭得游刃有余。一个人的志向、能力、原则、毅力、风度和荣誉感，还有身处危难之中那种自强不息的精神等，也都是从心胸里迸发出来的。

韩琦是北宋三朝宰相。他性情深厚淳朴，心胸宽广，待人宽宏大量，人们尊称他为“韩公”。

韩琦任元帅时，有大量的事情需要处理，经常要秉烛工作。一天夜里，韩琦写信，让一个士兵在一旁端蜡烛。士兵犯困，不小心使蜡烛火烧到韩琦的胡子。韩琦随手用袖子将火扑灭，继续写信。

不一会，韩琦抬头看那士兵，发现已经换人了。韩琦担心士兵的长官责骂那名士兵，就急忙叫道：“不要换掉他，他现在已经懂得怎样持蜡烛了。”这件事成为军营中的佳话。

韩琦家里收藏了两只玉杯，做工非常精巧，堪称稀世之宝。韩琦十分喜欢这两只玉杯，茶余饭后，常常拿出来细细赏玩。

一天，一位朋友到韩琦家来玩，想观赏玉杯。韩琦叫仆人把玉杯取来放在桌子上，朋友看着玉杯赞赏不已。

就在这时，仆人不小心碰了一下桌子，两只玉杯一下子掉在地上，摔得粉碎，在场的所有人都惊呆了。

仆人吓得跪在地上，捧着玉杯的碎片，泪如雨下。可是韩琦并没有责备仆人，而只是笑着对朋友说：“凡是物品都有毁坏的时候，只可惜玉杯坏了大家再也不能赏玩了。”

说罢，他转身扶起佣人，说：“你只是偶然失手，并不是故意为之，我不会责怪你的!”

看到这一幕，所有的人都不由得对韩琦宽大的胸怀肃然起敬。朋友也激动地站起身，对韩琦抱拳说:“韩公真是一个心胸宽广的人啊!”

我们常说要宽容别人，善待自己。在生活中，我们会经常碰到很多为难的事情，假设我们能怀着一份宽容的心态去看待，不仅使自己的胸怀更加辽阔，人格魅力增添了，而且会得到更多人的亲近，成为一个受人欢迎、受人尊敬的人。事实上，不管别人是否在进步，只要确定我们在努力，用心去做每一件事就行了。对于一些客观或我们不能改变的事实要采取接受的态度。

其实，心胸不够宽广很大程度上是跟自己的认知以及对生活和身边事物的态度密不可分的。要保持一颗宽容的心，首先你必须要有一颗乐观向上的心。凡事往好的方面去想，不要总是记住别人的坏。想想别人对你的好，你自然就会忘掉别人的不好，就不会耿耿于怀。

生活中有太多的事情需要我们一笑了之，永远记住别人的好。其实，真正让你不高兴的是你自己，不要把自己禁锢在一个思想狭小的空间里。要注意控制自己的情绪，尽量不要让别人不良的情绪影响到你。你实在无法忍受时也告诉自己：我有我自己的生活方式，你的言行影响不到我!

【十度人生·风度】

在生活中，我们会经常碰到很多为难的事情。假设我们能怀着一份宽容的心态去看待，不仅使自己的胸怀更加辽阔，人格魅力增添了，而且会得到更多人的亲近，成为一个受人欢迎、受人尊敬的人。

第十章

你要耗得起折腾，生活要有韧度

我们遇到的麻烦、别人给我们制造的麻烦总是不断地折腾着我们，因此我们的发展道路充满荆棘。但经过无数次主动或被动的折腾之后，让我们深刻地体会到生活的真谛。我们试问自己能一而再、再而三地经得起折腾吗？当经历无数次的折腾后，我们还能坚持吗？

有的人一生坎坷，折腾了一辈子一事无成，但他从中积累了宝贵的经验，能给子女后代做事提供正确的引导。最起码他是一个有故事的人，有丰富的阅历和多彩的人生。不折腾的人最终人生必将平淡乏味，生活酸涩腥辣。

学会折腾， 才能经得起折腾

有的朋友一生坎坷，折腾了一辈子都一事无成。但是他还是积累了宝贵的经验，对子女后代做事有了一个引导，或者说使子女折腾的时候成功率超过一半以上。能折腾的人，无论成功与否，最起码他是个有故事的人，有丰富的阅历和精彩的人生。

不折腾的朋友最终人生平淡乏味，生活酸涩腥辣。还有的朋友一生顺风顺水，晚年走了下坡，经不住折腾，一蹶不振伤心伤身，含恨离去。所以经过波折坎坷的折腾并不是坏事。

母鹰先用尖嘴衔来一些荆棘放置在底层，再叼来一些尖锐的小石子铺放在荆棘上面。乍看之下，总觉得用锐利的小石子当材料来筑巢是很突兀、怪异的，这怎么能筑出一个温暖、舒适的窝巢呢？不过，母鹰后来又衔一些枯草、羽毛或兽皮覆盖在小石子上，做成一个能孵蛋的窝。

小鹰出生后，住在窝巢里，母鹰按时叼回来小虫、肉食，喂入雏鹰的小嘴中；母鹰天天供应食物，也细心保护，以防敌人入侵。后来，小鹰慢慢长大、羽毛渐丰，这时母鹰认为该是小鹰学习自我独立的时候了！

母鹰开始搅动窝巢，让巢上的枯草、羽毛掉落，而暴露出尖锐的小石子和荆棘，小鹰被刺痛得哇哇叫。可是母鹰又无情地驱逐，小鹰只好忍痛振起双翅，离巢远飞。老鹰就是这样无情地逼着小鹰飞离舒适的窝，学习独立生活；即使小鹰在刚开始时跌跌撞撞，母鹰仍偷偷地在旁照顾看护它，直到小鹰能展翅高飞、直上云天！

母鹰通过不停地折腾小鹰让它们拥有了展翅飞翔的本领，这远比处处呵护效果更好。“折腾”究竟是什么？是生命的激情，是工作的创新，是推陈出新的思考与探究，是生活的智慧与修行。

人要学会折腾，遇事莫怕事，敢作敢当。事情总有办法解决，怕东怕西肯定解决不了，或者不了了之。如果有想法就去付诸实施，无非成或败两个结果，做了就有一半成功的可能，不做是绝对不可能成功的。

孙浩是一个思维活跃、不甘墨守成规的年轻人，常有标新立异之举。他有一份稳定的工作，却不肯坐班，与单位领导“约法三章”后，争取到了“弹性工作”模式。对他来说，完成额定工作任务是比较轻松的，多出来大把的时间，他四处折腾，捣鼓生意，推杯换盏，游山玩水，天马行空。

其实要说钱呢，他还没能赚到“款爷”的份上，但他骨子里永远有一份熊熊燃烧的激情，行为上也有一份淡定与执著，也算是小有所成，收获尚丰。于是，这生活、这日子被他折腾得风生水起、活色生香，让人羡慕嫉妒恨。在他的博客里，随时可见他旅途中远影近照和即兴感言，点击率颇高，算是有点名气的。在朋友圈子里，他算是拔了头筹。

看来，折腾也并不一定就是一件坏事。能折腾、会折腾可以让自己的工作、生活更有情趣。与孙浩的生活态度不一样的是，很多人都会感叹：现在的生活总是两点一线，单位和家里两头跑，单调、乏味得让人没了脾气。工作便成了单纯的谋生手段，理想和抱负无处安放。我们的心就像蒲公英一样，随风飘荡，总是无法落地生根。是什么让我们失去了激情？失去了折腾的朝气和动力的呢？

生活需要不断地激励，也需要不断地折腾自己。安逸的生活让人失去追求和动力，适当的折腾反而让人不断地焕发出青春和活力。

一位老太太认为，到了这个“古来稀”人生尽头，哪还敢再奢望或者讨论“活得好”的话题啊，于是她整天在想自己的后事。由于整天郁郁寡欢，她在第二年的冬天就去世了。

另一位老太太则这样认为，一个人的生活过得好与不好，跟年龄的大小没有关系，而在于自己对生活的选择。我虽然 70 岁了，但我依然可以找到使自己活得好的途径。

于是，她在 70 岁高龄之际，不顾家人反对开始尝试登山的乐趣。她觉得登山不仅可以锻炼身体，延长寿命，更重要的是可以使自己饱览大自然的风光。

这位老太太从 70 岁开始登山，前后 20 多年，她不仅征服了很多名山，更以 95 岁的高龄登上了日本的富士山，打破攀登此山年龄最高的纪录。她就是著名的胡达·克鲁斯老太太。

一帆风顺的生活，并不能促进事业中奇迹的诞生。相反，人们在忧患中往往更容易取得意想不到的成绩。

人生于世，很少有在逆境中失败过的，绝大多数人都是在温室中失去了斗志。一生平安也许只有在祝福中才会出现，人的一生不会永远平安的。要想一生平安，在顺境中适当的折腾一下自己，激发自己的斗志和生活的激情，生活也许更美好。

让我们一起折腾吧。没有折腾，生活像是一潭死水；不会折腾，工作便暮气沉沉，了无建树；学会折腾，必将会收获欣欣向荣的人生。

【十度人生·韧度】

生活需要不断地激励，也需要不断地折腾自己。安逸的生活让人失去追求和动力，适当的折腾反而让人不断地焕发出青春和活力。

激情是一种生命的力量

当年一部《激情燃烧的岁月》几乎让所有观众热血沸腾。虽然剧情有其特定的历史背景，但还是让人不得不感慨，只要人饱含激情就能“广阔天地，大有作为”。人生很多时候都需要激情。人生不同的阶段需要不同的激情。激情是一种动力释放，激情可以感染他人并被他人所感染。激情或许会因职业不同、年龄差异有不同的表现，但如果没有了激情也就丧失了生命的动力。

激情是一种天性，是生命力的象征。有了激情，才有了灵感的火花，才有了鲜明的个性，才有了人际关系中的强烈感染力，也才有了解决问题的魄力和方法，比尔·鲍尔曼和菲尔·耐特正是靠着饱满的激情实现这种可能的。

比尔·鲍尔曼，曾经是美国尤金市俄勃冈大学三年制学院里的一名田径运动教练。他是一名事业心很强的教练，他的理想就是要使自己的运动队超过其他队，但是他的运动员都有一个非常头疼的毛病，那就是经常得脚气病。其实，很多球队都有这样的问题，大家都不去想这样才能没有脚气。因为像这样的运动，脚部肯定会出汗，汗流多了闷在鞋子里，当然会有脚气。

但是比尔·鲍尔曼却不如此认为。他认为，自己一定能想出办法来解决这个问题。他认为要消除这样的情况就必须为运动员定做一双适合自己的鞋子。这样的鞋子必须具备底轻而且支撑又好，摩擦力小、稳定性强的特点，这样才可以减少运动员脚部的伤痛，有助于跑出好成绩。于是，在闲暇之余，他开始画鞋样，并找几家制鞋公司定做，但是都被谢绝了，因为厂家认为，这个教练对鞋子一窍不通，没有资格对制鞋指指点点。这只是比尔·鲍尔曼的一时激情而已。

但是，比尔·鲍尔曼并没有气馁，他开始激励自己来做。他请教了补鞋匠，并拜皮鞋工人为老师，亲手为自己的运动员做鞋子。结果在运动会上，他的学生穿着他亲手制作的鞋子跑出了很好的成绩。

同时，教练的这种充满激情和百折不挠的精神以及所取得的成果，使他的一个学生大受感动。这个学生就是菲尔·耐特。比尔·鲍尔曼的这种激情真正传染给了学生菲尔·耐特。菲尔·耐特当时是一名很好的运动员，但是在他毕业的时候，却用这个故事写了自己的论文，并与鲍尔曼商量，决心与他一起做。他认定这不仅仅是一双鞋的事，更是一项大有作为的事业，是一项为运动员造福的大好事。菲尔·耐特，就是后来耐克（NIKE）公司的创始人。

可见，是激情让这对师徒最终走到了一起，为了同一个目标而努力。人的一生总是从充满梦想的青涩时代而慢慢步入成熟，越过人生巅峰走向终点。随着年龄的增长，人们似乎觉得激情总是越来越少，以至于消退于无。其不知成熟是一种人生的境界，是思想丰富后的一种平静，它使激情更加理性，内涵更加丰富，形态更加清润而平和。

激情是一种生命的力量，是一种生活的动力，是天空中阴雨过后的一道彩虹，它可带你找到阳光的起点，找到心灵迸发的火花，找到一种震撼。我们不能让岁月打磨掉自己的激情，哪怕天真不再重现，步履已经蹒跚，也不能让迷雾遮住眼睛，拨云见日是生命的一种本能！

菲尔·耐特毕业后就开始了自己的行动。他找到一家仿制阿迪达斯产品的虎牌运动鞋公司，说服该公司总经理，让菲尔·耐特担任虎牌运动鞋在美国的代理商。回国之后，菲尔·耐特找到了比尔·鲍尔曼，他们每人投资500美元，正式成立了名为蓝缎带的运动用品公司。菲尔·耐特把公司定位在制造各种体育运动和健身活动设计及行销运动鞋类、服装、设备和附件，并在第二年开发出了第一款轻质耐磨尼龙马拉松跑鞋。这个时候菲尔·耐特又一次得到教练鲍尔曼的投资，成立了蓝缎带体育公司。

公司创建起来了，产品打出去了，师徒二人此时想的是如何让人们记住他们。菲尔·耐特巧妙地迎合了美国人的流行艺术意识，在做广告上尤为注意这一点：广告既强调体育运动，又具有强烈的煽动性，产生着流行时尚的领导作用。

随着公司的产品销售在海外的增加，菲尔·耐特开始把原来在日本的生产厂家转移到了韩国和台湾地区，因为那里的劳动力相对低廉，借此又向这些地区推出中等价格的跑步鞋。不久，耐克公司又在中国大陆合资开工厂，耐克牌运动鞋自然也就随之打入了中国这个世界上最大的鞋类市场。

这样，菲尔·耐特就把“耐克”这个牌子逐渐做出来了，销售额开始增长，且速度是惊人的。对此菲尔·耐特曾经感慨道：“当年的激情使我们明白：成功永远没有过去式，只有未来式。”

其实仔细想想，比尔·鲍尔曼和菲尔·耐特的成功就是一种激情在支撑着他们，激情可以给他们无穷的动力。

激情代表着一种积极的精神力量，这种力量不是凝固不变的。不同的人，激情程度与表达方式不一样；同一个人，在不同情况下，激情程度和表达方式也不一样。但是总的来说，激情是人人都有的，只要善加利用，就可以转化成为巨大的能量。

【十度人生·韧度】

人生很多时候需要激情，人生不同的阶段需要不同的激情；激情是一种动力释放，激情可以感染他人并被他人所感染。激情或许会因职业不同、年龄差异有不同的表现，但如果没有了激情也就丧失了生命的活力。

抱怨解决不了任何问题

笔者前几天浏览一些地产网页，发现了很多值得一说的评论，主要是房奴、啃老族、“80 后”不吃不喝也买不起房等言论。在西方或香港这样发达的地方，大多数年轻人是不买房的，也买不起。买房一族大多是结婚后，工作稳定、事业有起色的人才考虑的。这时他们有了一点积蓄，首期按揭交够了，实在不够可能也会找父母借，父母有权利借与不借。然后，他们找银行贷款，一般都是要还 25 年至 30 年的。大多数的人都是这样生活的，没有听到太多人的抱怨。

我们身边有很多年轻人总喜欢抱怨，他们似乎永远长不大，没有责任感，年纪轻轻就想一步到位。年轻人买房还贷款是理所当然的，还一辈子也是应该的，全世界都这样，凭什么中国的年轻一代就要坐享其成呢?

不要抱怨你的专业不好，不要抱怨你的学校不好，不要抱怨你住在破宿舍里，不要抱怨你的男人穷或你的女人丑，不要抱怨你没有一个好爸爸，不要抱怨你的工作差、工资少，不要抱怨你空怀一身绝技没人赏识你……现实有太多的不如意，就算生活给你的是垃圾，你同样能把垃圾踩在脚底下，登上世界之巅。

孔雀向王后朱诺抱怨。她说："王后陛下，我不是无理取闹来诉说，您赐给我的歌喉，没有任何人喜欢听，可您看那黄莺小精灵，唱出的歌声婉转，它独占春光，风头出尽。"

朱诺听到如此言语，严厉地批评道："你赶紧住嘴，嫉妒的鸟儿，你看你脖子四周，如一条七彩丝带。当你行走时，舒展的华丽羽毛，出现在人们面前，就好像色彩斑斓的珠宝。你是如此美丽，你难道好意思去嫉妒黄莺的歌声吗？和你相比，这世界上没有任何一种鸟能像你这样受到人们的喜爱。一种动物不可能具备世界上所有动物的优点。我赐给大家不同的天赋，有的天生长得高大威猛：有的如鹰一样的勇敢、麻雀一样的敏捷；乌鸦则可以预告未来之声。大家彼此相融，各司其职。所以我奉劝你停止抱怨，不然的话，作为惩罚，你将失去你美丽的羽毛。"

抱怨对解决问题没有一点帮助。与其不停地抱怨，不如把力气用于行动。抱怨的人不见得不善良，但非常不受人欢迎。抱怨的人认为自己经历了世上最大的不平，但他忘记了听他抱怨的人也可能同样经历过这些，只是心态不同、感受不同。

如果你还有时间进行抱怨，那么你就有时间把工作做得更好；如果你已觉得抱怨无济于事，你就应该去寻找克服困难、改变环境的办法；如果你认为抱怨是一种坏习惯，你就应该化抱怨为抱负，变怨气为志气。

一位哲人说：任何人都可以数得出一个苹果里有多少粒种子，但只有上帝知道一粒种子里有多少苹果。如果你要追求一种不能摧毁的快乐和个人深切的满足，就得发挥你最大的潜能。

皮尔·卡丹独自来到巴黎闯天下，当时他一贫如洗。他最初在一家服装店里当学徒，从此，他便与服装结下了不解之缘，进而改变了他一生的命运。

皮尔·卡丹虚心好学，尤其他在服装设计上似乎有一种特殊的天赋，可以说是一个服装设计天才。他很快在“世界时装之都”的巴黎有了一点儿名气，一些达官贵人、太太、小姐都知道有这样一个年轻人，都愿意请他设计加工服装，因为他在设计上力求大胆创新，赢得了大家普遍的好评。

1950 年，28 岁的皮尔·卡丹创建了自己的服装公司。当他只身一人闯荡巴黎服装界时，服装公司比比皆是，但真正称得上高级时装公司的只有三十几家，他相比之下太微不足道了，而且没有雄厚的资金实力。

但他是一个非常有头脑的人，他敢想敢做，不断地谋求新的经营理念，不懈地开拓创新迎接挑战。积累了一部分资金之后，皮尔·卡丹便大胆地向女性服装领域进军，他特意为女性设计生产了一系列风格高雅、质料价格适中的服装，受到绝大多数中下层女性的广泛欢迎。

在女式服装领域取得了很好的成就之后，随即他又马上把目光转向男式服装领域。应该说，这一举措比他在女装上的举措更大胆，更具有开创性。

皮尔·卡丹又一次在法国时装界制造了前所未有的轰动效应。在那些曾经是女性时装一统天下的服装橱窗里，男式服装也占有了一席之地，而且反响越来越大。男式服装的风潮迅速在法国乃至欧洲蔓延开来。

皮尔·卡丹的发家史，实际上也是他将人生目标付诸行动不断开拓的奋斗史。它告诉人们，一个人仅有梦想是远远不够的，重要的是要有不懈追求的决心和切实果敢的行动。

梦想是成功者的起跑线，决心便是起跑时的枪声，行动犹如起跑者全力的冲刺。行动很重要，敢想敢做，方可成就大事。

倘若我们的抱怨毫无理由，就应从根本上改变自己的心态，由消极变为积极，由推诿变为主动，由事不关己变为责任在我。即使我们的抱怨具备十足的理由，还是不要抱怨吧！在逆境中拼搏能够产生巨大的力量，这是人生永恒不变的法则。

没有人欣赏好抱怨的人，就是因为这不是有出息的行为。真有志气、有出息的人从来不会抱怨。恐怕没有人愿意做一个没有志气、没有出息的人吧？那么就把所有应该抱怨的和不应该抱怨的都一齐抛弃，开动脑筋、甩开臂膀，信心十足地大干一番，去创造美好的前程。

【十度人生·韧度】

抱怨是不能解决任何问题的，只有通过努力才能改善你的处境。只是一味地去抱怨自身的处境，对于改善处境没有丝毫益处。只有先静下心来分析自己，并下定决心去改变它，付诸行动，它才能向你所希望的方向发展。

对生活永远充满热忱

有些明智的人对生活和工作充满了热忱，他们从不抱怨别人和生活、工作的环境，一旦选择了自己的事业，就会满怀激情地投入进去，用热情溶化前进途中的困厄和障碍。他们是真正拥有世界、拥有快乐的人。有些愚蠢的人对生活和工作缺乏激情，他们没有自己真正喜欢的事业，往往是这山望着那山高。生活中稍有挫折，他们便心灰意懒，工作中稍有不如意，他们便怨天尤人，等到多年后蓦然回首，却发现自己原来一事无成。

张军在大学毕业后，几乎是每年换一种工作。他先是在办公室当文秘，不久，便觉得这项工作索然无味。一年后保健品很红火，他就应聘到一家生物制药公司去当推销员。没干多久，保健品市场萧条。这时有位朋友拉他去一家营销策划公司，月薪还不错，他第二天就去报到上班了。这回他又干了一年，收入虽然比以前多了些，但他觉得离脱贫致富还有很大距离。

一次偶然的机会碰上一位老同学，同学开了一家小贸易公司，从南方往北方倒卖一些热门商品，“钱”景诱人，正需要帮手。张军毫不犹豫地加盟了他的贸易公司。半年后，公司生意转淡，张军又去了一家广告公司。没过多久，满街都是拉广告的业务人员，他又去了报社当记者……

哪一家公司能赚到比原先那家公司多一点的钱，他都会欣然前往。这样折腾来折腾去，虽然也赚到了一些小钱，生活得到了些许改善，可是每每静下心来，却发现自己其实是一事无成。

看看昔日并肩战斗的同事，不少人都在他们的领域里打下了坚实的基础，甚至有些都已经自己创业成为行业里的名家了。而他自己所做的只不过是改善了伙食标准而已。据他自己讲，他对每一种工作都没有多大兴趣，只是想赚钱而已。其实，这是对生活和工作缺少热忱和激情的一种表现。

对生活和工作缺乏热忱和激情的人，很容易被自己悲观的情绪所左右，使自己丧失信心，变得意志消沉，有时机会和财富就在他的身边触手可及，但是，由于不良情绪的干扰，他也会让机会和财富从身边溜走。

一天，奥斯卡在俄克拉荷马城的火车站上，准备乘火车往东边去。他在气温高达40℃的西部沙漠地区已经待了好几个月，因为他正在为一个公司勘探石油。

奥斯卡是麻省理工学院的毕业生。他把旧式探矿杖、电流计、磁力计、示波器、电子管和其他仪器结合制成勘探石油的新式仪器。

就在他满怀信心、充满激情工作的时候得知：他所在的公司因无力偿付债务而破产了，他失业了，前景相当暗淡。他心中对工作的热忱和激情一下子消失得一干二净。

由于奥斯卡必须在火车站等待几个小时，他就决定在那儿架起他的探矿仪器来消磨时间。仪器上的读数表明车站地下蕴藏有大量的石油。但他不相信这一切，他在愤怒中踢毁了那些仪器。

“这里不可能有那么多石油！这里不可能有那么多石油！”他十分反感地反复叫着。

不久之后，人们就发现俄克拉荷马城地下有丰富的石油资源，甚至可以毫不夸张地说，这座城就浮在石油上。

奥斯卡由于失业的挫折，产生了悲观消极情绪。即使他一直寻找的机会就在他的脚下，但是由于缺乏工作热忱，就没有把握住。

热忱和人类的关系，就好像是蒸汽和火车头的关系——它是行动的主要推动力。把热忱和你的工作结合在一起，那么你的工作将不会显得辛苦或单调。热忱会使你的整个身体充满活力，使你在睡眠时间不到平时一半的情况下，工作效能也可以达到平时的两倍或三倍，而且不会觉得疲倦。

如果你有热忱，几乎就所向无敌了。要是你没有能力却有热忱，你还可以把有才能的人聚集到你身边来。假如你没有资金或是设备，若你有热忱说服别人，还是有人帮你实现梦想的。

热忱可使你释放出潜在巨大力量。在认知的层次，一般人是无法和天才竞争的。然而，大多数的心理学家都同意，潜在力量要比实际力量大得多。一家小公司不可能梦想很快就招募到一批奇才。但是，我们相信，如果发挥潜在的力量，即使是普通人也能创造奇迹。真正的热忱常能带来成功但如果热忱是出于贪婪或自私，成功也就如昙花一现。如果你凡事都以自己的利益为出发点，同样的热忱也许开始会让你尝到一点甜头，最后还是不免吃大亏。

【十度人生·韧度】

对生活充满热忱的人，不论日子有多难，或需要多大的磨炼，始终会不急不躁地向目标前进。只要抱着这种态度，你一定会成功，一定会达成目标。

想一些别人想不到的方法

提到发明创造，有些朋友总是觉得很神秘，认为那是专家的专利。实际上，因为有人发明创造了，我们才称之为专家，而不是因为他是专家才会有发明创造。现在，创造活动已不再单单是科学家、发明家的专职工作，已经深入到普通人的生活中。很多人都可以进行创造性的工作，生活、工作的各个方面都可以迸发出创造的火花。

一位家庭主妇把收缩薄膜覆盖在晒衣竿上并浇上热水，然后薄膜收缩，紧紧地贴在晒衣竿上。这是20年前的一个价值100万日元的发明。

有人发明了一种帚子，把帚子在油腻的饭菜上一扫，就吸去全部的油。这一个帚子不但行销美国，而且销至加拿大和欧洲。

一家名不见经传的小饭店在激烈的竞争中独占鳌头，终日门庭若市。究其原因是该店的广告十分引人注目："本店饮食卫生无与伦比——汤菜中任何时候见不到一根毛发!"原来，饭店的全体人员一律秃头。

一家咖啡馆为了招徕顾客，在饭店入口处放了一座奇特的钟：钟上的数字顺序与普通钟相反。老板认为，这座钟显示的时间会使客人觉得离开咖啡馆比来时还"早"，因此，客人总愿意在店里多坐一会儿。

面对重复的生活，选择创新、激发创意无疑是最明智的。创意是一个人树立理想之后制胜的关键，正如信息产业巨子比尔·盖茨说过的那样："一切成就和财富来源于创意。"

一位年轻人乘火车时，看到一座简陋的平房。这时，年轻人的心为之一动。返回时，他中途下车，找到了那座房子。主人告诉他，每天火车都要从门前驶过，噪音使他们受不了，房主早就想卖掉房屋，但多年来一直无人问津。不久，年轻人用 3 万元买下了那座平房。他觉得这座房子正好处在转弯处，火车经过这里时会减速，这座房子用来做广告是再好不过了。很快，他开始和一些大公司联系，推荐房屋正面是一面极好的"广告墙"。后来，可口可乐公司看中了这个广告媒体，在 3 年租期内，支付年轻人 18 万元租金。

这就是生活中的创意，跳出惯有的思维习惯，想别人所不想，干别人所不干。头脑不使用就会老化，越使用越灵活。我们应该对世界上的事物时刻关注，然后把灵机一动所想出的东西，试着构思出自己的方案，从平凡普通的事情中寻找商机。

在一般情况下，按常规办事不会错。但是，当常规已经无法适应变化时，就应解放思想，打破常规，善于创新，另辟蹊径。只有这样，才可能化缺点为优点，化弊端为有利，化腐朽为神奇，在绝望的困境中寻找到希望，创造出新的生机，取得出人意料的胜利。

围魏救赵的故事就是一个典型的例子。

战国时期，魏国派军队进攻赵国，包围了赵国首都邯郸。赵王见形势危急，已经抵挡不住魏军的攻势了，便派人向齐国求救。

齐国大将田忌受齐王派遣，准备立即率兵前去解救邯郸之危。军师孙膑劝道："眼下之计，将军绝不能用强扯硬拉的办法。依在下愚见要想援救赵国，我军只需要抓住魏国的要害进攻，直接捣毁其空虚的地方即可。眼下魏军以倾国之力攻赵，其精兵猛将势必倾巢出动，国内必定空虚。如果我们能抓住此有利时机，直接攻打魏国都城大梁，魏军必定回师来救。这样，不就解了邯郸之困吗?”这一席话让田忌茅塞顿开，十分钦佩地说：“先生真是英明高见，令人佩服!”

孙膑顿了顿，又补充说：“还有更为重要的一点是，我军正可以趁魏军长途往返行军、疲惫不堪时以逸待劳，在途中设下埋伏，一举击溃他们。”

田忌大呼妙计，便依孙膑策略行事，率军直奔魏都大梁。果然，事情的经过正如孙膑设想的一样，在桂陵一带，齐军将魏国的兵马杀得大败，成功解了邯郸被围之困。

通过攻打魏国都城的办法来解赵国邯郸之围，乍看起来似乎二者并无联系，事实上二者之间存在着深层次的关联。无独有偶，美国总统罗斯福也在这方面给我们做了很好的榜样，他治理经济危机的方法可谓是从问题症结入手的典范。

当年，美国经济大萧条，其持续时间之长、涉及范围之广是美国历史上前所未有的。面对这种状况，刚刚上任不久的罗斯福发布了一条惊人的决定：全国银行一律休假三天。这就意味着全美的银行将中止支付三天。这样一来，各家银行也就有了较为充裕的时间进行各种调整和融资。

罗斯福利用这三天休假让金融界喘了一口气，各家银行也尽快采取各种方法来应付这股挤兑风波。在全美银行休假三天后的一周内，全国银行总数的3/4恢复了正常营业，而交易所也重新响起了电锣声，纽约的股票价格上涨了15%，经济形势也得到了有效恢复。罗斯福的这一果断决策，不仅避免了银行系统的整体瘫痪，而且重新带动了经济的整体复苏。

众所周知，银行业是整个经济系统中最重要的一环，罗斯福的“全美银行休假三天”的决定，就为银行界赢得了时间去进行融资。罗斯福就是抓住了“银行业”这个整个经济系统中的症结，才成功解决了经济危机，成为历史上成功的美国总统之一。

因此，我们也要学会这种智慧，找到“牵一发而动全身”的问题症结所在，抓住一切矛盾的实质，只要解决了它，其他问题也就不能称之为问题了。

【十度人生·韧度】

头脑不使用就会老化，越使用越灵活。我们应该对世界上的事物时刻关注，然后把灵机一动所想出的东西，试着构思出自己的方案，从平凡普通的事情中寻找商机。

将信念的大旗高高举起

任何人都可以使梦想照进现实，但是我们必须拥有能够实现梦想的信念。能否成功取决于我们的信念强弱。信念支撑着一个人的精神世界，没有信念，精神大厦就会坍塌。信念是力量的源泉，是成功的基石。

两个旅行中的天使，到一个富有的家庭借宿。这家人对他们并不友好，并且拒绝让他们在舒适的客人卧室过夜，而是在冰冷的地下室给他们找了一个角落。当他们铺床时，较老的天使发现墙上有一个洞，就顺手把它修补好了。年轻的天使问为什么，老天使答道：“有些事并不像它看上去那样。”

第二天晚上，两人又到了一个非常贫穷的农家借宿。主人夫妇俩对他们非常热情，把仅有的一点点食物拿出来款待他们，然后又让出自己的床铺给两个天使。第二天一早，两个天使发现农夫和他的妻子在哭泣，他们唯一的生活来源——一头奶牛死了。年轻的天使非常愤怒，质问老天使为什么会这样。第一个家庭什么都有，对他们还那么刻薄，老天使还帮助他们修补墙洞；第二个家庭尽管如此贫穷还是热情款待他们，而老天使却没有阻止他们的奶牛死亡。

“有些事并不像它看上去那样。”老天使答道，“当我们在地下室过夜时，我从墙洞看到墙里面堆满了金块。因为主人被贪欲所迷惑，不愿意分享他的财富，所以我把墙洞填上了。昨天晚上，死亡之神来召唤农夫的妻子，我让奶牛代替了她。所以，有些事并不像它看上去那样。”

有些时候，事情并不是看上去的样子。如果你只坚信付出总会得到回报，事实上你的奋斗似乎仍旧一无所获。直到后来，你就一定会明白你得的是另一种回报。记得，长篇小说《苦儿流浪记》有一段情节：

主人公与几名矿工在工作时遇难了，大家被困在一个狭小的空间里，脚下是无尽的水流，他们所有的不过就是几盏灯。在这极度恶劣的情况下，他们看起来不是被淹死就是被窒息而死，再不然就是被饿死，总而言之，似乎是必死无疑了。

营救工作虽然在进行着，但是人们都没多大把握成功。矿井下的情况确实不容乐观，因为好些人都抱着必死的想法。他们当中有一个人带了表，最后有人提议熄灯，每隔一段时间，让那名矿工报一次时间，大家都休息，节省体力。时间一分一秒地过去，人们的心慢慢地松弛了。但等到营救队到达时，他们竟然奇迹般地存活下来，只有一个人死了，就是那个报时间的矿工。

原来，开始他的确是准时报时间的，但是当他发现了同伴们的异常后，他便开始了虚报，半小时他说十五分钟，一小时他说半小时，两个小时他说一个小时，结果其他人都在一定要活着出去的信念支撑下活了下来，而那个报时的矿工却被自己的心魔给逼死了。

人为什么而活？又是什么在支撑着人们努力奋发？其实这不过就是两个字——信念。信念的力量是巨大的，它支持着人们生活，催促着人们奋斗，推动着人们进步，正是它创造了世界上一个又一个的奇迹。

有一年，在一片茫茫无垠的沙漠中，一支探险队在负重跋涉。阳光剧烈，干燥的风沙漫天飞舞，而探险队员们没有水了。众所周知，水是队员们穿越沙漠的保证。

这时候，探险队队长从腰间拿出一个水壶，说："这里还有一壶水，但在穿越沙漠之前，谁也不能喝。"

这个水壶从探险队员们手里依次传递开来，队员们仿佛看到了希望。最终，这支探险队顽强地穿越了茫茫沙漠。当队员们喜极而泣的时候，突然想到了那一壶给了他们支撑的水。

于是，他们拧开壶盖，汩汩流出的却是沙子。

正如著名的黑人领袖马丁·路德金说过的那样："这个世界上，没有人能够使你倒下，如果你的信念还站立的话。"

高高举起信念大旗的人，对一切艰难困苦都无所畏惧。相反，信念大旗倒下了，人的精神世界也就垮塌了。从来就不曾拥有过信念的人对一切都会畏首畏尾，在漫长的人生旅途中抬不起头，挺不起胸，迈不开步，整天浑浑噩噩，糊里糊涂，看不到光明，因而也感受不到人生的幸福和快乐。

【十度人生·韧度】

信念是力量的源泉，是胜利的基石。高高举起信念大旗的人，对一切艰难困苦都无所畏惧。相反，信念大旗倒下了，人的精神世界也就垮塌了。

在失败中寻找成功元素

一个人要想避免成为“经常的失败者”，就要善于挖掘、利用自身的资源。虽然有时渺小的我们不能改变环境的安排，但谁也无法剥夺我们作为“自我主人”的权利。

世界充满了成功的机遇，也存在着失败的可能。时代给我们提供了多种发展机遇，只要我们敢于尝试，勇于拼搏，就一定会有所作为的。此外，我们也应该有迎接失败的心理准备，要不断提高自己应对挫折与干扰的能力，调整自己，增强社会适应力，在每次失败之后都能有所领悟，把每一次失败当作成功的阶梯，那么就能化消极为积极，变自卑为自信。只有在失败中，我们才能真正学到本领。

牛顿提出“地心引力学说”的时候，全世界的人都反对他；哈维提出“血液循环学说”的时候，全世界的人也反对他；达尔文提出“进化论”的时候，没有人响应他；贝尔第一次造电话的时候，所有人都讥笑他；莱特制造飞机的时候，人们都讽刺他……

失败是一所每个人都必须就读的学校。在这所学校里，你已成人，已会独立思考，已会选择，这一切都决定你如何尽快从这所学校毕业，而不是重修课程或留级。要做一个成功的人，就要在提高解决问题的能力和如何对待失败方面接受必要的训练。现在我们要着重强调的是：失败是人生的良师。

从2005年夺得首个世界季军到2007年世锦赛遭遇滑铁卢，再到2008年实现中国举重大级别奥运金牌零的突破，陆永自曝其夺冠秘诀为：在失败中寻找成功的例子。

2005年卡塔尔举重世锦赛，陆永代表中国队首次征战国际大赛，六把试举全部成功，最终以210公斤、385公斤勇夺挺举铜牌和总成绩银牌，总成绩与冠军得主仅一公斤之差，超过2004年奥运会冠军所创下的382.5公斤成绩。

2007年泰国清迈世锦赛陆永再度披挂上阵，却因事前并不知晓的舟骨疲劳性损伤仅举起抓举、挺举开把重量，以168公斤、363公斤的成绩获得抓举第六和总成绩第七。经过短短5个月的恢复，在2008年国内奥运选拔赛中，陆永凭借坚持不懈的努力，六把试举再次大获成功，以总成绩393公斤为他在北京奥运会上笑傲登顶奠定了坚实的基础。

陆永表示这归功于他很好地总结了三年来比赛中的失败教训和成功经验。“在奥运村时我每天都在思考，为何2005年世锦赛、2008年奥运选拔赛成功率均能达到百分之百，而2007年世锦赛只成功了两把，主要原因是太渴望获得这枚金牌，想得比做得多，反而适得其反。比赛最重要的是心态，以一颗平常心踏踏实实、一把一把去拼，至于其他的不用考虑太多。我想这也是我在北京奥运会获得成功的关键。”陆永说。

正确对待失败，正是我们成长和成熟的一个重要组成部分，大多数家长都希望培养出有才能的孩子，却没有认识到应该让孩子对挫折和失意逐渐有所了解，这就如同举重运动员训练一样，开始时他们举起的是较轻的重量，然后一点一点地增加重量，直到他们能举起令人感到不可思议的重量。同样，经常让孩子接受一点小小的压力和挫折，会培养起他们对压力和挫折的承受力，逐渐坚强和成熟起来。这样，在逆境真的出现时，他们在灾难面前才能顽强挺立。

如果对失败弃之不顾，不加反省就意志消沉，那么即使开始下一项工作也不会收到好效果。从失败中学习才是非常重要，若能如此，就不会再犯同样的错误，更不会失去追求成功的信心。

【十度人生·韧度】

在每次失败之后都能有所领悟，把失败当作成功的阶梯，那么就能化消极为积极，变自卑为自信。只有在失败中我们才能真正学到本领。

你的态度决定你的方向

有人曾经说过，一个人成功与否，取决于他的人生态度。凡是成功者，始终用积极的思考、乐观的精神来支配和控制自己的行为。失败者则恰恰相反，他们的失败，完全在于他们对待生活、对待别人、对待事物的态度。

失败者，往往不从自身的态度上寻找失败的原因，总以为他们的境遇是别人造成的，社会决定了他们的人生位置，他无法改变自己的命运。他不懂得成功是正确思考的结果，命运掌握在自己手里。

一位表演大师快要登台演出了。这时，他的一位弟子告诉他的鞋带松了。大师赶紧低头一看，说：“哦，谢谢你的提醒。”然后，他当着弟子的面蹲下身子，仔细地把鞋带系好。弟子高兴地走了。

等弟子走远了，大师又蹲下来把鞋带松开。这一幕正好被旁边的一个绅士看到了，他不解地问大师：“大师，您为什么又将鞋带松开了？”

大师回答：“因为我在戏里扮演的是一位长途跋涉的旅行者，鞋带松了正好表现他的劳累和憔悴。”

绅士更加不解了：“那你为什么不告诉你的弟子呢？”

大师回答：“他能够细心地发现我的鞋带松了，并能够热心地告诉我，这是一种积极的人生态度。我一定要保护好他的这种积极心态。为什么要将鞋带松开，他看完戏后就会明白，但是保护他的积极性可不是一直有机会的。”

这位大师的可贵之处就是懂得赏识弟子，保护弟子的积极性。以积极的思考、乐观的精神来支配和控制自己的人生，看待事物要看到积极的一面，不要被表面现象所迷惑。任何时候我们都不能以消极的态度对待生活。消极的态度，无异于尚未动手干就举手投降，自己为自己设置了无法逾越的障碍。积极的态度则是勇敢地面对困难，看到光明，勇敢挑战困难，把不利因素看作是考验自己的难题。通过奋斗，解决难题，使自己得到锻炼。面对困难，迎难而上，努力进取，也许会开创出属于自己的一片天空。如果被困难吓倒，自然就会与成功失之交臂。

美国人约翰·富勒的父亲是路易安娜州的黑人佃户，家中有7个兄弟姐妹。他从5岁就开始工作，9岁时会赶骡子。这些一点也不足为奇，因为佃农的孩子大多在幼年时就必须工作，他们面对贫穷毫无办法。

富勒有一位了不起的母亲，她始终相信一家人应该过着快乐且衣食无虑的生活。她经常和儿子谈到自己的梦想。

“我们不应该这么穷！”她时常这么说，“不要说贫穷是上帝的旨意。我们很穷，但不能怪上帝。那是因为爸爸从来不想追求富裕的生活。家中每一个人都胸无大志。”

没有一个人不想获得财富。这句话深植于富勒的心中，改变了他的一生。他一心想跻身富人之列，开始努力追求财富。他认为推销东西是最快的致富捷径，并且选择了挨家挨户推销肥皂的工作。12年后，他得知供货的公司即将被拍卖，底价是15万美金。谈判的结果，他用积蓄的2.5万美金作为定金，答应在10天内筹足尾款12.5万美金。

富勒的工作态度认真，极受客户肯定。现在他需要帮忙，他向好友、信托公司及投资集团借钱，到了第十天晚上，他筹到11.5万美金，还差1万美金。

“我已经想尽所有的办法，”他回忆当时的情形，“时间不早了，房里一片漆黑，我跪下来祈祷，请求上帝指引，让人能在今晚借我1万美金。我决定开车沿着第61街走下去，看到第一家亮着灯的商店，就进去请求协助。我请求上帝给我一线曙光。”

当时是深夜11点，富勒沿着芝加哥第61街走下几个路口，终于看到一家承包商的办公室里还有灯光，富勒走了进去。那位承包商正埋首办公，由于熬夜加班，已经疲惫不堪。富勒和他略有交情，他鼓起勇气。

“你想不想赚1000美金?”富勒直截了当地问。

那位承包商回答：“想，当然想!”

“借我1万美金，我会外加1000美金红利还给你。”富勒告诉那位承包商以及那些借钱给他的人和公司，并且详细地说明了整个投资计划。

富勒的口袋里多了1万元的支票，踏出了承包商的办公室。其后他不但从接手的公司中获得了可观的利润，而且还陆续收购了七家公司，其中包括四家化妆品公司，一家制袜公司，一家标签公司及一家报社。每当有人问他成功的秘诀，他就用多年前母亲的话回答：“我们很穷，但不能怪上帝。那是因为爸爸从来都不想追求富裕的生活，家中每一个人都胸无大志。”

“你看，”他告诉我们，“我知道自己要什么，但不知该怎么做。我用心研读《圣经》及其他励志书籍，祈求能够获得达成目标的智慧。有三本书对我的帮助很大：《圣经》、《思考与致富》和《改变你一生的机会》。研读《圣经》对我的鼓励最大。”

富勒的起点比一般人还差，但是他有远大的目标，并不懈地追求。每个人的目标都不一样，你有权利选择自己追求什么。并非每个人都要像富勒一样成为大企业家，并非每个人都愿意付出成为艺术家的昂贵代价，每个人对成功的定义不同，也许有人认为每天过得快乐、幸福，就是成功。

人生的方向是由态度决定的，其好坏足以决定我们人生的优劣。积极的人生态度是成功的催化剂，即使遭遇困难，也可以获得帮助，事事顺心；相反，消极的、冷漠的人生态度则会使自己遭遇失败。

【十度人生·韧度】

人生的方向是由态度决定的，其好坏足以决定我们人生的优劣。积极的人生态度是成功的催化剂，即使遭遇困难，也可以获得帮助，事事顺心；相反，消极的、冷漠的人生态度则会使自己遭遇失败。